中公文庫

ジャンヌ・ダルク

ジュール・ミシュレ
森井　真
田代　葆　訳

中央公論新社

ジャンヌ・ダルク●目次

序　13
Ⅰ　ジャンヌの子供時代とその召命　21
Ⅱ　ジャンヌ、オルレアンを解放し王をランスで祝聖させる　49
Ⅲ　ジャンヌ、裏切られ売り渡される　67
Ⅳ　裁判――ジャンヌ、教会に従うことを拒絶　93
Ⅴ　誘惑　121

Ⅵ　死　138
結語　154
註　159
原註　161
訳註　213
略年譜　281
訳者あとがき　森井 真　291
解説　佐藤賢一　301

凡例

一、本文中の《　》は原書のイタリックを、〔　〕は訳者による補足であることを示す。

一、本文右脇の〔　〕内の数字は原註を、（　）内の数字は訳註を示す。

ジャンヌ・ダルク
（1485年頃に描かれた写本挿絵）

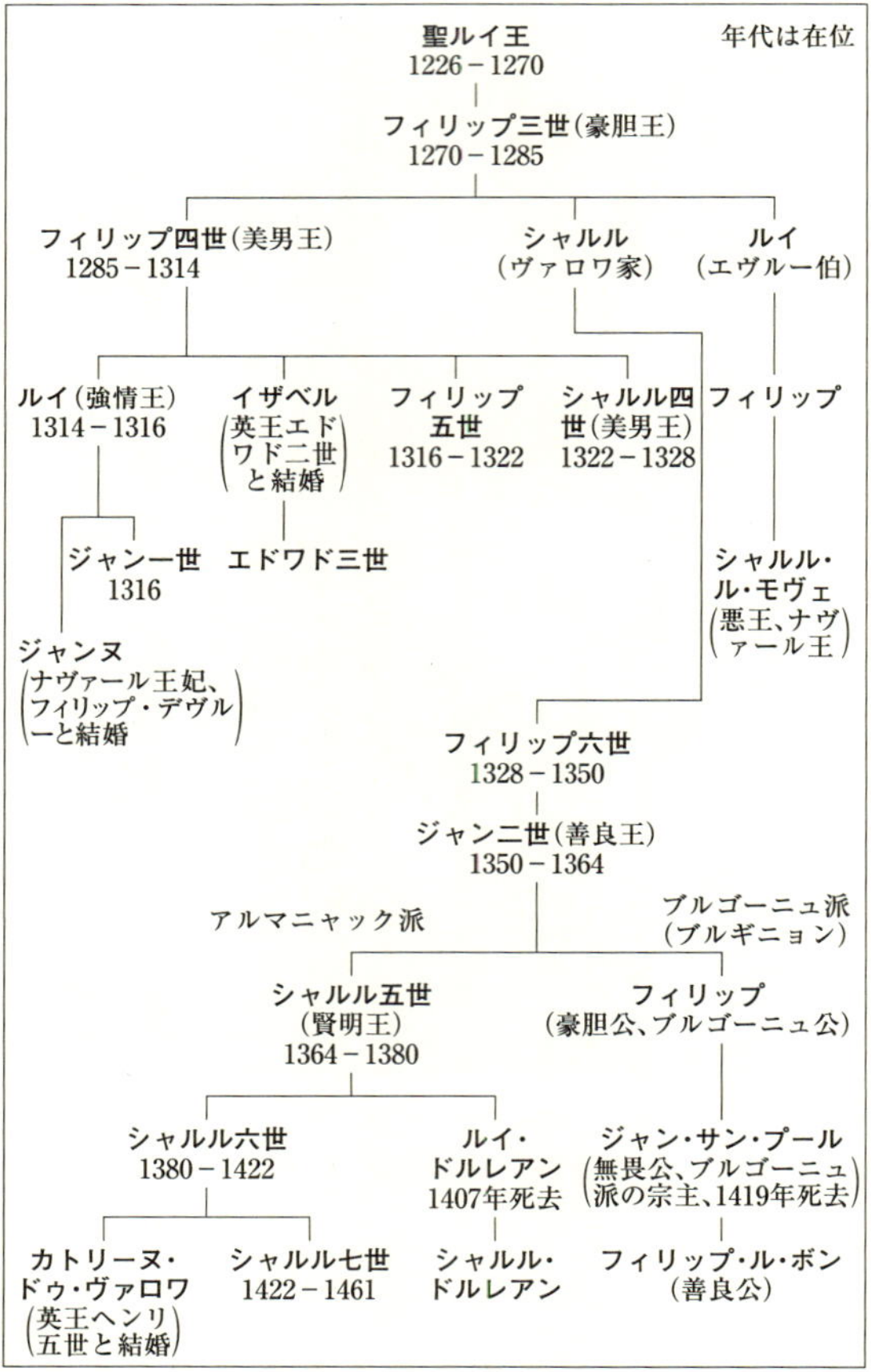
年代は在位
聖ルイ王
1226－1270
フィリップ三世（豪胆王）
1270－1285
フィリップ四世（美男王）
1285－1314
シャルル
（ヴァロワ家）
ルイ
（エヴルー伯）
ルイ（強情王）
1314－1316
イザベル
（英王エドワド二世と結婚）
フィリップ五世
1316－1322
シャルル四世（美男王）
1322－1328
フィリップ
ジャン一世
1316
エドワド三世
シャルル・ル・モヴェ
（悪王、ナヴァール王）
ジャンヌ
（ナヴァール王妃、フィリップ・デヴルーと結婚）
フィリップ六世
1328－1350
ジャン二世（善良王）
1350－1364
アルマニャック派
ブルゴーニュ派
（ブルギニョン）
シャルル五世
（賢明王）
1364－1380
フィリップ
（豪胆公、ブルゴーニュ公）
シャルル六世
1380－1422
ルイ・ドルレアン
1407年死去
ジャン・サン・プール
（無畏公、ブルゴーニュ派の宗主、1419年死去）
カトリーヌ・ドゥ・ヴァロワ
（英王ヘンリ五世と結婚）
シャルル七世
1422－1461
シャルル・ドルレアン
フィリップ・ル・ボン
（善良公）

ジャンヌ・ダルク時代のフランス

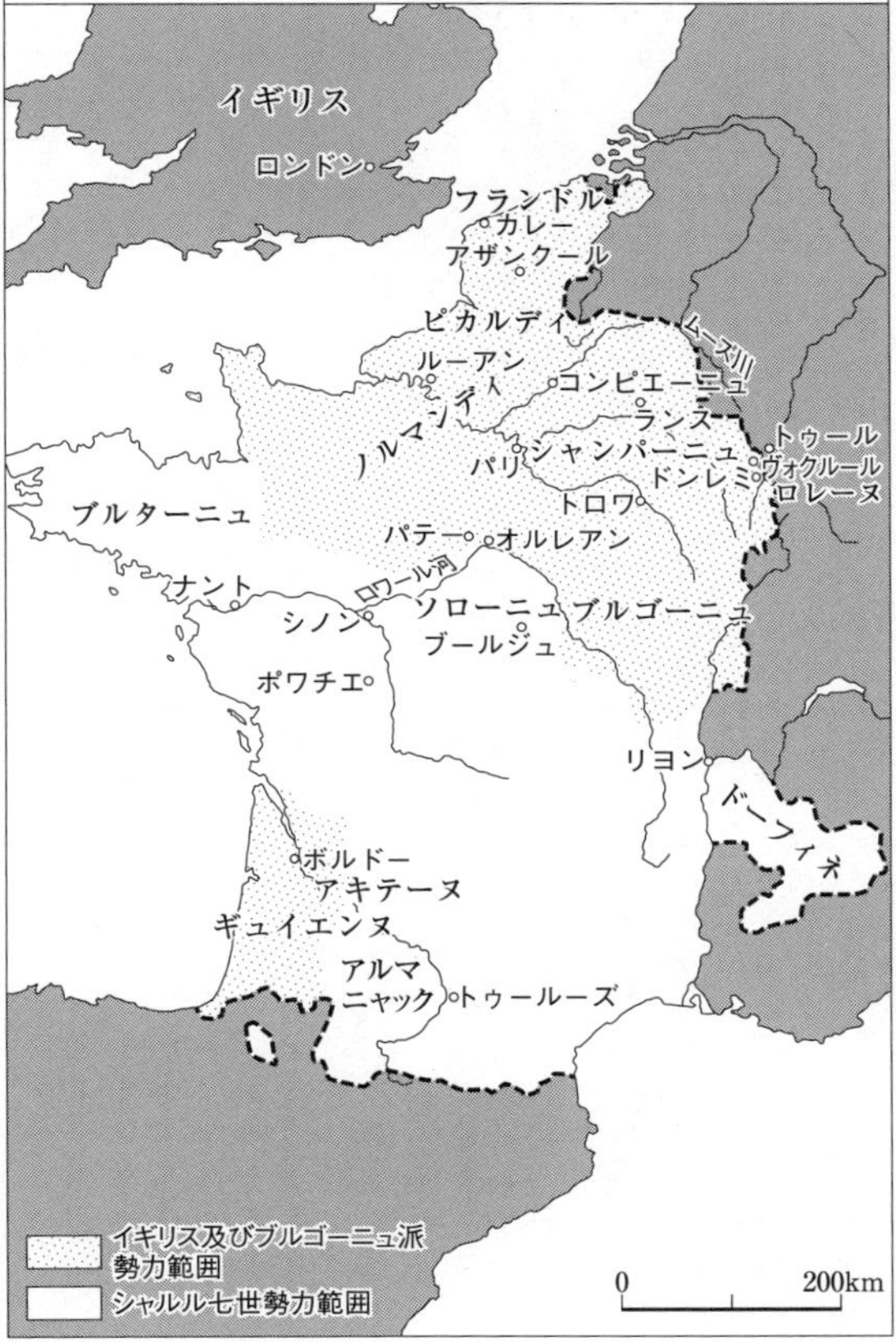

ジャンヌ・ダルク

序

ある日私はひとりの男の部屋を訪れた。このひとは人生を永く生きてきて、さまざまなことを体験し多くの苦しみに耐えてきたのである。彼はいま閉じたばかりの本を手にして、夢想に耽《ふけ》っているようにみえた。ところがその眼に涙がいっぱい溜っていることに気付いて、私はびっくりした。やっと我に返ったこのひとは——「彼女はやっぱり死んだのだ！」と言った。——「誰が」——「可哀そうなジャンヌ・ダルクさ。」

ジャンヌの物語にはこんな力がある。それは、うむを言わさずひとの心を捉え、心ならずも涙を流させるほどの力なのだ。巧みに話そうと下手に物語ろうと、読み手が若かろうと年をとっていようと、あるいは人生体験をへてどれほど成熟したひとであろうと実生活に鍛えられたひとであろうと、とにかく彼女には泣かされることになる。男たちよ、泣いたからといって顔を赤らめることはない。男であることを隠すことはない。この場合、涙のもとになったものは美しいのだから。どんなひとが死んだばかりだといったところで、いかなる個人的な出来事であれ、美しく品位のある心をこれ以上に感動させるに価するものはない。

真理にも、信仰にもまた祖国にも、それに殉じた人々がいた。しかも数多くいた。英雄たちはそれぞれ何かに献身したし、聖人たちにはそれぞれの〈受難〉があった。世間は英雄を崇拝し、教会は聖人に祈った。しかし、この場合は話は別である。列聖もされない[1]、礼拝もない、祭壇もない。誰も彼女には祈らなかった。しかし、ひとは涙を流すのだ。

物語はこうである——

十二歳の娘、まだほんとうに年若いひとりの少女が、内心の声と天の声とを混同して、男たちにはもはや不可能となっていた、自分の国を救う仕事を実行しようという、奇妙な、ありうべからざる、ばかげたこととも言うべき考えを抱く。この考えを彼女は誰にも打ち明けないで六年間温める。母親にさえひとことも洩らさない。どんな告解師にもひとことも告げない。司祭や肉親の助けもいっさい借りることなく、彼女はその間神の偉大な謀りごとの孤独のなかを終始神とともにただひとり歩む。彼女は十八歳になるまで待つ。十八になるや毅然として、家族が何を言おうが世間が何を言おうがその謀りごとを実行する。彼女は荒廃したひと気のないフランスを、強盗たちの出没する街道を、横切る。シャルル七世の宮廷に押しかけてゆき、いくさに身を投ずる。しかも一度も経験したことのない野営でも合戦のただ中でも、彼女を驚かせるものは何一つない。彼女は不敵にも剣の林の中に突き進む。絶えず傷つき、断じて気落ちせず、年老いた兵士たちを安心させ、彼女とともに兵士になった民衆全部を引き連れ、こうしてもはや誰もが、何事をも、あえて恐れない。すべてが救われる！　いとしい少女は、その清く聖なる肉で、その花車《きやしや》なたおやかなからだで、刃を鈍らせ、敵なる剣を挫き、おのが乳房でフランスの乳房を蔽《おお》ったのだ。

　その報いは、次の通りである。裏切りによって敵に渡され、野蛮人どもに侮辱され、言葉尻をとらえて陥れようと空しく試みるパリサイ人[2]たちの試練にあい、この最後の一騎打ちで、彼女は徹底的に抵抗し、自らの限界を超える域にまで達し、数々の至高のことばを叫ぶ。そのことばが永遠にひとを泣かせることになる……。自らが救った国王からも民衆からも見捨てられ、残酷な炎の道を通って、彼女は神のふところに戻る。にもかかわらず彼女は良心の権利を、内なる声の権威を、処刑台上に打ち立てる。

　人間が描きえたいかなる理想も、まことに確かなこの現実には近づけなかった。

　この場合、信仰の教えのために死を受け容れるのは、神学者でもなければ、人生の試練を経た賢者でも教義を固く奉ずる殉教者でもない。力といえば自らの心しかないひとりの乙女、ひとりの子供なのである。

　この犠牲は受け容れられるのでも耐え忍ばれるのでもない。この死は決して受動的なのではない。それは長年のあいだ熟考され心に温められてきた、故意の献身なのである。能動的で、雄々しく辛抱強い死、傷ついてはまた傷つき、刃も絶対に気落ちさせず、ついに恐るべき火刑台にまで至る。

そして最後の試練において彼女の気高い無知はあらゆる知を沈黙せしめ、神学者たちの口をふさぐ。そこにこそすべてのものを消え去らしめる比類なき、鮮明なある特質が見られる。ここで真の賢者および心の知者は、「神は通り過ぎた……。私は神を後ろから見た」と言ったモーゼ[3]のようにではなく、「ほらこれだ……。この閃《ひらめ》きは神のまなざしだ」と言うだろう。

この秘義はひとを混乱させるようにできている！　だからもし彼女自身が明かしてくれていなかったら、我々はどうしてその源を知りえただろうか。

それまで母親のために縫ったり紡いだりすること以外なにもしてこなかったこの若い素朴な娘が、どうしてお前は教会の戒めに反してまで、男装するような役を引きうけたのか、どうしてお前はそんなに無理をして（ひどく内気で顔を赤らめる娘が）兵士たちのところへ話しに行き、彼らを引き連れ、これに命令し、叱責して、戦うことを強いたのか、と訊ねられると……

彼女はただひとことしか答えない――

「フランス王国にあった《悲惨》です。」

女の感動的な秘密！　フランスにあった〈悲惨〉があまりにも深かったので、彼女はもはやおのれ自身のことを悲しまず、自分をおのれの性《さが》からむりやり引き離そうとして最大の努力を傾けた。彼女はあまりにも他者の不幸を苦しみ、あまりにも心やさしかったので、そのゆえに不敵になり、あらゆる不幸に立ち向ったのだ。

こういうことはすべて、彼女の伝説が作りあげている高い地点からもし我々が確実に下におりて、あの暗く醜い時期を、異様な変化《へんげ》が立ち現われる深い泥沼の世界を、一瞬観察すれば、よりよく理解されるはずである。しかし《一瞬》の観察で、永遠の連続、終りなく目当ても理念もないいくさのことが、いかにして考えうるようになるのか。

十四世紀の気品ある歴史家たちから、十五世紀を開く粗野で粗雑な年代記者（パリの市民(4)）まで落ちると、この下落は深刻である。下落して、重苦しい物質万能の世界、飢えという一つのことしか感じない惨《みじ》めで低劣な世界にはいるのである。この憐れむべき年代記者は、食物の価格や、腹を満たしうるかどうかを知ることにしか、気を使わない。パンは高く、野菜は不足し、葡萄畠《ぶどうばたけ》は凍っている等々。我らの穀物地帯であるボース(5)はもはや林にすぎない。貧困と疫病はパリで十万の人間を死に追いやった。それとひきかえに、別の住民が夜な夜なやってくる。それは無法で鉄面皮で、もはや何一つ怖れない狼である。その狼の遠吠えにまじって、死に瀕した人々の陰気な叫び声が――「私は飢えと寒さで死いる……。

にそうだ！」と訴える。町境いの隅々には、身寄りもなく、世話する者も助ける者もない二十人、三十人の子供たちが、汚物の上に横たわって堆肥のなかに食い物をさがし求めている

呪われた世界！　小作人は死なんばかりに搾取されて、すべてを捨て、妻子と別れる。死にたければ飢え死にするがいい。小作人は森に身を投じ、呪われた土地での唯一の目に見える王である〈悪魔〉を頭とし指揮官として自ら強盗になる。

ああ！　神はいずこに在《いま》すや。そして、かくも多数の死者のなかで〈憫《あわれ》み〉もまた死んだのか。〈憫み〉はひとりの女の心に生きていたのだ。

その心の本音は、深い調子をおびた次のような素直なことばのなかにうかがわれる――「《フランス王国に》あった〈悲惨〉！」

「《フランス人の血》を見て私の髪の毛は逆立たないではいられなかった。」

そしてさらに（あるいくさのことを知らされなかったので）――「意地悪な方たち。《フランスの血》が流されたことを私には教えて下さらないつもりなのね！」(6)

このことばは心に響く。こんなことが言われたのは初めてのことだ。フランスがひとりの人格として愛されていることをひとが感じたのは、初めてのことだ。そしてフランスは、ひとりの人格として愛されたその日から、ひとりの人格となる。

それまでフランスは諸州の寄せ集めであり、封土からなる広漠とした混沌、確たる理念のない広大な地域にすぎなかった。ところが、その日以来、心情の力によって、フランスは一つの〈祖国〉となった。

うるわしい秘義！　感動的で、崇高な！　一つの若い心に宿った無量の清らかな愛が、いかに一つの世界全体を抱きしめ、世界にこの第二の生を、愛のみが与える真の生命を、与えたことか。

子供だった頃、彼女はあらゆるものを愛していた、とその少女時代に関する証人たちは言う。彼女は動物にいたるまで愛した。小鳥も彼女を信頼して、その手のなかに餌を食べにくるほどだった。彼女は友人たちを愛し、両親を愛した。しかし特に貧しい人々を愛した……。ところで、貧者のなかの貧者、最も惨めなひと、その頃誰よりも憫みに価したひと、それはフランスだった。

彼女は深くフランスを愛した！……そのときフランスは、心を打たれて、自らを愛し始めた。

そのことは、彼女がオルレアンに現われた最初の日から明らかになる。民衆はすべてのが危険を忘れる。初めて目に見えた〈祖国〉のこの素晴らしい心象が民衆を把《とら》えこれを導く。民衆は大胆に城壁の外に出、その旗をひるがえし、あえて防塞から出る勇気のないイギリス兵の目の前を進む。

フランス人たちよ、つねに想起しよう。祖国はひとりの女の心から、彼女のやさしさとその涙から、彼女が我々のために流した血から、我々のうちに生まれたのだということを。

I　ジャンヌの子供時代とその召命

ジャンヌ・ダルクをすぐれて特異な人物たらしめているもの、彼女を、無知の時代にあって民衆を引きまわした狂信者たちの群れから隔てているもの、それは、狂信者たちの大部分が、眩暈《めまい》を感染させるように自らの力を持続させたのに対して、ジャンヌはそれとは対照的に、きらめくばかりの光を暗澹たる状況の上に投げかけ、良識とやさしい心との不思議な力によって自ら活動した点である。

政略家たちや信なきものらが解くことのできなかった結び目を、彼女は断ち切った。彼女は、神の御名において、シャルル七世が王位継承者であることを言明し、シャルル自身が疑っていたその正統性に関して、彼に確信をもたしめた。その正統性を、彼女は王をまっすぐランスに連れてゆき、すばやく祝聖式(1)を挙行してイギリス人に対し決定的に有利な立場に立つことによって、文句のつけようのない聖なるものとした。

女が武器を手にするのは別に珍しいことではなかった。女たちはしばしば敵に囲まれて闘った[1]。アミアンで負傷した三十人余りの女たちの例[2]や、ジャンヌ・アシェット[2]の例などがそのことを証している。〈乙女〉の時代にも、ほぼ同じ頃に、ボヘミアの女たちはフス派[3]の戦争で男と同じように闘っていた[3]。

繰り返していえば、〈乙女〉の特異性はその幻にあったのではない。中世において幻を見なかった者なんて果していただろうか。散文的な十五世紀にあってさえ、過度の苦難が人々の心を奇妙にたかぶらせていた。パリで修道士リシャール[4]がその説教によって民衆全体を感動させ、イギリス人がついには彼を町から追い出すに至ったことを我々は知っている[4]。ブルターニュ生まれのカルメル会修道士コネクタ[5]は、クルトレやアラスで、一万五千人ないしは二万人もの群集に耳を傾けさせた[5]。〈乙女〉以前からさらにその以後にわたる数年間、どこの地方にもそれぞれに霊感をうけた人間がいた。イエスス・キリストと話を交したブルターニュのピエレット[6]もそれである。アヴィニョンのマリー[7][6]やラ・ロシェルのカトリーヌ[8][7]もそれである。サントゥライユ[8]がその故郷から連れて来た羊飼いの少年もそうである。彼の両手両足には聖痕があり[9]、聖なる日々には、こんにち我々がチロルの福者に見るように、血の汗を流したという[10]。

ロレーヌ地方は、およそこのような現象がおきるとは考えられない州の一つであったように思われる。ロレーヌ人は勇敢で戦争好きではあるが、また好んで陰謀をめぐらしたり狡猾《こうかつ》であったりもする。あの大ギュイーズ[9]が、フランスを混乱に陥れるまえにフランスを救ったとしても、それは幻によったのではなかった。オルレアンの包囲陣にはふたりのロレーヌ人がいたが、そのふたりとも、彼らの精神上の同郷人であるカロと同じ道化た気質[10]をそこで発揮している。ひとりは砲手のジャン親方であり、彼はいつも実にみごとに死んだふりをしていた。もうひとりは騎士で、彼はイギリス軍に捕えられ、鎖につながれたのだが、イギリス軍が退却してしまうとイギリス人の修道士を馬代りにして帰っていった。[11]

ヴォージュ山脈地帯のロレーヌには、もっと重々しい気質があるということは事実である。フランスのこの高地の部分は、そこから発していくつもの河川がすべての海に向ってあらゆる側から流れ下っており、またそこは森、それも往時カロリング王家の人々が王家の御狩場に最適だと判断したほどの広大な森に蔽われていた。その森の中にひらけたわずかな空地にリュクスイユ[11]とルミルモン[12]の尊い修道院が建てられていた。ルミルモンの修道院は周知のとおり神聖ローマ帝国の皇女にあたる女子修道院長が治めており、彼女は廷臣たちを従え、完全な封建宮廷を持ち、奉行には抜き身の剣を自らの前に捧げ持たせていた。この女性の宮廷は、封臣としてロレーヌ公を、それも永い間従わせていたのである。

まさに、そのヴォージュ山脈地帯のロレーヌと平地のロレーヌとの間、ロレーヌとシャンパーニュとの間のドンレミ村に、美しく勇ましい娘が生まれたのであり、やがて彼女はいみじくもフランスの剣を捧げ持つこととなる。

ムーズ川沿いの十里四方には、四つのドンレミがあり、三つはトゥールの司教区に、一つはラングルの司教区にある。[12] おそらくそれら四つの村は、もっと古い時代には、ランスのサン・レミ修道院の所領だった。[13] フランスの様々な大修道院は、周知のように、カロリング王朝の時代には、かなりの遠隔の地、たとえば、プロヴァンス、ドイツ、イギリスにまで及ぶ領土権を有していたのである。[14]

　このムーズ川の線は、ロレーヌとシャンパーニュとの境界地帯《マルシュ》で、それは王と公との間でしばしば論争の種になっている。ジャンヌの父親はジャック・ダルクとい[15]い[13]、立派なシャンパーニュ人だった。[16] ジャンヌもおそらくこの父の血をうけていた。彼女にはロレーヌ人のとげとげしさがつゆほどもなく、むしろはるかにシャンパーニュ人のやさしさ、ジョワンヴィル[14]のうちに見られるような、分別と繊細さとの混った素朴さを身に備えていた。

　何世紀か早ければ、ジャンヌはサン・レミ大修道院の農奴に生まれていたかもしれない。一世紀前なら、ジョワンヴィル殿の農奴だったかもしれない。ジョワンヴィルは、実際ヴォクルールの町の領主だったのであり、ドンレミの村はそれに属していた。しかし、一三三五年に、王はジョワンヴィル家をしてヴォクルールを王に譲渡させた。[17] ヴォクルールは当時、シャンパーニュからロレーヌに至る重要な通路だったのであり、それはドイツに直進する街道、いやドイツ街道であるばかりでなく、ムーズ河岸の街道でもあり、さまざまな街道のまじわる場所でもあった。さらにそれは、いわばさまざまな党派のぶつかり合う辺境でもあったのだ。つまり、ドンレミの近くにはブルゴーニュ派に与《くみ》する最後の村が一つあり⑮、あとはすべてシャルル七世側についていた。

このロレーヌとシャンパーニュの境界地帯は、年がら年中手ひどい戦禍を蒙《こうむ》ってきていた。ヌフシャトー⑯やその隣接地の領有をめぐる東と西との間の、王と公との間の、長いいくさがあった。ついで北から南に、ブルゴーニュ派とアルマニャック派との間のいくさがくる。情容赦《なさけ》のないこれらのいくさの思い出は決して消え失せるものではなかった。ついさきごろまで、ヌフシャトーの近くで《ゲリラの柏》という不気味な名の古木を見せられたものだが、その木の枝にはおそらく、人間がたくさんぶらさげられていたにちがいない。

この境界地帯に住む貧しい人々は、名誉なことに王の直属の臣下だった。つまり、彼らは結局なにびとにも所属せず、またなにびとにも支えられず労《いたわ》られず、神のほかには領主も庇護者もなかったのである。そのような状況に置かれれば住民は真剣になるものである。つまり彼らは、富にせよ生命にせよ、当てにしうるものが何一つないことをわきまえているのだ。彼らが田畑を耕せば、兵隊が収穫する。どこにだって、耕作人以上に国の政情に気を配っているものはいない。彼らほどそのことに対して深い利害関係にあるものはいない。そこから起きるどんな僅《わず》かなとばっちりでも、耕作人はひどく手荒く感じるのだ！

彼は情報を得ようとし、事情を知ってあらかじめ備えをしようと努める。それ以上は、何が起ころうとじっと耐えてあらゆる運命を覚悟する。忍耐強くしかも勇敢なのだ。女たちでさえそのようになる。女たちは、およそそうした兵士たちのあいだにあっては、美しく雄々しいゲーテのドロテアのように、[17]いのちを守るためではなくても少なくとも名誉を守るために、そうならざるをえないのである。

ジャンヌは、耕作人[18]ジャック《ダルク》（*Darc* あるいは d'Arc）とイザベル《ロメ》***Romée*** との三女だった。[19]代母がふたりあり、そのひとりは《ジャンヌ》、もうひとりは《シビル》といった。

長男は《ジャック》、次男は《ピエール》とよばれた。信心深い両親は娘のひとりに、それらよりも尊い聖《ヨハネ》[18]の名をつけた。[20]

ジャンヌ以外の子供たちは、父親と一緒に野良仕事に行ったり、家畜の面倒を見に行ったりしていたのだが、母親はジャンヌだけを傍において、布地を縫わせたり糸を紡がせたりしていた。[21]ジャンヌは読み書きを学ばなかったが、聖なるものに関して母親の知っていたことはすべて知った。[22]彼女はその信仰を、一つの学課、一つの儀式としてでなく、夜の団欒《だんらん》のときの美しいむかし話のような庶民的で素朴な形で、母親の純朴な信仰として受け取った……。このように我々が血と乳とをもって受け取るものは、生々としたものであり、生そのものなのである。

ジャンヌの敬虔さに関しては、彼女より三、四歳年下だが彼女の幼いころの友人であり心の友であるオメットの心打たれる証言が我々にはある。彼女はこう述べている――「どんなにたびたび、あのひとのお父様の家に行き、仲良くあのひとと一緒に寝たことでしょう[23]……。あのひとはとっても気立てのよい、かざり気のない、やさしい女の子でした。教会や神聖な場所にはいつも進んで出掛けていました。そして他の女の子たちがするのと同じように、糸を紡いだり家事を手伝ったりしていました……。よく告解もしていました。ひとから、信心深すぎるとか、教会に行きすぎるなどと言われると、彼女は顔を赤らめていました。」同様に証言を求められたある農民は、彼女がよく病人の世話をし、貧しい人々に施しをしていた、とつけ加えている。「そのことならよく知っています。わしはそのころ子供でしたが、わしの面倒をみてくれたのがあのひとだった」と彼は言う。

彼女のやさしい思いやりと信仰心とは誰もが知っていた。彼女が村一番のできた娘だとみんなは心底思っていた。その彼らが知らなかったのは、上からのいのちが彼女の心の内にあってもう一つのいのちをつねに呑みこんでおり、それが彼女の世俗的な発展をおさえていた、という事実である。彼女は心身共に、子供のままでいるという神の賜物をうけていた。彼女は背丈ものび、逞《たくま》しく美しくはなったものの、からだの苦しみは相変らず知らないままだった[24]。思想や宗教的霊感のおかげで、女のからだの苦しみを免れていたのだ。教会のおひざもとに生まれ、教会の鐘の音を子守歌に、さまざまな聖人伝説を耳にして育った彼女は、その誕生から死に至るまでが、束の間のまた清らかな、聖人伝説そのものだった。

彼女は生ける伝説だった……。しかし、高められ凝縮された生の力は、それにも拘《かかわ》らず創造的なものになった。少女は、無意識のうちに、己れ自身の理念をいわば《創造》し、そしてそれを《実現》していた。彼女は理念を存在たらしめ、それに汚れを知らぬ自らの生の宝庫から燦然《さんぜん》たる全能の生命をかよわせて、この世の惨めな現実を顔色なからしめるのである。

《詩》が《創造》を意味するなら、これはおそらく最高の詩であろう。彼女がいかなる段階をふんで、またいかにつつましい出発点から始めて、その地点にまでたどりついたのかを知らねばならない。

出発点はたしかにつつましいものだった。しかしまたすでに詩的でもあった。彼女の村はヴォージュの深い森にほど近かった。父親の家の戸口から、《柏》の古い森がいつも見えていた。[25] 妖精たちはこの森に出没した。彼女らはとりわけ妖精の樹とか《奥方たち》の樹と呼ばれるぶなの巨木の傍らのある泉を好んでいた。[26] 小さな子供たちはその巨木の枝に花かざりをぶら下げてはそこで歌をうたったものだった。そうした大昔の《奥方たち》や森の女主人たちは、もはやその泉に集うことはできないのだ、と言われていた。何故なら、彼女らはその犯した罪のために[27]泉からしめ出されていたのだから。にも拘らず、教会は地方の古い神々のことをつねに警戒してきた。だから村の司祭は神々を追い払うために、毎年その泉にミサをあげに通っていた。

ジャンヌはこのような伝説のあいだで、庶民の夢想のなかで生まれた。しかし、その土地は一方においてまったく異なった詩を彼女に与えてくれていた。その詩とは、野蛮で、残虐で、あまりにも現実的な、ああ！　それは戦争の詩なのである……。戦争！　この言葉だけであらゆる感情が言い尽されている。戦争はおそらく毎日が襲撃と略奪というわけではない。むしろ待機であり早打ちの警鐘であり、不意の目ざめであり、野面の涯《はて》が火炎にどす黒く染まって見えることとである……。恐ろしいけれど詩的な状態。最も散文的な人間である低地のスコットランド人たちでさえ、《ボーダー》[19]での数々の危険に身をさらして、自らが詩人であることに気付いていた。そして、いまも呪われているように思われるあの無気味な荒野から、逆に野生の逞しい花々にも似たバラードが芽ばえたのである。

ジャンヌはこのようなロマネスクな冒険のなかで、自らの役割を果していた。戦禍に追われてやってくる憐れな避難民たちを見ると、このやさしい娘は彼らを温かく受け入れるために手をかした。そして彼らに自分の寝台をゆずって屋根裏部屋へ寝に行った。彼女の両親もまた、かつて村から逃げ出さなければならないことがあった。そして野盗の波が去ったとき、ジャンヌの家族は再び村に戻り、略奪された村、踏み荒された家、焼け落ちた教会を目にしたのだった。

こうしてジャンヌは戦争とはいかなるものかを知った。彼女はこの反キリスト教的な事態を理解し、その悪魔の支配に深い恐怖を抱いた。そこでは、すべての人間が大罪を犯して死ぬのだった。果して神はこのようなことを相変らず許すのだろうか、このような悲劇に終止符を打たないのだろうか、かつてじつにしばしばイスラエルの民にそうされたように、ギデオン[20]やユディット[21]のような解放者を遣わして下さらないのだろうか、と彼女は自問した……。かつて神の民を救った女はひとりだけではないし、そもそも初めから女は蛇を踏みくだくことになる[22]、と言われていたのを彼女は知っていた。彼女は、あちこちの教会の扉に、聖ミカエルと並んで聖女マルグリートが、その足許に大蛇を踏みつけているのを見てきたかもしれない[28]……。もし誰もが言っていたように、この王国が失われたのはひとりの女、極悪非道なひとりの母親[23]の仕業であるのなら、王国の救いがひとりの娘の手でもたらされることもたしかにありえたわけである。それこそまさにメルラン[24]の予言が告げていたところである。この予言は様々な地方の人々によって尾ひれがつけられ、改変され、ジャンヌ・ダルクの国では極めてロレーヌ的なものになってしまっていた。つまり、フランス王国を救うはずの者は《ロレーヌの》境界地帯に住むひとりの乙女だった[29]。この予言はおそらく、ロレーヌ公国の後取り娘とアンジュー公ルネとのさきごろの結婚の結果、このように美化されてしまっていたのだろう。この結婚はじっさい、フランスにとってまことに倖せなことであった[25]。

ある夏の日、それは断食日だったが、正午ごろ、教会のすぐ傍にある[30]父親の家の庭先にいたジャンヌは、その教会の方角にまばゆい光を見、そして次のような声を聴いた——

「ジャンヌよ、きき分けのいい、良い子におなり。よく教会へお行き。」かわいそうに、娘はたいへん怖れた。[26]

また別のとき、彼女は再び声を聴き、輝く光を見たが、その光の中に幾人かの気高い御姿が現われ、そのうちのひとりには翼があって廉直な賢者のように見えた。その人が彼女に言った――「ジャンヌよ、フランスの王を助けに行きなさい。そうすればお前は王にその王国を返してあげられるのだ。」彼女は震えながら答えた――「あなた様、私は哀れな娘にすぎません。私には馬に乗ることも、兵士たちを指揮することも到底できるとは思えません。[31]」声は言い返した――「お前はヴォクルールの守備隊長、ボードリクール殿に会いに行くがいい。そうすれば、殿はお前を王の許に連れてゆくであろう。聖女カトリーヌ様[27]と聖女マルグリート様とがお前を助けにきて下さるであろう。」彼女は、あたかも己れの全運命をすでに見てしまったかのように、茫然自失のまま涙にくれた。

その賢者というのは、ほかでもない審判といくさとの厳しい大天使ミカエルだった。彼は再び戻ってきて彼女を勇気づけ、「そしてフランス王国にある大いなる悲惨について彼女に語ってきかせた。[32]」それから無数の光の中で、頭は美しい冠で飾られ、やさしく感動的な声をした聖女たちの白い姿が現われて彼女のために泣いた。[28]しかしジャンヌがとくに涙を流したのは、むしろ聖女と天使が彼女の許を去るときだった。「できることなら天使たちが私を連れ去ってくれればよかったのに……」と彼女は言った。[33]

彼女がかくも大いなる倖せに浸りながらしかも涙を流したとしても、それには理由がないわけではなかった。それらの幻がいかに美しく輝かしかったとしても、彼女の人生はそのとき以来変ってしまったのだ。彼女はそれまで、母親の声というただ一つの声しか聴いたことがなかったのであり、彼女の声も母の声のこだまにすぎなかったのだが、その彼女が、いま、天使たちの力強い声を聞いたのだ!……そして、その天上の声は何を望んでいたのか。それは彼女があの母親を、あの温かい家を捨てることである。ひとこと声をかけられるだけでも戸惑っていたようなこの娘[34]が、男たちの中にはいってゆき、男たちに向って、兵士たちに向って話しかけねばならないのである。世のため、いくさのために、彼女は教会の蔭にあるあの小さな庭を去らねばならなかった。彼女はその庭で鐘の音しか聞かなかったのだし[35]、小鳥たちはそこで彼女の手から餌をついばんでいたのだ。つまり、こうしたものこそ、この若き聖女を取りまいていたやさしい世界の魅力だった。動物たちや空の小鳥たちがかつて荒野の教父たちの許に群れ集まったように、神の平安を信頼して彼女の許にやってきていたのだ[36]。

　ジャンヌは、彼女が耐えたこの最初の闘いについて、我々に何一つ打ち明けてはいない。しかし、彼女が初めて幻を見てから父親の家をあとにするまでに五年の歳月が流れているのだから、彼女のうちに闘いがおこり、しかもそれが永く続いたことは明らかである。

　父親と天というこの二つの権威は、互いに矛盾しあうことを要求していた。一つは、彼女が目立たぬ場所で慎ましく家事に埋もれてくらすことを望んだのに対して、他の一つは、家を出て王国を救うことを求めていた。天使は彼女に武器をとれと言った。頑固で誠実な百姓である父親は、万一娘が兵士たちと一緒に村を去るようなことでもあれば、むしろ自分の手で娘を水に叩き込んでやる、といきまいていた[37]。いずれにせよ、彼女はこのどちらかに従わざるをえなかった。それがおそらく彼女の最大の闘いだった。だから彼女がイギリス人を敵にまわして耐えぬいた戦いなど、ほんのお遊び程度のことでしかなかったに相違ない。

家族はただ彼女に反対しただけでなく、また彼女を誘惑した。家族のものたちは、もっと道理にかなっていると思われる考えに彼女をひき戻せるかもしれないと思って、彼女を結婚させようとした。村のある若者が、彼女がまだ小さかった頃結婚を約束してくれた、と主張した。そして彼女がそれを否定したので、この男は彼女をトゥールの教会法廷に出頭させた。彼女には弁解できない、有罪を宣告されるよりはむしろ結婚に踏みきるのではないか、と思われていた。しかし大方の驚愕をよそに、彼女はトゥールに出向いて法廷に出頭し、そして喋ったのだ。つねに沈黙を守ってきたあの娘が[29]。

家族の権威から逃れるためには、家族自体のなかに、彼女を信じてくれるひとを誰か捜さねばならなかった。それは最も困難なことだった。父親の代わりに、彼女は伯父[30]に自分の使命を打ち明けてこれを味方に引き入れた。伯父は産褥《さんじょく》にある妻の世話をさせるためであるかのようにして、彼女を連れ出した。彼女は伯父に、ヴォクルールの守備隊長ボードリクール殿の支持を彼女のためにとりつけに行くことを約束させた。しかしこの武将は、百姓をけんもほろろにあしらった上、自分には何もしてやるようなことはない、ただ「うんと横っ面を張りとばして[38]」その娘を父親の家に連れもどせ、と言った。彼女はそれでもめげなかった。それどころか、彼女はボードリクールに会いに行きたがったので、伯父はしかたなく、彼女に付いて行かねばならないことになった。その出発は決定的な瞬間であった。つまり、彼女は村から、家族から永遠に離別したのである。友人たち、とりわけ仲良しのマンジェットを抱きしめ、マンジェットへの恵みを神に祈った。しかし、彼女が誰よりも愛していた大の仲良しで親友のオメットには会わずに発つ方がよいと思っ[39][31]た。

こうして彼女はヴォクルールの町に百姓女のみすぼらしい赤い服で到着した[40]。ある車大工のおかみさんの家に伯父と一緒に宿をとりに行き、そこで温かく迎え入れられた。彼女はボードリクールの許に連れて行ってもらい、決然として彼に言った――「自分は主から遣わされて彼の許にやって来た。それは、主が王太子に、しっかり持ちこたえるように、いくさを断じて敵に有利ならしめないように、何故なら、主は王太子に、ミ・カレーム[32]に救いをもたらすであろうから、と命じておられるためである……。王国は王太子のものではなく、主のものである。とはいえ主は王太子が王になり、王国を預かることを望んでおられる」と。彼女はさらに加えて、王太子はその敵がどんなに反対しても王になるだろう、自分が王太子を祝聖式へと導くであろう、と言った。

守備隊長はひどく驚いた。何か悪魔のたくらみがあるのではないかと疑った。そこで彼は司祭に意見を求めた。見たところ司祭も守備隊長と同じ疑いを覚えているらしかった。彼女は自分の見た幻については、これまでいかなる聖職者にも話したことがなかったのである。[41] そこで司祭は守備隊長と一緒にジャンヌの投宿している車大工の家に行き、自分の頸垂帯《ストラ》をかざし、もし彼女が悪魔の使いなら、ここから立ち去るように、と彼女に命じた。[42]

しかし、民衆は少しも疑っておらず、むしろ感歎していた。いたる所から人々は彼女に会いにきた。ある貴族[33]が彼女をためそうとして話しかけた――「いいかね！　かわい子ちゃん、王様は国を追われ、我々はイギリス人にならなきゃならんのだよ。」彼女はボードリクールに拒絶されたことを彼にかこち、「それでも、ミ・カレームになる前に、かりに膝まで足を擦りへらさなければならないとしても、私は王の許に行かなければならないのです。なぜって、どこの王様にせよ、公爵様にせよ、スコットランド王のお姫様にせよ、この世の誰だってフランス王国を奪い返すことはできないのですし、フランス王国にとってこの私以外には助ける者はいないのです。たとい私が、かわいそうな母のそばで糸を紡いでいる方がずっといいと思ったとしても、それは私の仕事ではないのです。とにかく私は出掛けていって、やるべきことをやらねばなりません。だって、それが主の御旨《みむね》なのですから」と言った。――「あなたの主とは誰なのだ。」――「神様ですわ！……」その貴族は感動した。彼はジャンヌの手を握って、「信仰にかけて、神のお導きのもとに彼女を王のところへ連れてゆく」と約束した。ひとりの若い貴族も同じように心を動かされて、この聖なる娘に従いて行くと宣言した。

ボードリクールは人を遣って王の許可を求めさせたらしい[43]。その間に彼はジャンヌをロレーヌ公の許に連れていった。公は病いの床に臥《ふせ》っていたが、ジャンヌの意見を求めたがっていた。公は、妻とよりをもどして神の怒りを鎮めなさい、という忠告を彼女から得たにすぎなかったが、それでも公はジャンヌを激励した[44][34]。

彼女がヴォクルールに戻ってみると、そこに王からの使者が待っており、伺候の勅許を彼女に伝えた。あらたな会戦[35]の敗北が、あらゆる手段を試みることに踏み切らせていたのである。彼女は会戦の起きたまさにその日に、すでにそのいくさのことを予言していた。ヴォクルールの人々は、彼女の使命について少しも疑ってはいなかったので、装備を整えたり、馬を買い与えたりするために金を出し合った[45]。守備隊長は彼女に一振《ひとふり》の剣を与えただけだった。

このとき彼女にはまだ乗り越えねばならない障害が一つあった。というのは、彼女が近く出発することを知らされた両親は、気も狂わんばかりに取り乱し、彼女を引き留めようとして最後の努力を傾けたのだ。彼らは命令し、脅した。彼女はこの最後の試練に耐え、どうぞ許して下さるようお願いしますと両親あてに手紙を書いてもらった。

彼女が取り組んだのは辛くもありまたいたく危険な旅だった。国中にブルゴーニュ派とアルマニャック派の兵士たちが跋扈《ばっこ》していた。すでに道も橋もなくなっていた。川は水嵩《みずかさ》をましていた。それは一四二九年二月のことである。

このようにして、五、六人の兵士と一緒に旅に出るということには、なにかしら娘を震え上らせるようなものがあった。これがイギリス女やドイツ女なら決してこんな危険を冒しはしなかっただろう。このような《不作法な》行軍は女に恐怖感を抱かせたにちがいない。ところがジャンヌはそんなことでは動揺しなかった。彼女は、まさしくあまりにも清純だったのでその点で恐がるようなことは何一つなかった。彼女は男の服を着て、以後それを脱ぐことはなかった。ぴったりとして強くしめつけられるこの服は、彼女にとって最上の保護身具だった。それでも彼女は若くて美しかった。しかし彼女の周りには、彼女を間近かに見ている男たちにとってさえ、敬虔と畏敬とがつくる一種の障壁があった。彼女を先導した貴族のなかの一番若い男も、彼女の傍に寝ていても悪い考えの影さえ浮ばなかった、と告白している。

彼女は兵士たちに踏みにじられたひと気のない様々な土地を、雄々しい平静さで横切っていた。しかし仲間たちは、彼女と共に出発したことを後悔していた。あるものらは彼女をおそらく魔女だろうと思っていたのだから。かくて彼らは彼女に見切りをつけたいとひたすら願った。一方彼女はきわめて心安らかなので、町ごとに足をとめてミサに与《あずか》りたいと思った。「何も恐れることはありません」と彼女は言っていた、「神様が私を導いていて下さるのですから。私はそのために生まれたのですもの。」さらにこうも言っていた――「天国にいます私の兄弟たちが[46]、私のなすべきことを教えて下さるのです。」

シャルル七世の宮廷は、この〈乙女〉に全員が一致して好意を抱くというには程遠い状態にあった。この霊感をうけた娘はロレーヌからやって来ており、ロレーヌ公に励まされて来ていた。だから、王妃と王妃の母の立場、ロレーヌとアンジューの立場を、王の側で強めることにならざるをえなかった。そこでシノン[36]からわずかに離れた地点で、〈乙女〉に伏兵がさしむけられたが、彼女がそれを逃れたのはただ奇蹟によるとしか言いようがない[47][37]。

彼女に対する反感はあまりにも強かったので、彼女が到着したときにもまだ、顧問会議は二日間にわたり、王が果して彼女に謁見を賜うべきかどうかを討議したほどだった。彼女に敵対するものたちは、彼女の故郷で様々な情報を収集することを決めさせて、問題の決着を際限なく引き延ばそうと考えた。だが彼女にも、幸いなことに味方はいた。それは、おそらく、ふたりの王妃であり、またとくにアランソン公[38]がそうだった。公はつい最近、イギリス人たちの手から逃れてきたばかりで、自分の公爵領を奪回するために北方での戦いを闘おうとしてひどく待ちきれない想いだった。オルレアンに対して、二月十二日[39]以来、デュノワ[40]はあの驚くべき救援を約束していたが、そのオルレアンの人々は王の許に使者を送って、〈乙女〉の加護を懇請した。

王はやっと彼女を接見した。それも綺羅をつくして。人々は明らかに、彼女が狼狽《ろうばい》することだろうと予想していた。陽はおちていた。五十本の松明《たいまつ》が大広間を照らしていた。大勢の貴族、三百人をこえる騎士たちが王のまわりに集まっていた。誰もが、その魔女もしくは神の霊感を受けた女を見ようとして興味津々だった。

魔女は十八歳だった[48]。美しくまたたいへん魅力的な娘で[49]、背丈はかなり高く、甘いよく透る声をしていた[50]。

彼女は「貧しい羊飼いの娘として[51]」慎しく姿をあらわし、貴族の群れの中にわざと混りこんでいた王をひと目で見抜いてしまい、はじめ王が自分は王ではないと言い張っていたのに、彼女は跪《ひざまず》いて王の膝に接吻した。ただ王はまだ祝聖されていなかったので、彼女は王太子様、と彼に呼びかけた。「尊きお生まれの王太子様、私は乙女、ジュアンヌと申します。諸天の王は、私を通して、あなた様がランスの町で祝聖されて王冠を戴かれることを命じておられます。そしてあなた様はフランスの王である諸天の王の代官となられましょう」と彼女は言った。そこで王は彼女ひとりを別のところへ連れていった、そしてしばらく会談して何事かを話しおえたふたりは、ともに顔が変っていた。のちに告解師に語ったところでは、彼女は王に向ってこう言った――「神の御名において汝に告げる。汝はフランスの《真の継承者》であり《王の息子》である[52]」と。

驚きと一種の恐れの念とをさらに抱かせたのは、彼女の口から洩れた最初の予言が即座に立証されたことである。ひとりの軍人が彼女を見ていい女だと思ったので、己れのよこしまな欲情を兵隊風に、神の名に誓って乱暴に口にしたのだ。「まあ！　あんたは神を冒《ぼう》瀆《とく》してるのよ、だからまもなく死んでしまうわ」と彼女は言った。男はこのすぐあと、川に落ちて溺死した[53]。

彼女の敵たちは、なるほど彼女は未来を知る能力があるけれど、悪魔の霊によってそれを知るのだと非難した。そこで彼女を験すため、四、五人の司教が集められた。司教たちは宮廷を二分している両党派とおそらく関わりあいになりたくなかったので、ジャンヌの審問をポワチエの大学にまかせた。その大きな町には、大学と高等法院と大勢の有能な人士がいたのである。

フランスの大法官で国王顧問会議の議長でもあるランスの大司教は、神学者たちと神学教授たちを召集し、一方は司祭で他方は修道士なのであるが、彼らに〈乙女〉を審問させた。

神学者たちが大広間に請《しょう》じ入れられて席につくと、少女もはいってきてベンチの端に坐り、彼らの質問に答えた[54]。彼女はただただ偉大というべき単純さで、天使たちが現われたことやその語った言葉について話した。ひとりのドミニコ会修道士だけが彼女に異議をとなえたが、その異議は重大なものだった――「ジュアンヌよ、お前は神がフランス国民を解放することを望んでおられると言うのだな。もし、それが神の御心であるのなら、神は軍隊を必要とはなさるまい。」彼女は少しも動じなかった――「まあ、どうしましょう！　軍隊が戦うのです。そうすれば神が勝利を与えて下さるのです」と彼女は言った。

もうひとりの男は、得心させるのがもっと困難であるように見えた。それはリモージュの人で、ポワチエ大学の神学教授である修道士セガンだった。年代記によれば「非常に気難しい男」である。この男はジャンヌにそのリムーザン訛《なま》りまるだしのフランス語[41]で、お前の言う天の声なるものは、いったい何語を喋ったのか、と訊ねた。ジャンヌは少し元気よすぎるくらいにこう答えた――「あなた様の言葉よりは上等の言葉で話されました。」学者は怒って言った――「お前は神を信じておるのか。よいか！　神は我々がお前の話を信用することなど望んではおられないのだ。少なくともお前が何か徴《しるし》を示さないかぎりは。」彼女は答えた――「私は徴や奇蹟を行うためにポワチエにやって来たのではありません。オルレアンの囲みを解くことが私の徴になるでしょう。なにとぞ軍隊を、少なかろうが多かろうが私に与えて下さい。そうすれば私は発ちます。[55]」

そのうちに、ヴォクルールの場合と同じことがここポワチエでも起った。彼女の聖性が民衆の中に輝きわたり、あっという間に誰も彼もみんな彼女の味方になった。女たちは、貴族の奥方にせよ市民の女房たちにせよ、高等法院に出仕するある弁護士の妻の家――ジャンヌはそこに泊っていた――に、ジャンヌに会いに行き、深く感動してそこから引きあげてゆくのだった。男たちでさえその家を訪れていた。例の顧問官たちも、弁護士たちも、頑迷な老判事たちも、彼女のことを信じないままそこに連れてゆかれたが、彼女の話を聞くに及んで、女たちとまったく同じように涙を流して[56]こう言った――「この娘は神から送られてきているのだ」と。

審問官たちも自ら王の従者を伴って彼女に会いに出かけた。そして彼らがそのいつ終るとも知れぬ審問を再開し、博学な引用により、またあらゆる聖なる著者たちの言葉を引合いに出して、彼女を信ずるわけにはいかない理由を立証してみせたとき、彼女は彼らに言った――「いいですか、あなた方の引合いに出される書物にあることよりもっとたくさんのことが聖書のなかには書かれています……。私は目に一丁字《いっていじ》もありません。でも私はオルレアンの囲みを解き、王太子様をランスで祝聖するために神に遣わされてきているのです……。その前に、まずイギリス人たちに手紙を書いて、彼らに立退きを命じなければなりません。神がそのように望んでおられるのですから。紙とインクをお持ちですか。書いて下さい、口授しますから[57]……　〝あなた方に！　スュフォールよ、クラシダスとラ・プール[42]よ！　諸天の王の御名において、あなた方がイングランドに立退くよう勧告する[58]……〟」彼らは言われるままに書いた。こうして彼女は自分を裁く者らの心まで捕えてしまったのである。

彼らの意見は、この娘を利用しても法に反することにはなるまい、ということだった。

また先にこの件について意見を求められていたアンブランの大司教からも同様の回答を得た。[59] 高位聖職者は、神が男たちには匿《かく》していることを、たとえば巫女《みこ》のような処女たちにはしばしば啓示してきたという事実を思い出させた。悪魔は処女とは契約を結ぶことができなかったのだ。従って彼女がほんとうに処女なのかどうかを確かめねばならなかった。こうして、学問はとことんまで押しつめられて、良い啓示と悪い啓示との微妙な区別を理解することもできなければ理解しようともせず、霊的な事柄を卑小にも肉体にゆだね、この重大な精神の問題を女体の神秘に依存せしめたのである。

神学者たちが何と言うべきかを知らなかったので、奥方たちが決定を下した。[60] 王の義母にあたるシチリアのやさしい王妃は、数名の奥方とともに、〈乙女〉の名誉にかけて、このばかばかしい審査の役を果した。証拠調べのためジャンヌの故郷に派遣されていたフランシスコ会修道士たちも、最も好ましい報告をもたらしていた。これ以上時間を無駄にすべきではなかった。オルレアンは助けを叫び求めていた。デュノワは続けざまに使者を送りつけてきていた。〈乙女〉は身支度をさせられ、彼女のために一種の家が作られた。まず従騎士として、分別盛りの齢のジャン・ドーロンなる勇敢な騎士が彼女につけられた。この騎士はデュノワ伯の従臣で、伯の手勢のうちでも最も誠実な男だった。彼女にはまた高潔な小姓がひとりと、軍使がふたり、家令がひとり、従者がふたりできた。兄のピエール・ダルクも彼女に会いにやって来て、一団に加わった。告解師としてはアウグスチヌス会の隠者修道士ジャン・パスクレル(43)が彼女につけられた。

　目撃者たちにとって、白い甲冑《かっちゅう》に身を固め、見事な黒馬に跨《またが》って、小さい斧〔61〕と聖女カトリーヌの剣とを小脇にかかえたジャンヌを初めて目にすることは、一つの驚異だった。彼女はこの剣を求めてフィエルボワの聖女カトリーヌ教会の祭壇の後ろを捜させていたのだが、まさにその場所から剣は見つけ出されたのである。(44)彼女は手に白百合の花で飾られた白地の旌旗《せいき》を携えており、その上には世界をおのが手の中に握りたもう神が在すのだ。そしてその右手と左手とにはそれぞれ百合の花を一輪ずつ手にしたふたりの天使がいた。彼女はつねづね「この剣は人を殺すためには使いたくない」と言っていた。〔62〕さらにそれに加えて、いかにその剣が好きだとはいえ、それより旌旗の方が「四十倍も」好きだ、と言っていたのである。ここで、ジャンヌがオルレアンに送られたときの両陣営を比較してみよう。

　イギリス軍は冬の長い包囲作戦の中でかなり消耗していた。ソールズベリーが死んでしまうと、(45)彼の雇っていた大勢の兵士たちは自由の身になったと思って逃げてしまった。一方ブルゴーニュ派の連中は、ブルゴーニュ公(46)に呼び戻されていた。イギリス軍のもっとも重要な砦《とりで》が奪われたとき、その砦の中に他のいくつかの砦を守ってきた者たちも逃げこんでいたのだが、そこにいたのは五百人だった。兵力は全部で二、三千だったというのはありそうなことである。この僅かな人数のなかでも全部がイギリス人ではなかった。若干のフランス人もまじっており、そのフランス人たちのことをイギリス人はおそらくあまり信用していなかった。

もしイギリス側の人員が一つにまとまっていたなら、これは相当侮りがたい兵力だったにちがいない。ところが彼らは十二ばかりの砦や河岸に面する塁道に分散配置されており(63)、その大半は互いに連繋《れんけい》不能だった。この配置は、タルボット(47)や他のイギリス軍指揮官たちがそのときまで、軍事的な叡知よりも勇気や幸運に恵まれていたことを証明している。このように孤立した小陣地の一つ一つは、それが防禦《ぼうぎょ》しようとしている大きくて広い町に対して弱体であることは明らかであった。そして、長期間にわたる包囲によって戦いに慣れてしまったこの地の厖大《ぼうだい》な住民が、ついには包囲軍を包囲することになろうこともまた明白だった。

オルレアンに投入されたラ・イール(48)、サントゥライユ、ゴクール、キュラン、コアラーズ、アルマニャック、といったような指揮官たちの名前が並んでいる恐るべきリストを読み、またレ元帥の率いるブルトン軍やサン・セヴェール元帥の率いるガスコン軍とは別に、シャトーダンの隊長フロラン・ディリエがこの短期の遠征に近隣の貴族を引きこんでいたことを考えると、オルレアンの解放はそれほど奇蹟的なことでもなかったように思われてくる。

しかしこれらの大きな戦力が有効に働きうるためには或るものが欠けていた、と言わざるをえない。それは行動の一貫性という、最も重要な、不可欠の一事である。それには機転と知性とがありさえすれば済む、ということであれば、デュノワがその一貫性を与えることもできたかもしれない。しかしそれだけでは充分ではなかった。王の権威にもまさる一種の権威が必要だったのだ。王に仕える守備隊長たちは王への服従に慣れてはいなかった。だから、彼らの獰猛《どうもう》で御《ぎょ》しがたい意志を従わせるためには、神御自身が必要だったのである。当時の神とは、キリストであるよりもむしろ〈処女マリア〉だった[64]。地上に降り立った〈処女マリア〉が、人に愛され、若くて美しく、優しく雄々しいひとりの処女が必要だった。

　戦争は男たちを獰猛な野獣に変えてしまっていた。だからこの野獣を人間に、キリスト教徒に、従順な臣下に作りかえねばならなかった。大きなしかも困難な変革！　アルマニャック派の隊長のうちの或るものらは、おそらくかつてこの世に存在した人間のうちでももっとも獰猛な男たちであった。そのうちのひとりの名前を挙げるだけで足りる。青髯《あおひげ》公のモデルであるジル・ドゥ・レ[65][49]は、その名をきくだけでひとを怖れしめる。

　獣に堕したこの人間の心を捉えうる力が、それでもまだ残されていた。ひとの心は人間性や自然から逸脱してしまってはいたが、なお宗教から完全に解き放たれることはできないでいた。野盗どももきわめて奇妙なやり方で宗教を野盗の行為と折りあわせる方法を思いついていたということは事実である。ガスコーニュ人のラ・イールは奇抜にもこう言っていた――「もし神が軍人だったら、神は盗っ人になってるだろうさ」と。そして彼は略奪に赴くとき、いつもガスコーニュ風の短いお祈りをとなえていた。神が彼の祈りの半分しか聴きとどけてくれないことを承知していたので、願い事をくどくどと並べたてはしないのである。その祈りは「神よ、もしもあんたが隊長でラ・イールが神様なら、ラ・イールがあんたのためにしてあげるはずのことを、ラ・イールのためにもして下さるよう祈ります」というものだった[66]。

　アルマニャック派の古株の野盗たちが唐突に回心するさまを見るのは何とも滑稽であり、しかも心打たれる光景であった。彼らは中途半端に行いを改めたのではなかった。ラ・イールはもはやあえて神に誓うこともしなかった。〈乙女〉は彼が自分をいためつける激しさを憐れに思って「その武器[50]にかけて」神に誓うことを許した。こうして悪魔たちは急に小聖者になっていた。

　彼女は彼らが連れていたいかがわしい女どもを追い払って告解するように彼らに要求することから始めた[67]。それから、ロワール河に沿った道路に野天の祭壇をしつらえさせ、彼女はそこで聖体を拝領し、彼らも聖体を拝領した。季節の美しさ、トゥール地方の春の魅力が、この若い娘の宗教的な力をふしぎに補ったにちがいない。彼ら自身も若返った。完全に我を忘れてしまっていた。彼らは過ぎ去ったあの麗しいころのように、善意に溢れ、希望にみちていた。みんなが彼女と同じように若く、みんなが子供になっていた……。彼女とともに、彼らは心をこめて新しい人生を始めた。彼女は彼らをどこへ連れて行こうとするのか。そんなことは彼らにはどうでもよいことだった。オルレアンでなくとも、かりにエルサレムであっても、彼らは彼女に従いていったことだろう。そしてじっさい、イギリス人次第では聖地へ赴くことにもなっていたはずである。イギリス人たちに宛てた手紙の中で、彼女は、聖墓を解放するためにイギリス人もフランス人も一つになって、みんなで出掛けていこうとやさしく提案していたのである。〔68〕

II　ジャンヌ、オルレアンを解放し王をランスで祝聖させる

　ジャンヌ一行が夜営した最初の晩、彼女は身辺にただひとりの女も付けずに武装したまま寝た。[1] だが彼女はこうした辛い生活にまだ慣れていなかったので、そのために病気になった。身の危険については、彼女はそれがどんなことなのか知らなかった。だから彼女はイギリス軍がまったく動かないと確信して、イギリス軍の数々の砦を通り抜け、イギリス軍のいる岸の上を、その北側を通過しようと考えていたのである。しかし人々は彼女の話をきこうとはせず、オルレアンの河上二里ほどのところを通過するようにして反対側の岸を進んだ。[1] デュノワが彼女に会いに来た。「私はどんなひとにもまだ与えられたことのない最上の救いをあなたにもたらします」と彼女は言った、「それは諸天の王の救いです。その救いは私からではなく、神御自身からのものなのです。神は聖王ルイや聖王シャルルマーニュ[2]の懇請にたいしてオルレアンの町に憐れを催しており、敵どもがオルレアン公の御軀《おんみ》[3]と公の町をともども手中に収めることを許そうとはなさらなかったのです。[2]」

彼女は夜の八時にゆっくりと〔オルレアンの〕町にはいった（四月二十九日）[4]が、群集に妨げられて前に進むことができなかった。みんなが我がちに、せめて彼女の馬にでも触ろうとしたからである。民衆は彼女を「あたかも神を見るかのように[3]」眺めていた。きわめて穏やかに民衆に話しかけながら、彼女は教会までゆき、それからオルレアン公の出納官の家に向った。このひとは誠実な人物で、その妻と娘たちとが彼女を迎え入れた。ジャンヌはその家の娘のひとりシャルロットと一緒に床に就いた。

彼女は食糧と共に入城していたが、軍隊はブロワに移るために再び南下した。にもかかわらず彼女は、できることならイギリス軍の砦をただちに攻撃したいと思った。彼女はともかく北方のイギリス軍の砦に二度目の降伏勧告状を送り、ついでまた南方の砦にも降伏を勧告しようとした[5]。指揮官グラスデールはひどい罵倒の言葉を彼女に浴びせかけ、彼女のことを〈田舎っぺの牛飼い女〉だの〈淫売女〉だのと呼ばわった[4]。要するに、イギリス人たちは彼女のことを魔女だと信じてひどくこわがっていたのである。彼らはジャンヌの軍使[6]を拘留しており、この男を火あぶりにすればおそらく呪縛が解けるのではないかと考えていた。しかし、彼らはまず何よりもパリ大学の神学者たちの意見をきくべきだと信じていたのである[7]。一方デュノワも、自分の手の内に置いていたイギリス側の使者たちを殺すぞと彼らを威嚇《いかく》していた。〈乙女〉はといえば、彼女は自分が送った使者については何も案じてはいなかった。彼女はこう言いながら、さらにもうひとりの使者[8]を送り出した

――「行ってタルボットにこう伝えて下さい。もしそちらが武装するなら、こちらも武装するでしょう……。この私を捕まえられるものなら、どうぞ火あぶりにでもおさせになるがいい、と。」

　軍団のやってくる気配が全くないので、デュノワはあえて軍団を求めて出掛けていった。[9] オルレアンに残された〈乙女〉は、あたかもすべての権威が絶えてしまったかのように、ほんとうにその町の女主人になっていた。彼女は城壁のまわりを馬であるき、民衆は臆せずにそのあとについて行った。[5] 翌日、彼女はイギリス軍の砦のすぐそばまで見に行った。すべての群集、男も女も子供も、みんな群れをなして有名なそれらの砦を見に行ったが、そこでは動くものは何一つとしてなかった。彼女はその群集を従えて、晩禱《ばんとう》の時を守るため聖十字教会[10]に赴いた。彼女はミサに与りながら涙を流していた。[6] みんなが泣いた。民衆は我を忘れていた。彼らにはもはや何一つとして怕《こわ》いものはなかった。彼らは宗教と戦争とに酔っていたのである。ひとたびその状態に陥れば人間がなんでもやりとげなんでも信ずることのできるような狂信、敵に対するのとあまり変らないほど友に対しても恐ろしいものになってしまうような狂信の、あのおそるべき発作の一つに陥っていたのである。

　シャルル七世に仕える大法官であるランスの大司教[11]は、ブロワに小部隊を引き止めていた。年老いたこの政治家は、熱狂が引きおこすこうした絶対的な力を想像することのできるような人物ではおよそなかった、というよりむしろ、彼は多分そのような力を恐れていたのだ。そこで彼は全く心ならずもオルレアンにやって来た。〈乙女〉は民衆と共に、その先頭に立って進んだ。また司祭たちも聖歌を歌いながら一緒に歩いていた。この行列はイギリス軍の砦の前を行きつ戻りつした。軍団は司祭たちとひとりの娘とに守られてオルレアンの町にはいった（一四二九年五月四日[7]）。

自ら引き起した熱狂と感興のただなかにあっても、この娘はきわめて上品だったので、あらたにやって来た者たちの冷たい悪意をじつにみごとにときほぐしてしまった。すべてを失う覚悟で、できることならジャンヌの手を借りずに行動したいと人々が思っていることを彼女は理解した。デュノワが彼女に、あらたなイギリス軍の一団がフォルスタッフ殿[12]の指揮のもとに到着するのをみんなが恐れていると打ち明けると、彼女は言った――「バタールよ、バタールよ、神の名において、私はあなたに命じます。そのフォルスタッフの到着を察知したらすぐにそのことを私に知らせて下さい。もし私が知らぬ間に奴が通過するようなことがあったら、私はあなたのその首を刎ねさせますよ[8]。」

人々が彼女の手を借りずに行動したいと思っているのだと彼女が考えたのは正しかった。若い娘シャルロットの傍でほんのわずかからだを休ませていたとき、彼女は突然立ち上ってこう叫んだ――「ああ！　神よ、我が同胞の血がこの地上に流れています……何ということでしょう！　なぜ私をおこしてくれなかったのでしょう。さあはやく、私の武具を、それから馬を！」彼女はあっという間に武具で身をかためると、下で戯れていた小姓[13]を見つけてこう叫んだ――「ああ！　なんて駄目な子なんでしょう！　こんなことなら、あなたの体内にフランスの血が流れているなんて言わせないわよ！」彼女は全速力で馬を駆って飛び出した。だが、もうそのときに、彼女は運ばれてくる負傷者たちに出遇った。「私はフランス人の血を見ると、いつも髪の毛が逆立つのです[9]」と彼女は言った。

彼女が到着すると、逃亡兵たちは顔をそむけた。同じようにこの攻撃のことを知らされていなかったデュノワも同時にやってきた。砦（それは北方に位置する砦群の一つだった）は再度攻撃された。タルボットは砦を守ろうとした。しかしオルレアンの新手の力が繰り出され、〈乙女〉はその先頭に立った。そしてタルボットは兵を引き揚げさせた。砦は奪い取られたのである[14]。

逃げ出すために僧服を身にまとっていた大勢のイギリス人は、〈乙女〉に率いられて彼女の許に安全に留め置かれた[10]。彼女は味方の連中の獰猛さをよく知っていたのである。殺《さつ》戮《りく》の現場を最初に見たのが、彼女の最初の勝利だった。彼女は多くの人々が告解もせずに死んだのを見て泣いた[11]。彼女は、自分も、また仲間のものも、告解することを望み、翌日のキリスト昇天の日には、自分は聖体を拝領し、祈りのうちに一日を過ごすのだ、と言明した。

人々はその日を利用した。彼女をまじえずに作戦会議が開かれ、今度はサン・ジャン・ル・ブランの砦を攻撃するためにロワールを渡河しよう、と決めた。その砦は、食糧搬入路を塞《ふさ》ぐもっとも手ごわい障害となる砦の中の一つであった。それと同時に、偽って別の方角を攻撃するようにみせかけることが決められた。〈乙女〉を嫉妬している連中は、彼女にはこのみせかけの攻撃のことだけを報告した。だがデュノワは彼女に全部打ち明けた。

一方イギリス軍はもっと早くしていなければならなかったはずのことをその時になって実行した。即《すなわ》ち、彼らは集結したのである。イギリス軍はオルレアン側が攻撃しようとしている砦に自ら火を放ち、南に位置する他の二つの砦、オーギュスタン砦とトゥルネル砦に退却した。オーギュスタン砦はすぐに攻撃され、陥落した。この成功は今度もまた幾分かは〈乙女〉に帰せられるものだった。フランス人たちは攻撃に際して一瞬恐慌状態に陥り、自分たちが作った浮き橋に向って先を争って退却した。〈乙女〉とラ・イールはそうした群集の中から抜け出して小舟に飛びのり、イギリス軍に側面から襲いかかった。

あとはトゥルネル砦が残っていた。勝利者たちはこの砦の前で夜を過ごした。しかし彼らは、その日何も口にしていなかった（金曜日だった）〈乙女〉に、再びロワールを渡河することを強いた。そのあいだに作戦会議が開かれていた。その夜〈乙女〉は、町には食糧が十分にあるのだから、トゥルネル砦攻撃のためのあらたな援軍を待つことにしようと全員一致で決められた旨を伝えられた。このような決定が隊長たちのまじめな意図だったと信じることはむずかしい。何故なら、イギリス軍は遅かれ早かれ、フォルスタッフによって救出される可能性があるのだから、待つことには最大の危険があったのだ。おそらく

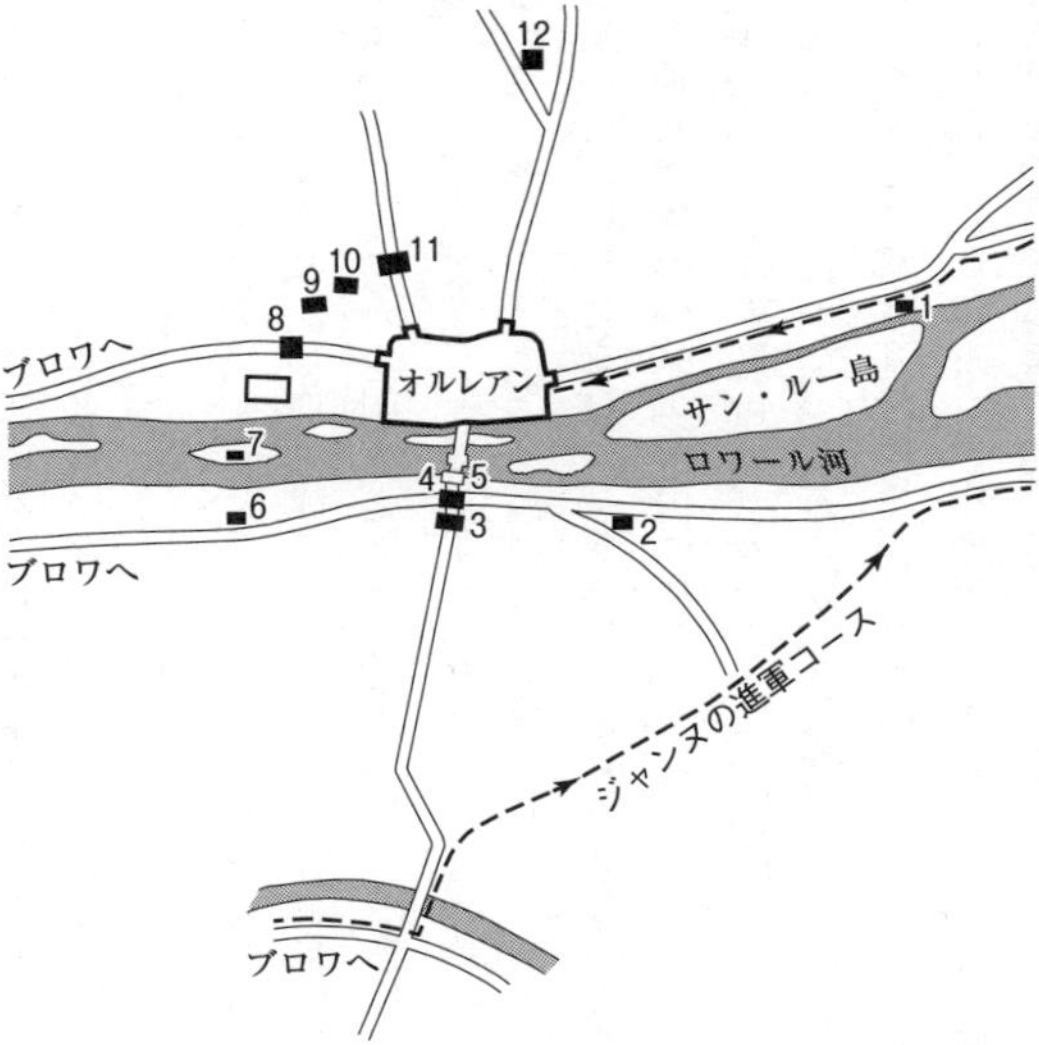

1 サン・ルー砦
2 サン・ジャン・ル・ブラン砦
3 オーギュスタン砦
4 トゥーレル（トゥルネル）塁道
5 トゥーレル（トゥルネル）砦
6 サン・プリヴェ砦
7 シャルルマーニュ島の砦
8 ラ・クロワ・ボワッセ砦
9 ロンドン砦
10 ルーアン砦
11 パリ砦
12 フルーリー砦

W・S・スコット『ジャンヌ・ダルク』を参照した

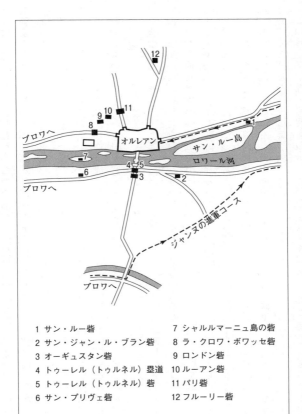

人々は〈乙女〉をだましたかったのであり、彼女がじつに力強く準備してきた成功の名誉を彼女から奪いたかったのである。彼女はそんなことにこだわり続けはしなかった。「あなたはあなたでよくお考えになったのでしょうけれど」と彼女は言った、「私にも私の考えがあります。[12]」そして従軍司祭の方に振り向いて――「明日、夜明けにいらして下さい。そして私から離れないでいて下さい。私にはやらなければならない仕事が山ほどできるはずです。私の軀から血が流れることでしょう。私は胸の上に傷を負うでしょう。」

翌朝、家の主人は彼女を引きとめようとした。「うちにいなさい、ジャンヌ」と彼は言った、「釣ってきたばかりのこの魚を一緒に食べようよ。」――「とっといて頂戴」と彼女は上機嫌で言った、「晩までとっていて頂戴。トゥルネル砦を占領したあとであの橋をまた渡りますから。ゴデン[15]をひとり連れてくるわ。彼も一人前食べるでしょう。[13]」

それから彼女は大勢の兵士や市民たちとともにブルゴーニュ門まで馬を走らせた。しかし王室大家令のゴクール殿は、ブルゴーニュ門を閉ざさせていた。「意地悪な方ね」とジャンヌは彼に向って言った、「あなたがどう思おうが、兵士たちはここを突破します。」ゴクールは、興奮して沸き立つ民衆の群れを前にして、自分の命はもはや風前の灯だと悟った。おまけに部下たちはもう彼の命令には従わなかった。群集は門を開き、もう一つの扉を力ずくで押しのけてしまった。

この連中が全部、何艘もの舟にとびのったとき、ちょうどロワール河の上に朝日がのぼった。しかし、彼らはトゥルネル砦に到着してみて、弩砲《どほう》が必要なことに気づいた。そこで彼らは町にそれを捜しに行った。ついに彼らは砦を囲む外側の塁道を攻撃した。イギリス軍は勇敢に抵抗した。[14]〈乙女〉は味方の攻勢が鈍り始めると見るや、自ら堀に身を躍らせ、梯子《はしご》をつかんでそれを壁に立てかけようとした。そのとき、一本の回転矢が彼女の首と肩の中間にあたった。イギリス軍は彼女を捕らえようとして砦の外に打って出た。だが、味方が彼女を運び去った。戦闘から離れ、草の上にねかされて武具を外した彼女は、傷がどれほど深いかを知った。矢はうしろまで突き抜けていたのだ。彼女はおびえて泣いた[15]……。突然、彼女は立ち上る。自分を守る聖女たちが目の前に現われていたからだ。彼女はまじないの言葉で傷の痛みを《紛らせ》られると信じている兵士たちを遠ざける。彼女は、神の御旨に反して傷を治そうとは思わない、と言っていた。そしてただ傷に油を塗らせて告解した。

　何一つとして進まないうちに日が暮れかけてきた。デュノワ自身、退却の合図を鳴らさせた。「まだ待って下さい。飲んで食べて下さい」と彼女は言った。そして葡萄畑の中で祈った。あるバスク人[16]が、敵にひどくおびえていた〈乙女〉の従者の手から、彼女の旌旗をあずかっていた。「旗が壁に触れるやいなや」と彼女は言った、「突入なさい。」――「旗が触れました。」――「さあ、突っこめ！　勝利はあなた方のものです！」まさにそのとおり、攻撃の軍勢は無我夢中で「階段をのぼるように」塁道を登った。イギリス軍はこのとき、二方向から同時に攻撃されたのである。

一方ロワール河の対岸からこの戦いを目で追っていたオルレアンの人々は、もうじっとしていられなかった。彼らは町の門をひらくと、わっとばかりに橋に押し寄せた。ところが橋弧が一本壊れていた。[17]そこで、彼らはまずあやしげな副木をぶちこみ、完全武装したヨハネ騎士修道会の騎士がひとり勇をふるってその上を渡った。橋はどうにか持ちなおした。群集が溢れ出た。イギリス軍はこの民衆の海が押し寄せてくるのを見て、世界中の人間が集められたのだと思った。[16]彼らは眩暈におそわれた。或るものらは、この町の守護聖人聖エニャンを見、他のものらは大天使ミカエルを見た。[17]グラスデールは塁道から砦に、小さな橋を渡って避難しようとした。しかしその橋は石弾によって粉砕された。そのイギリス人は、自分がさんざん悪口雑言を浴びせかけたその〈乙女〉の目の前で、橋から落ちて溺れ死んだ。「おお！　あなたの魂を深く哀れみます！[18]」と彼女は言った。五百人からの人間がその砦の中にいたのだが、全員が刃にかけられて果ててしまった。[18]

ロワールの南にはイギリス人はただひとりとして残ってはいなかった。翌日の日曜日、北方に位置するイギリス人は、砦を、弩《おおゆみ》を、捕虜たちを、病人たちを、すべて放棄した。タルボットとサフォーク[19]はこの撤退を、見事な秩序のうちに誇らかに指揮した。〈乙女〉は彼らが自ら退却したのだからこれを追跡することを禁じた。しかし彼らが遠ざかって町からその姿が見えなくなる前に、彼女は野原に祭壇をしつらえさせてミサをあげた。こうして民衆は敵の面前で神に感謝の祈りを捧げたのであった（五月八日、日曜日）[19]。

オルレアン解放の効果は驚くべきものだった。誰もがそこに或る超自然の力を認めたのである。幾人かはそれを悪魔の仕業に結びつけたが、大多数のものは神の御業《みわざ》に帰した。シャルル七世には自ら正統な権利があるのだ、と一般に信じられ始めた。

包囲戦から六日後、ジェルソン[20]は一文を公けにしてこれを拡めたが、彼はそこで、この驚くべき出来事を、道理にさからうことなくたしかに神に帰することができる旨を証明している。[20]やさしきクリスチーヌ・ドゥ・ピザン[21]もおのが性を祝福する文章を書いた。[21]数多くの論文が、しかもイギリス人と結んでいたブルゴーニュ公に属する人々自身の手で公表されたが、それらは〈乙女〉を敵視するというよりはむしろ彼女に好意的なものであった。[22]

シャルル七世はこの機をとらえて、大胆にオルレアンからランスに向って進み、王冠に手をかけるべきだった。だがそれは無謀なことのように思われ、イギリス人たちへの根強い恐怖の中では容易なことではなかった。イギリス人たちはまだ彼らの幼いヘンリ六世[22]を祝聖させていないという著しい過失を犯していたので、イギリス人たちを出し抜かねばならなかった。初めに祝聖されたものが王としてとどまりうるはずだった。シャルル七世にとっても、イギリスの支配下にあるフランスを突っ切って王としての騎馬行進をし、王国を手に収め、フランスの津々浦々まで王の支配が及んでいることを明らかにするのは、やはり大事なことだったのである。
〈乙女〉ただひとりがこの案に賛成だった。そしてその英雄的な狂気は叡知そのものだった。政治屋どもや顧問官会議の頑固者どもはうす笑いを浮べていた。彼らは急がず確実に事が進められるように望んでいた。つまり、それはイギリス軍に勇気を取り戻す時間的余裕を与えることにほかならなかった。これら顧問官たちはあらゆる興味ある案を出した。アランソン公はノルマンディに進撃し、アランソンを奪回しようと主張した。[23] 他のものらはロワール河流域に駐屯し、最小の要塞をいくつか包囲することを要求して譲らなかった。これは最も無気力な案であり、[23]特にオルレアン家、アンジュー家の利害、シャルル七世の寵臣ポワチエ人ラ・トゥレムイユの利害にもとづくものでもあった。

サフォークはジャルジョー[24]に身を投じていた。彼はそこで閉じこめられ、強襲された。[24] ボージャンシー[25]もまた、フォルスタッフ殿が差し向けた摂政の援軍をタルボット卿が手に入れる前に陥落した。リシュモン元帥は、かなり前からその領地に腰をすえていたのだが、王や〈乙女〉の思惑に反して、勝ち誇る軍団の応援にブルトン人の部下を率いてかけつけた。[25][26]

一つのいくさが切迫していた。リシュモンはそのいくさで手柄を立てようとしてやって来た。タルボットとフォルスタッフは合流していた。しかし、奇妙なことに、この土地の地形とこの全く偶発の戦いとの特徴から、当時雑木林と灌木《かんぼく》の茂みでおおわれていたボース地方の無人地帯で、イギリス軍がどこにいるのかわからなかった。一匹の雄鹿がイギリス軍を発見した。その鹿はフランス軍の先兵に追われて、イギリス軍の列の中にとびこんでいったのである。

イギリス軍は行進中で、いつものように騎馬隊を防ぐための杭を打ちこんでいなかった。タルボットは、オルレアン以来、フランス軍に背を見せたことでひどくいきり立っており、ただひとりで戦おうと望んでいた。これとは逆に、フォルスタッフ殿は、〈鰊《にしん》の戦い〉で勝利していたので、名誉を回復するための戦いなど必要ではなかった。だから彼は、やる気をなくしている軍隊にたいしては守勢に立つべきであると、賢人として言い続けていた。フランス軍団の将士は討論の終るのを待ってはいなかった。彼らは疾駆してやってきたが、さしたる抵抗には出遭わなかった。[26] タルボットは、殺されることをおそらくは信じながら、あくまでも戦うことを主張し続けた。しかし結局は捕えられる破目になる。追跡は残虐を極めた。二万人のイギリス兵がおのが遺骸で野原を蔽った。〈乙女〉はこれらすべての死体を見て泣いた。彼女は、兵士が金で買い戻せない捕虜たちを扱うときの残虐さを見てさらに激しく泣いた。捕虜のうちのひとりはあまりにも乱暴に頭をなぐられたので、虫の息で倒れた。〈乙女〉はそういうことに耐えられなかった。彼女は馬から飛び降り、哀れな男の頭を抱きあげ、その男のために司祭を呼ばせ、男をなぐさめて死出の旅に立会ってやった。[27]

このパテーの戦い〔一四二九年〕六月二十八日あるいは二十九日*のあと、一か八かのランス遠征をこころみるべき時期が、しかも一度だけ訪れた。政治屋どもは、依然としてロワール河地帯に駐屯することを、またコーヌとラ・シャリテ[27]とを確保することを望んでいた。しかしここでそんなことを言っても無駄だった。臆病者どもの声を聞いていることはもはやできなかった。毎日〈乙女〉の数々の奇蹟の噂を耳にした連中が、あらゆる地方から押しかけてきた。彼らはジャンヌの言うことしか信用せず、彼女と同じように、王をランスへ連れてゆくことを急いだ。それは巡礼行や十字軍遠征のような、一種の抑えがたい衝動だった。どうでもいいと思っていた若き王[28]もついには、この民衆の波、もり上っては北へ北へと押し寄せてゆく大きな潮流に、運ばれるがままとなった。王、宮廷人たち、政治屋ども、熱狂した連中、みんな一緒に、いや応なしに、愚者も、賢者も、出発した。出発に際して、彼らの頭数は一万二千名ほどだったのが、途中でその数はどんどんふくれ上っていった。ほかの連中がやってきた、つねにほかの連中が。甲冑のない連中は、粗末な上っぱり[29]のままで、たとい彼らが貴族でありえたとしても、射手として、首かき兵[30]として、その聖なる行軍に従ったのである。

　軍団は六月二十八日にジャンを出発し、オーセール[31]の前を通過したが、町にはいろうとはしなかった。この町はブルゴーニュ公の手中にあり、町民たちは公に気を使っていた。トロワにはブルゴーニュ派とイギリス軍の混成の守備隊がいた。王軍の初めての出現に、彼らはあえて出撃してきた。見事に防衛されたこの大きな町を、力ずくで、しかも砲兵を使わずに攻め落とせるとはほとんど思えなかった。しかし一体どのようにして進軍をとめてこの町を包囲したらいいのか。また逆に、このような町を背後に残したままでどのようにして進軍することができるだろうか。軍団はすでに飢えに悩まされていた。むしろ退却した方が得策ではないか。政治屋どもは勝ち誇っていた。

反対意見の持ち主はアルマニャック派の老顧問官、マソン長官(32)しかいなかった。このような遠征計画のもとでは叡知は熱狂しているものらの側にあること、民衆の十字軍においては理屈をこねるべきではないということを、彼は理解していたのである。「そもそも王がこの遠征を意図されたのは、王が軍隊の大きな力を当てにされたからでもなければ、王の有される大金を当てにされたからでもなかったのです。またこの遠征が可能なものだと思われたからでもなかったのです。ジャンヌが、前進せよ、そしてランスで戴冠されよ、と王に言ったからであり、この遠征が神の御旨である以上、抵抗に遭うことは殆《ほと》んどないはずだからです」と彼は言った。

〈乙女〉はそのとき顧問官の居室の扉を叩きにやって来て、三日後には町にはいれると確約した。「我々は六日待ってもよい」と顧問官は言った、「貴女が申されることが本当だと

＊六月十八日の誤り〔番号のついていないリュドゥレールの註。あとから加えられたものか〕。

もし我々が確信すれば。」「六日ですって。明日にでもおはいりなさい[28][33]！」

彼女はその旌旗をつかむ。みんなが堀に向って彼女のあとに続く。彼女は手当り次第、束柴《たばねしば》や家の戸、食卓、梁《はり》等を堀めがけて投げつける。それがあまりの早業だったので、町の人々はあっという間に堀がなくなってしまうと思った。イギリス軍はオルレアンのときと同様に茫然自失の態に陥りかけていた。彼らは白い蝶の一群が魔法の旌旗のまわりを飛び交っているのが見えるように思った[34]。一方、町の住人たちは、シャルル七世からその相続権を剝奪した和約が結ばれたのがこのトロワだったことを思いおこして恐怖におののいた[35]。彼らは自分たちの町が見せしめになるのではないかと恐れていたのだ。彼らは早くも教会堂に逃げこみ、降伏せざるをえない、と叫んでいた。兵士たちはもうそれ以上は要求しなかった。彼らは談判し、持ち物すべてを携えて立ち去る権利を得た。

《彼らの持ち物》とは、主として捕虜たち、つまりフランス人たちのことだった。降伏条約を起草したシャルル七世の顧問官たちは、この不幸な同胞については何の取り決めもしていなかった。〈乙女〉ただひとりがそのことについて考えた。イギリス軍が、縛りあげた捕虜たちをつれて町を出ようとしたとき、彼女は町の城門に駆けつけ、こう叫んだ――「ああ神様！　あの人たちを連れていかせないで！」結局、彼女は捕虜たちを取り戻し、王は彼らの身代金を支払ったのである。

　トロワを支配したのが七月九日、シャルルは十五日にランスに入城した。そして十七日

（日曜日）に祝聖された。その朝、〈乙女〉は、福音書の教えにもとづき、ミサ聖祭の前に和解を求めてブルゴーニュ公あての一通の美しい手紙を口述した。過ぎ去ったことはなにも思い出させず、いらだたせず、誰ひとりとして辱《はずかし》めることもせず、彼女はたいへんな機知と気品とにみちてブルゴーニュ公にこう語りかける——「お互いに、心の底から許し合おうではありませんか、誠実なキリスト者がそうしなければならないように。[36]」

シャルル七世は大司教によって、サン・レミより運ばれた聖油入れから聖油を注がれた。[37] シャルルは祝聖式でも祝宴でも、古式にのっとり、[29] 高位聖職者たちによって玉座に登らされ、世俗の貴族がこれに奉侍した。それが済むと、彼はサン・マルクーに赴きるいれき患者に手を触れた。[30][38] すべての儀式はなんの支障もなく無事に終了した。彼はその時代の信仰空間のなかで、真の、また唯一の、王となったわけである。イギリス人たちもあとでヘンリを祝聖させることは可能だった。[39] だが、この新たな祝聖は、民衆の考え方からすれば、シャルル七世王の二番煎じでしかありえなかったのである。

王が祝聖されたその瞬間、〈乙女〉はただちに跪き、王の膝を抱きしめて熱い涙を流した。誰もが同じように泣いた。

彼女が王にこう言ったことはまちがいない——「ああ、尊きお生まれの王様、今こそ神の御旨は果されました。神は私がオルレアンの囲みを解き、あなたの町であるランスにあなたをお連れ申しあげ、あなたが真の王でありフランス王国があなたのものでなければならないことを示して、ご自分の聖なる祝聖をお受けになることを、望んでおられたのです。」

〈乙女〉は正しかった。彼女は自分が為さねばならなかったことを為し、しかもそれを成し遂げたのだ。また同時に、まさにそのような勝利を祝う盛儀の喜びのただなかで、己れの最後が近いことを考え、あるいは多分予感した。彼女が王と共にランスの町にはいったとき、そして民衆がこぞって聖歌を歌いながら彼女のまえにやってきたとき、彼女はこう言った――「ああ、善良で信心深い民衆！……もし死ななければならないのなら、ここに葬っていただけたらどんなに幸せなことでしょう！」――「ジャンヌよ」と大司教が彼女に声をかけた、「あなたはどこで死ぬと思っているのか。」――「どこで死ぬのが神の御旨なのか、全くわかりません……。妹たちや弟たちと一緒に羊の番をしに行くことが神の御旨であってくれればどんなにうれしいことか……。あの人たち、私を見たらきっとすごく喜びますわ！……私は、我らの主が為せと私にお命じになったことは少なくとも成し遂げました。」そして彼女は天を見上げて神に感謝した。このときの彼女を見たものたちはすべて「これこそ、神から遣わされたものだ、とさらに深く信じた」と古い年代記は述べている。〔31〕

III　ジャンヌ、裏切られ売り渡される

祝聖のもたらした功徳はこのようなものであり、北部フランスにおけるその効果たるや全能といっていいほどだったので、それ以後行軍はただ穏やかに領地を回復することであり、凱旋であり、ランスにおける祭典の連続であるにすぎないように思われた。諸街道は王のまえに平らにひらけ、町々はその城門を開いて跳ね橋を降ろした。それはまるでランスの大聖堂から始まって、ソワソンのサン・メダール[1]に、そしてランのノートル・ダム[2]にいたる王家の巡礼のようなものだった。シャルルは町々で数日を過ごしながら、気の向くままに馬を走らせて、シャトー・チエリ[3]に、次いでプロヴァン[4]に入り、体力、気力を回復し、充分に休養して、そこから勝利の行進をピカルディ[5]に向けた。

イギリス人はまだフランスにいたのだろうか。ほんとうにそんな疑問さえ浮かびかねないほどだった。パテーの戦い以来、もはやベドフォードの名は人の口の端にのぼらなくなっていた。それはベドフォードに活動力あるいは勇気が欠けていたということではない。

彼は資力をすべて使い果してしまっていたのだ。彼が窮地に陥っていたことは、その事情を雄弁に物語っている次のようなただ一つの事実からも判断しうるところである。つまり、彼は自分の高等法院の費用をもはや支払うことができなかったので、この法院はいっさいの業務を停止しており、幼王ヘンリの入城のことでさえ「羊皮紙欠乏のため」[1]と称して、登録簿に、慣例どおりに、いくらか詳細に記載されることまでも不可能だったのである。

　このような状態のなかで、ベドフォードには手段を選ぶ余地はなかった。彼は自分の一番好まない男、金持で全能の叔父、ウィンチェスター枢機卿[6]と和解せざるをえなかった。ところがこの男は、野心家であると同じくらいに欲深《よくふ》かであり、取引きをさせては遅滞につけこんだ。[2]契約は七月一日、パテーの敗北の翌々日になってやっと結ばれた。シャルル七世はトロワに、ついでランスにはいっていた。パリは怖れおののいており、しかもウィンチェスターはまだイングランドにとどまっていた。ベドフォードはパリの安全を保証するためにブルゴーニュ公を呼んだ。公はやってくるにはきたのだが、ほとんど単身だった。摂政ベドフォードが公について利用しえたことは結局、公を名士会のなかで際立たせ、彼に喋らせ、彼の父の死に関する悲しい物語をもう一度繰り返させることだけだった。それだけのことをしおえると、公はベドフォードへの救援としてはただ幾たりかのピカルディ[7]の兵士を残しただけで、立ち去ってしまった。そのうえ彼には報酬としてモーの町を担保に与えねばならなかった。[3]

希望はウィンチェスターのもとにしかなかった。この聖職者はイングランドを支配していた。彼の甥であり貴族団の首長格である《護国官》グロスター(8)は、無思慮と無分別のゆえに身をもちくずしていた。年々、彼の影響力は顧問官会議において減退していた。これにかわって、ウィンチェスターがそれを牛耳り、護国官の給与を年々削減するまでにその存在を無意味ならしめていた(4)。このことは、ひとりひとりがその待遇の額によって厳密に格付けされる国においては、護国官を殺すことに等しかった。これに反して、ウィンチェスターはイギリスの王侯貴族のなかでも最も豊かであり、世界中で最も高額の聖職禄をうけているもののひとりだった。つねにそうであるように、権力は金銭に追従する。枢機卿およびカンタベリー(9)、ヨーク(10)、ロンドン、イーリー(11)、バース(12)の最も富裕な司教たちが顧問官会議を構成していた。彼らが会議に聖職者以外の人間を侍らせるとすれば、それは世俗人がひとことも発言しないという条件つきでのことであり、重要な会議には彼らを呼ぶことすらしなかった。イギリス政府は、ランカスター家の登極以来すでに予見されていたとおり、まったく司教の政府となってしまっていた。そこに彼が、この時期の舞台に姿をあらわす。一四二九年に、大法官は異端者に対するおそろしい譴責《けんせき》によって高等法院を開廷するのである(5)。

枢機卿の力を最大限に強くするためには、グロスターがイギリスで置かれているのと同程度にまでフランスにおけるベドフォードの地位を低めねばならず、そのベドフォードはウィンチェスターの助けを求めるところまで追いこまれ、さらにそのウィンチェスターが軍団の先頭に立って、幼王ヘンリ六世を祝聖させに行かねばならなかった。その軍団の支度を、ウィンチェスターは完全に整えていた。彼はローマ教皇から、ボヘミアのフス教徒たちに対する十字軍という任務を負わされていたが、その口実で、彼は何千人もの人間を雇い入れていた。教皇は軍団をボヘミアに引きつれてゆくために、贖宥《しょくゆう》の金を彼に与えていた。イギリス顧問官会議の方は、軍団をフランスに引き止めておくために、さらに多額の費用を彼に与えた[6]。ところが、十字軍戦士たちが大いに驚いたことには、枢機卿は彼らを金で売ってしまっていたのだ。こうして彼は二度支払いを受けた。自分が王になるために役立ってくれた軍団のことで支払いを受けたのである[13]。

　この軍団をもって、ウィンチェスターはパリを確保し、幼王ヘンリ六世をそこに連れていって祝聖させるべきであった。ところがその祝聖式は、シャルル七世の祝聖に無効を唱え、シャルルの数々の勝利の面目をつぶし、彼の名を人民の脳裡から消し去ることに成功するほどには、枢機卿の力を確実にするものではなかった。そこでウィンチェスターは、フランスのシャルル七世に対して、またイギリスのグロスターに対して、これから述べるように、その頃は極めて有効だった同じ一つの手段、即ち魔女裁判を用いたのである。

　枢機卿がその軍団を率いてパリにはいったのはやっと七月二十五日のことであったが、それより九日前にシャルルはたしかに、しかも正式に祝聖されていたのである。ベドフォードは一刻も無駄にしなかった。彼はその部隊と共にシャルル七世を監視しに出立した。[7]二度ほど彼らは対峙し、何度か小競合《こぜりあい》がおきた。ベドフォードはノルマンディのことを懸念していた。彼はそれを掩護したが、その間に、王はパリに向けて進軍した（八月）。

それは〈乙女〉の意見ではなかった。彼女のきく声は、サン・ドゥニより先へは行くな、と告げていたのである。王家の墓所のあるその町は、祝聖式の町同様、聖なる町であった。その向うに、彼女はもはや自分の力の及ばない或るものを予感していた。シャルル七世も同じことを考えるべきだったはずである。いくさの精霊が生みだす霊感、田舎の人々を感動させてきたこの十字軍の詩、それを、嘲笑的な民衆やスコラ学者やガボッシュ党[14]の群がる理屈っぽい散文的な町[15]の面前に置くことには危険はなかっただろうか。

［パリ進攻の］計画は無謀なものだった。このような町を一撃のもとに攻めおとすことは不可能である。攻略するとすれば兵糧責めによるしかない。ところで、イギリス軍はセーヌ河を上からも下からも制圧していた。イギリス軍は強力で、彼らのために捲きぞえになっていた多くの住民たちによって維持されていた。そのうえ、アルマニャック派がパリを破壊し徹底的に破砕しにやってくるという噂が流されていた。

にも拘らずフランス軍は塁道を奪取した。〈乙女〉は第一の堀に駆けおりた。彼女はその堀と第二の堀とを隔てている鞍形《くらがた》の小山を飛びこえた。そこで、彼女は城壁をとりまく第二の堀に水がいっぱいになっているのに気づいた。彼女は自分のまわりに雨霰《あめあられ》と飛んでくる矢をものともせず、束柴をもってくるようにと叫んだ。そしてそのあいだに自分の槍で堀水の深さを測っていた。彼女はそこで、ほとんどただひとりすべての矢の的になっていた。飛んできた矢の一本が彼女の腿《もも》を射抜いた。彼女は痛みに耐えようとつとめ、踏みとどまって部隊が突撃するように励ましつづけた。最後に、多量の血を失って、彼女は第一の堀に避難した。夜の十時ないしは十一時まで、彼女に戦線からの撤退を決心させることはできなかった。彼女はほかならぬパリの城壁の下でのこの厳粛な失敗が救いようもなく彼女を破滅させるにちがいないことを感じていたようである。

千五百人がこの攻撃で負傷した。そのために彼女はこの攻撃を勧告したとして不当に非難された。彼女は敵に呪われると同じように仲間からも呪われて帰ってきた。彼女は聖母生誕の日（九月八日）にパリを攻撃することには気がとがめなかったが、信心深いパリの町はこのことでひどく眉をひそめた。[8][16]

シャルル七世の宮廷の憤慨ぶりはそれにまさるものだった。戒律否定論者たち、政治屋ども、文字の盲目的信奉者、霊にたいする不倶戴天の敵たち、彼らすべては、霊が衰えているように見えるその日、敢然と自らが霊を敵とするものであることを宣言する。[17] フランスの大法官たるランスの大司教は、〈乙女〉に対して一度として味方であったことはなかったが、自分の意見とは別に、仲介の労をとることを買って出た。大司教はサン・ドゥニに赴き休戦を提案した。おそらく彼はひそかに、当時パリにいたブルゴーニュ公の歓心を買いたかったのであろう。

あまり期待もかけられず、支持もされずに、〈乙女〉はその年の冬の間、サン・ピエール・ル・ムーチエ[18]とラ・シャリテ[19]とを攻囲した。サン・ピエール・ル・ムーチエの攻囲では彼女はほとんどおいてきぼりにされたが[9]、それでも突撃してこの町を奪取した。ラ・シャリテの攻囲はながびき、苦悩した。そしてある突然の恐怖が包囲軍団を潰走させてしまった[20]。

一方イギリス軍はブルゴーニュ公に対して彼らを本気になって援助するよう要請することを決めていた。公はイギリス軍が弱いと見えれば見えるほど、ピカルディ地方において自分が攻略しうるはずの要塞を確保しておこうという希望をいよいよ強く抱いた。ルーヴィエ[21]を失ったばかりのイギリス軍は公の意のままになっていた。キリスト教国のなかでももっとも豊かなこの君主[22]は、自分が利益を引き出したいと望む戦いに金や人をつぎこむことをもはや躊躇《ちゅうちょ》しなかった。わずかな金で、彼はソワソンの司令官[23]をだきこんだ。それから彼はコンピエーニュ[24]を攻囲した。その町の司令官[25]もまたかなりいかがわしい人物だった。しかし住民は自分たちの町を開け渡させるにはシャルル七世の利害に深く関わりすぎていた。〈乙女〉はその町に身を投じにやって来たのである。到着したその日に、彼女は出撃し、すんでのことに包囲軍に不意討ちを食わせるところだった。しかしイギリス兵たちは一寸の間に立ち直り、包囲された側を激しく塁道まで、さらに橋まで押し返した。

退路を護るために殿《しんがり》にいた〈乙女〉は、群集が橋をふさいでいたからにせよ、城壁の門がすでに閉ざされていたからにせよ、遅れずに町の中に戻ることができなかった。彼女はいでたちでそれとわかった。(26) そしてたちまち取り囲まれ、捕えられ、馬から引きずり降ろされた。(27) 彼女を捕えた男はピカルディの弓兵で、ある人々によればヴァンドームの私生児(28)なのであるが、この男が彼女をジャン・ドゥ・リュクサンブールに売り渡した。イギリス軍もブルゴーニュ派も、誰も彼もがこの恐怖の対象、この怪物、この悪魔が、結局は十八歳の小娘にすぎないことを知って驚いた。(29)

このような事態にならざるをえないことは、彼女にはあらかじめ分っていた。このような残酷なことは必至であり、はっきり言って必要だったのだ。彼女は苦しまねばならなかった。もし彼女が試練と至高の浄化とをうけなかったとしたら、その聖なる姿の上に、降りそそぐ光条に混って疑わしき影が宿ることとなっていただろう。彼女は**オルレアンの乙女**として、ひとの記憶にとどまるようにはならなかったにちがいない。

彼女はオルレアンの解放とランスの祝聖式とに触れてこう語ったことがある――「私が生まれたのはそのためです。」この二つのことは完遂されたが、彼女の聖性は危機に瀕していたのである。

戦い、聖性、矛盾する二つの語。聖性は戦いとは正反対で、それはむしろ愛とか平和とかであるように思われる。いかなる若い勇気が、闘争や勝利につきもののあの血なまぐさい陶酔をともにすることなしに戦闘に注ぎ込まれうるだろうか……。彼女は出発にさいして、自分の剣は人を殺すためには使いたくない、と語っていた。後になって、彼女は自分がコンピエーニュで携えていた剣について「突いたり、切ったりするにはとても素晴らしい」と楽しそうに語っている。そこに或る変化のしるしが見られないだろうか。聖女はひとりの指揮官になっていたのだ。アランソン公は、彼女には新しい武器、ひとを殺す武器、砲兵の武器にたいする不思議な才能があると語っている。絶えずその無統制さに悩まされ、心を傷つけられながらも、手に負いかねる兵士の頭《かしら》として、彼女は少なくとも彼らを抑えるために、気難しくおこりやすくなっていった。彼女はとりわけ、兵士たちが連れて歩くいかがわしい生活を送る女たちにたいしては情容赦がなかった。ある日、彼女は聖カトリーヌの剣で、無論その峰でだが、それらの不幸な女たちのひとりを殴りつけた。しかし処女なる剣はその打撃に耐えられず、こなごなに砕け、二度と再び鍛え直されることはなかった。[11]

[10][30]

捕まるちょっと前に、北方全域で人々に忌み嫌われていた野盗フランソワ・ダラスなるブルゴーニュ派の男を彼女自ら捕まえていた。王の代官は彼をつるし首にすることを要求した。彼女は捕虜の交換を考えて、初めはそれを拒否した。それから、彼女はその男を裁判所に引き渡すことに決めた。[12][31]この男はなるほど、百回の絞首刑にも価したが、それでもなお、ひとりの捕虜を引き渡し、ひとりの男の死刑に同意してしまったという、そのことは、聖性という彼女の性格を、味方の目から見てさえも、変えていることにちがいなかった。

　この世の現実におちこんでしまったこのような魂の不幸な状態！　彼女は日々自分の何かを失わねばならなかった。突然に金持になったり、貴人になったり、栄誉を得たり、殿様方や王侯君主たちと肩を並べる者になったりすることは、罰を受けずに済むものではない。その美しい衣服、その貴族風の書体、その王のごとき優雅な振舞い、これらはすべて、おそらくついには、その人の雄々しい素朴さを変えないではいないはずである。彼女は自分の村に対する租税免除の権利を得ていたし、王は彼女の兄弟のひとりにヴォクルールの代官職を与えていた。

　しかしこの聖女にとってもっとも危険だったことといえば、それは彼女の聖性そのものであり、民衆からの尊敬であり、民衆の讃美だったのである。ラニーで、彼女は死んだ子供を生き返らせてくれるようにと嘆願されたことがあった[32]。アルマニャック伯は彼女にいずれの教皇に従うべきか決めてくれるよう手紙をしたためたこともあった[13][33]。もし彼女の返答（多分改変されている）を信用するとすれば、彼女は権威そのものを判断するためにもおのが内なる声に信頼して、戦いの終りには決めましょう、と約束したらしい。

　しかもそれは傲慢なのではなかった。彼女は決して聖女を気取りはしなかった。彼女はしばしば、自分には未来などわかりはしないと告白している。合戦の前日、彼女は王が合戦に勝つかどうかと尋ねられた。すると彼女は、自分にはそんなことは全然わからない、と答えている。ブールジュで、女たちが十字架や数珠に触ってくれと懇願すると、彼女は笑い出し、投宿していた宿のおかみのマルグリートにこう言った――「あなた自身で触って下さい。誰が触っても御利益は同じですよ。(14)」

すでに述べたことではあるが、高揚状態の中でなお良識を失わないことがこの娘の非凡な特異性だった。と同時にそのことが、これから述べるように、彼女を裁く裁判官たちを執念深からしめたのだ。スコラ学者や、彼女を何かに憑かれた者として忌み嫌った屁理屈屋どもは、彼らが彼女を狂女として莫迦にすることができなければできないほど、そしてまた、彼女がしばしば彼らの理屈をより高い道理のまえで沈黙させればさせるほど、彼女にたいしてますます残忍になった。

彼女が殺されるだろうことを予見するのは困難ではなかった。彼女自身それを覚悟していたのである。初めから、彼女はこう言っていた――「頑張らなきゃなりません。私は一年しか、あるいは仮りにそれ以上でもほんの僅かしかもたないのです。」何度も、彼女は従軍司祭のパスクレル修道士に向って繰り返しこう言った――「もし私がまもなく死ななければならないのなら、私から我らの主なる王にこうお伝え下さい。この王国の守りのために死ぬであろう者たちの救いを祈れるように、礼拝堂を建てて下さい、と。(15)」

彼女の両親がランスで彼女に再会したとき(34)、何もこわくはないのかと娘に尋ねたのに対して、彼女はこう言った――「裏切り以外は何も恐れてはいません。[16]」

しばしば、戦場にあって、夕闇のせまる頃など、あたりに教会らしきもの、とりわけ托鉢僧の教会をみつけると、彼女は好んでその中にはいってゆき、聖体拝領の準備をさせられている子供たちに加わった。古い年代記の記すところを信ずるなら、彼女が捕まることになるその日、彼女はコンピエーニュの聖ジャック教会に聖体を拝領しに出掛け、悲し気に堂内の支柱の一つに身をもたせかけて、そこに集う多数の善男善女や子供たちに向ってこう言った――「私の良き友、そして私の大事な子供たち、私はあなた方に確信をもってこう言います。私を売った男がひとりいます。私は裏切られています。そしてまもなく死に渡されるでしょう。私のために神に祈って下さい。どうかお願いいたします。何故って、私はもう私の王にも、気高きフランス王国にも仕えることができなくなるのですから。[17]」

ソワソンが買われたばかりだったが、〈乙女〉もそれと同じように取り引きされ、金で買われたということはありうる話だ。そのためにイギリス人は、若き国王がフランスに上陸したという、はなはだ危機をはらんだ瞬間に、ありったけの金を投げ出したかもしれない。だがブルゴーニュ派の連中は彼女を手放したくはなかった、そして実際に彼女を手許に置いておいたのである。それはたんにブルゴーニュ公、さらにはブルゴーニュ派全体に関わる利益であるばかりではなく、直接には捕虜の女を買うことを急いだジャン・ドゥ・リニー[35]の利益でもあった。

〈乙女〉がリュクサンブール家の高貴な殿様、《よき》公爵[36]と世間ではいわれていた騎士的なブルゴーニュ公の一臣下[18]の手に落ちたということは、その時代の騎士道精神にとっては一つの大きな試練だった。戦争の捕虜であり、女であり、とても若い娘であり、特に処女であり、それが律義な騎士たちに囲まれているのだから、彼女は一体何を恐れねばならないというのか[19]。当時は騎士道とか、悲しみにくれる貴婦人や貴族の娘たちの守護とかについてばかり語られていたのだ。ブスィコー元帥[37]はまさにそのことだけを目標として一つの団体を創設したところであった[20]。一方、中世において確実に発展していった〈聖処女〉〔聖母マリア〕崇拝は支配的な宗教となっていたので[21]、処女性というものは犯すべからざる保証状でなければならないように思われていた[38]。

今後のなりゆきを説明するためには、まず最初に理念と習俗の間に当時存在していた奇妙な不調和を知らしめる必要がある。対象がかりにいかに気にさわるものであろうとも、崇高すぎる理想と対比して、この時代の低俗な現実を、〈乙女〉の前に置いてみなければならない。（この物語の主題をなしている汚れを知らぬ娘には申し訳がないのだけれど）物欲と肉欲とにみちたこの世の奥底まで降りてゆかねばならないのである。その在りのままの姿を知らずして、我々は、生ける騎士道かと思われた女性をいかにして騎士たちが売り渡したのか、そして、〈聖処女〉の支配するその御代に、いかにして〈聖処女〉がかくも残酷に無視されるために現われたかを理解することはできないであろう。

当時の宗教心は、〈聖処女〉よりはむしろ女に向けられている。そして騎士道は小姓ジャン・ドゥ・サントゥレのそれである。[22][39]ただ小説の方が歴史よりは純潔なだけである。

王侯君主たちが手本を示す。シャルル七世は、その妻の母である老いたシチリアの王妃の贈り物としてアニェス[40]を受け取る。母、妻、妾の三人を彼は自分と一緒に、ロワール河に沿って仲良く連れ歩く。

イギリス人はもっとまじめであり、結婚による愛しか望まない。グロスターはジャクリーヌを娶《めと》る。ジャクリーヌに仕える婦人たちのなかに美しくて才気あるひとりの女性を認めて、彼はこの女性とも結婚する。[23]

それでもフランスは、それでもイギリスは、すべてについてそうであるように、このことでも、フランドル[24]に、フランドル伯に、ブルゴーニュの大公爵[41]に、遠く及ばない。オランダの示唆にとむ伝説に、三百六十五人もの子供を生んだ有名な伯爵夫人のそれがあるが、[25]この国の王侯貴族たちは、そこまでいかずとも、少なくともそれに近づこうと努力しているように思われる。クレーヴの或る伯爵には六十三人の私生児がある。[26]カンブレーの司教であるジャン・ドゥ・ブルゴーニュはその三十六人の私生児およびその私生児の息子たちと[27]一緒になって司教らしく祭式を執りおこない、彼らは祭壇で司教の手伝いをしているのだ。

フィリップ善良公には十六人の私生児しかいなかったが、[28]女は二十七人を下らず、そのうちの三人は正妻、残り二十四人は愛妾だった。[29]〈乙女〉の悲劇がおきた一四二九年から一四三〇年にかけての悲しむべき年月のあいだ、彼は三度目の結婚というたのしい仕事に浸りきっていた。その結婚では、彼は母方からすればイギリス人であるポルトガルの皇女、フィリパ・ドゥ・ランカスターを娶った。[30]またイギリス軍は彼にパリの指揮権を与えたが空しかった。[31]彼らはそれを維持できなかったのである。フィリップはこの食料に窮した国〔パリ〕を見捨ててフランドルに帰り、そこで若い妻を迎えることを急いだ。さまざまな行事があり、儀式や祭典が祝われ、中断し、再開されて、まるまる数カ月間続いた。とりわけブリュージュ[42]では、前代未聞の大宴会が、べらぼうなお祭り騒ぎが、気違いじみた贅沢三昧が繰り拡げられ、それはすべての領主を破産に追い込みかねないほどのものだった。しかも市民たちはさらに彼らを凌《しの》いでいた。ブリュージュに商館をもつ十七の国々が世界中の財宝をそこにならべたてていた。通りには美しくて優雅なフランドル産の絨毯《じゅうたん》がひろげられた。八日八晩最上の葡萄酒が多量に放出された。石造りのライオンがラインの葡萄酒を吹き出しており、雄鹿はボーヌの葡萄酒を吹き出し、食事の時間には一角獣がバラ水とマルヴォワジイ・ワインを吹き上げた。[32]

　だがフランドルの祭りの光彩は、なんといってもルーベンス[43]がその〈十字架降下〉のマグダラのマリア像に描いているような、フランドル女つまりブリュージュの堂々たる美女たちだった。ポルトガル女である王妃はこの新たな臣下である女たちを見るのはうれしくなかったに違いない。かつてナヴァールのスペイン女ジャンヌも彼女らを見てくやしがり、思わずこう言った――「ここには女王たちしか見えないわ。[33]」

フィリップ善良公の婚礼の日（一四三〇年一月十日）、彼は「イアソンに征服された」金羊毛騎士団を創設[34][44]し、安心を与えてくれる夫婦の金言として「ふたまたかけず」を選んだ。

この新しい花嫁はそのことを信用していただろうか。それは疑わしい。このイアソンの羊毛、あるいはギデオンのそれ[35]（教会がそれに洗礼を授けるのを急いだように）は、結局のところ、《金》羊毛なのであり、それは金色の波を、フィリップ善良公に仕えた偉大な画家ヴァン・アイク[36][45]が彼の描く聖女たちの両肩に愛情こめて垂れさせた輝くばかりの金髪を思いおこさせた。誰でもみんな、この新しい騎士団に、南の国のくすんだ美しさに対して、北の国の若く華やかな美、金髪の美の勝利を見たのである。フランドルの君主は、フランドル女たちを慰めながら、二重の含みのあるこの言葉を彼女らに向って述べているように思われた――「ふたまたかけず」。

さまざまな小説を不器用にまねた騎士物語風の形式をとって、当時[46]のフランドルの歴史は、それでもやはり強烈で楽しくしかも獣的な、一種のケルメス祭のようなものだった。騎乗槍試合とか、盾を持つ人物の闘いとか、円卓の騎士の宴会とかの口実が使われるが、それはとりもなおさず色事、安易で俗悪な恋、きりのない大饗宴でしかなかった[37]。この時代の本当の標語というのは、テルナン殿があえてアラスの騎馬槍試合につけたもの――「我が欲望に満ち足りて、他の倖せを求めざらんことを！」である。[38]

驚くべきことに、この気違いじみた祭りのあいだ、財産をつぶすほどの大盤振舞いのあいだに、フランドル伯の事業はますます好転してゆくように思われた。彼が与えようが失おうが捨てようが、常にそれ以上のものが懐にころがりこんできていたのだ。彼は一般の破産を尻目に肥え太っていった。もはや障害はオランダにしかなかった。しかも彼は大して労することもなく、ソンム川とムーズ川とを制圧する要地であるナミュールとペロンヌを手に入れた。ペロンヌのほか、イギリス軍は彼の手にバール・スュール・セーヌ、オーセール、モー、そしてパリの大通りを、ついにはパリそのものをあずけてしまった。[47]

幸福につぐ幸福、幸運は彼を満たし、さらに満たしすぎるようになっていった。彼には息をつく暇もなかった。幸運は彼の臣下のひとりの男の支配下に〈乙女〉を陥れた。彼女はイギリス軍がどんな犠牲を払ってもなお買い取りかねないほどに貴重な人質なのである。しかもそれと同じときに、フィリップの立場に新しい幸運が重なり、ブラバントの継承権の道が開けた。しかし彼は、イギリスとの友好が確かめられないかぎり、それを受けることはできなかった。

ブラバント公は再婚して相続人になる、と言っていたが、ブルゴーニュ公にとってちょうど良い時機に彼は死んでしまった。[39] ブルゴーニュ公はブラバントを取り囲むほとんどすべての領域、つまりフランドル、エノー、オランダ、ナミュール、そしてリュクサンブールを所有していた。欠けていたのは中央の州、[40]豊かなルーヴァン、主たる都市ブリュッセルである。誘惑は強かった。また彼はその伯母の権利などには目もくれなかった。しかし、彼はその伯母のお蔭で自分の権利を得ていたのである。さらに彼は自分が後見人である子供たちの権利、自分自身の名誉、そして後見人としての誠実さまでも犠牲にしてしまった。[41]彼はブラバントに手をのばした。ブラバントを保持するため、オランダとリュクサンブールの諸問題に結着をつけるため、ナミュールの攻囲にきていたリエージュ人たちを押し返すために、[42]彼はイギリス人たちと手を組んでいないわけにはいかなかった、つまり、〈乙女〉を引き渡さざるをえなかったのである。

フィリップ《善良》公は、俗な考えからすれば、心根のやさしい、特に女にやさしい、善良な息子であり、善良な父親であり、心から涙を流す善良なひとりの男だった。彼はアザンクールにおける戦死者たちのために涙を流して泣いた。しかし彼のイギリスとの同盟はアザンクールの戦いよりもっと多くの死者を生んでいた。彼は自分の父の死に対しては滝のような涙を流した。[48]それからその復讐のために滝のような血を流させた。感覚と官能、この二つのものはしばしば協合する。しかし官能と情欲とは、いざとなるとそれに劣らず残酷になるものである。欲望の対象があとずさりし、情欲はそれが逃げ出して手の届かないところに隠れ去るのを見たとする。そうすると情欲は盲目的な怒りに変る……。邪魔するものに禍あれ！……ルーベンス派は、その異教的馬鹿騒ぎのなかに、「憎しみと隣り合せの欲情」Lust hard by hate[43] なるサテュロス劇[49]の虎たちを好んで登場させている[44]。〈乙女〉を己が手中におさめていたジャン・ドゥ・リニーはブルゴーニュ公の臣下で、彼は自分の宗主とちょうど同じ状況にあった。ちょうど宗主と同様に、金銭欲とはなはだしい誘惑とに捕われていたところだった。彼は輝かしいリュクサンブール家に属していた。皇帝アンリ七世とボヘミア王ジャン[50]の縁者であるという名誉は、彼の処遇には幸いしていた。しかしジャン・ドゥ・リニーは貧しかった。彼は末子の末子だったのである[45]。但《ただ》し彼には、リニーおよびサン・ポルの金持の奥方である彼の伯母から自分を唯一の相続者に指名させるだけの巧知があった[46]。このかなりごり押しに近い贈与のために彼はその長兄[51]から喧嘩をうられることになった。この待機のあいだ、ジャンはブルゴーニュ公およびイギリス軍の、さらにはすべての人々の、従順で頼りのない僕《しもべ》であった。イギリス軍は捕虜の女を自分たちに引き渡すようにと彼に迫った。しかも彼らはその気になれば、ジャンが彼女を預けたピカルディのボーリューで彼女を手に入れることはたしかにできたはずである。一方、女を手に入れることを彼がもし許していたら、彼の宗主であり、この相続事件の審判者であるブルゴーニュ公のもとで、彼は身を滅ぼすことになってしまう。公は当然のことながらただの一言で彼を滅ぼしうるのだから。そこで彼は一時女を帝国領の傍の、カンブレーに近いボールヴォワールの自分の城に送った。

憎しみと屈辱で激怒したイギリス軍は、催促し、脅迫した。〈乙女〉に対する彼らの激しい怒りは、彼女のことをほめたからという理由で、ひとりの女が生きたまま火あぶりにされるほどのものだった。[47] もし〈乙女〉が、彼女自身魔女として裁かれず、また火あぶりにされなかったら、そして彼女の勝利が悪魔に帰されなかったら、その勝利は民衆の脳裡に奇蹟として、また神の御業として残っただろう。そうであれば神はイギリス軍に敵対していたのであり、だから彼らは手ひどくしかも正当に打ち負かされたのだ。従って、イギリス側の立場は悪魔の立場だった。当時の考え方には中間というものはなかった。この結論は、イギリス人の自尊心にとっては耐えがたいものであったが、イングランドの政府のような司教政府にとって、またすべてを牛耳っていた枢機卿にとっては、それにもまして耐えがたいものだった。

ウィンチェスター枢機卿は、ほとんど絶望的な状況にあってさまざまな問題に関わっていた。グロスターはイギリスで、ベドフォードはフランスで、こけにされていたので、彼は孤立無援だった。彼は幼王をカレー[52]に連れてゆくことで（四月二十三日）すべてを動かせると考えていた。ところがイギリス軍は動かなかった。彼は「〈乙女〉の魔術を恐れる者たちを駁《ばく》[48]す」なる布告を出してイギリス軍の廉恥心を刺激しようとしてみた。しかし何の効果もなかった。幼王はあたかも座礁した船のようにカレーに留まっていた。ウィンチェスターはひどく滑稽なものになってしまった。聖地奪回の十字軍[49]をボヘミア十字軍に縮小したあと、今度はそれを彼はパリ十字軍に限定した。ノートル・ダム大聖堂で、自ら勝利者として祭式を執り行い、そこで自分の後見人を祝聖しようと目論んでいたこの好戦的な高位聖職者は、すべての道が閉ざされていることを知った。コンピエーニュで、敵はピカルディへの道を遮断しており、ルーヴィエではノルマンディへの道を閉ざしていた。それでも、戦いは継続されており、金は流出し、[50]十字軍は霧散していた。明らかに悪魔が一枚かんでいるように思われた。枢機卿には、ミラノで裁判を開き、この悪魔的な〈乙女〉を火あぶりにする以外に窮状から脱する道はなかった。

　彼女をブルゴーニュ派の手中から引き出してこれを捕まえておかねばならなかった。彼女は五月二十三日に捕われ、二十六日にはブルゴーニュ公とジャン・ドゥ・リニーとに勧告して、魔女の疑いのあるその女を引き渡すよう、異端審問所の副審問官の名で、ルーアンから通達が発せられた。異端審問所はフランスでは大きな力をもってはいなかった。その副審問官はひどく臆病なドミニコ会の一修道士[53]で、また多分、他の托鉢修道士と同じように、〈乙女〉には好意的だった。しかし彼はルーアンにいて、自分を脅している全能なる枢機卿の恐怖の下に置かれていた。枢機卿はルーアンの守備隊長に自分の部下である実行の男、ヘンリの養育係をつとめるウォリック卿を任命したばかりだった。[51]ウォリックは確実にひどく異なった二つの任務を負わされたが、その二つとも、高度の信頼が要求されるもの、即ち王の守護とその王の敵の守護、一方の教育と他方の訴訟の監督である。[52]

修道士の書翰《しょかん》はあまり重要とはいえない文書であり、それと同時にパリ大学にも書翰をしたためさせた。大学教授たちがバーゼルで司教職権をめぐって教皇と争おうとしていたときだけに、彼らが教皇の異端審問裁判に喜んで手を貸すことは困難であるように見えた。イギリスの司教職の首長であるウィンチェスター自身、〔教皇による判断よりは〕司教たちによる判断の方を好ましく思っていたはずであり、あるいは、できることなら、司教たちや異端審問官たちを一緒に行動させたかったのである。ところで彼にはちょうど自分の近親でしかも仲間である者たちのなかに、その件には非常にふさわしいひとりの司教がいた。その男は彼に寄食して暮している托鉢司教で、必要とあれば間違いなく望み通りに判決を下しあるいは誓約してくれるはずだった。

　ボーヴェの司教ピエール・コーション[53]は取柄のない男ではなかった。ジェルソンの故郷にほど近いランスに生まれたコーションは、大学で大きな影響力をもつ神学博士であり、クレマンジスの友人であったが、そのクレマンジスが、コーションは「善良で情深い」男[54]だと保証している。この善良さは、彼が猛々しいカボシャンのなかでも最も猛々しい者のひとりであることと矛盾しなかった。そのようなわけで、彼は一四一三年にパリから放逐されたのである[54]。彼はブルゴーニュ公とともにパリに戻り、ボーヴェの司教となり、イギリスの支配下において、大学によってそのさまざまな特権の保護者に選ばれた。しかし、シャルル七世による一四二九年のフランス北部への侵攻は、コーションにとって致命的なことになった。彼はボーヴェをイギリス側につなぎとめておきたかったのだが、そこの住民たちに追い出された[55]。熱意を示すことのできない、ふさぎこんだベドフォードのそばで、彼はパリにあって心楽しまなかった。そこで彼は金と権力のあるところ、イギリスに、ウィンチェスター枢機卿の傍に渡った。彼はイギリス人となり、英語を話した。ウィンチェスターはこのような男を利用しうることを完全に見抜いており、コーションがかつて望むことさえできなかったほどのことを、いやそれ以上のことを彼のためにしてやって、彼を手なずけた。ルーアンの大司教がよそに転任になったばかりだった[55]。ウィンチェスターはローマ教皇に対して、その重要な司教座に彼を推薦した[56]。しかし教皇も司教座聖堂参事会もコーションを望んではいなかった。当時パリ大学と争っていたルーアン[57]は、その大学の人間を大司教に迎えることはできなかったのだ。すべてが一時停止となった。コーションは、この素晴らしい獲物を前にして、この不屈の枢機卿が障害を取り除いてくれることを願い続けながら、もはや彼以外に神はなくひたすらに彼に献身して、口をぽかんと開けて待っていたのである。

〈乙女〉がコーションの司教区の境界上で捕えられたのはじつに具合のいいことだと彼は思った。もっとも、捕えられたのは本当は司教区のなかではなかったのだけれど、司教区内で捕えられたかのように思わせようと考えた。そこでコーションは普通判事として、イギリス王に裁判を請求する書翰を書いた。そして六月十二日、王からの手紙が、司教と異端審問官とが一緒に協力して裁判に当るようになることを大学に知らしめた。異端審問の裁判手続きは、教会の通常裁判の手続きと同じではなかった。しかし何の異議申し立てもなかった。二つの司法は共にこのように馴れ合いで行動したがっていたのだけれど、一つだけ難点が残っていた。それは、被疑者の女が依然としてブルゴーニュ派の手中にある、ということだった。

大学が前面にその姿をあらわした。大学はあらたにブルゴーニュ公とジャン・ドゥ・リニーに宛てて書翰を送った（七月十四日）。勢いこんだコーションは、自らイギリス人の代理人となり、彼らの飛脚となって、自分で書状を運ぶ役を引き受け(58)、それをふたりの公爵のもとに届けた。同時に彼は司教として、自分が裁判権をもっているその囚われの女が自分に引き渡されることを求めて彼らに勧告した。この奇妙な行動において、彼は裁判官の役割から仲介者の役割に移り、金を供与している。たといこの女が戦争の捕虜とはみなされえなかったとしても、イギリス王は身代金として二百ないし三百リーヴルをヴァンドームの私生児に、またこの女を監禁していたものらには六千リーヴルを与えるだろう、というのである。さらに、その手紙の末尾では、彼は一万フランにまで値をつり上げ、但しこの供与は「フランスの習慣によれば王あるいは皇子に与えらるべきものと同額」であると主張している。

イギリス人は大学やコーションのやり方をあまり信用していなかったので、それ以上に思い切った手段はとらなかった。コーションがその勧告を提示したその日、あるいはその翌日、イギリス顧問官会議はイギリス商人に対して、オランダにおける取引き[59]（七月十九日）、とりわけアンヴェールにおける取引きを禁じ、彼らがその羊毛と交換して麻布やその他の物品をそこで買い付けることを禁じた。それはフランドル伯であるブルゴーニュ公に、彼のひどくこたえるところで、つまり麻布とラシャというフランドルの二つの重要な工業において、打撃を与えることだった。こうして、イギリス人は麻布をもはや買いに行かず、ラシャに原料を供給することもやめたのである。

イギリス軍が〈乙女〉を失墜させるためにはなはだ熱心に行動していたあいだに、シャルル七世は彼女を救おうとして行動していたのだろうか。全然そうは思えない[60]。但し彼は己が手中に幾人もの捕虜たちをかかえていたのであり、彼は報復をもって嚇《おど》しながら彼女を守ることのできる立場にあった。最近また、彼は大法官の仲介によって、ランスの大司教と交渉していた。しかしその大司教も、また他の政治屋どもも決して〈乙女〉に好意的ではなかった。アンジュー・ロレーヌ党も、〈乙女〉を温かく迎えいれてくれたシチリアの老妃も、この時は、ブルゴーニュ公のそばにあって、彼女の味方として振舞うことはできなかった。ロレーヌ公は死にかけており[61]、その相続問題があらかじめ議せられていた。そしてフィリップ善良公は、ロレーヌ公の娘婿であり相続者であるアンジュー公ルネの競争者を支持していた。

このようにして、利害関係と貪欲とにみちたこの世は〈乙女〉に反対する立場に置かれており、あるいは少なくとも〈乙女〉に対して無関心だった。善良なシャルル七世は彼女のために何一つしてやらなかったし、善良なフィリップは彼女を引き渡してしまった。アンジュー家はロレーヌを欲しがっており、ブルゴーニュ公はブラバントが欲しかった。公はとりわけイギリスとのフランドル交易の継続を望んでいた。群小の諸勢力にもそれなりの利害関係があった。ジャン・ドゥ・リニーはサン・ポルの相続を狙っており、コーションはルーアンの大司教職を狙っていたのである。

ジャン・ドゥ・リニーの妻は空しく夫の足許に身を投げ出して、夫に向って名誉を失わないようにと空しく嘆願した。[56] 彼女の夫は自由ではなかった。彼はすでにイギリスから金を受け取っていたのである。[62] 彼は女を、なるほど直接イギリス人にではないが、しかしブルゴーニュ公に引き渡した。リニーとサン・ポルにまたがるこの家は、かつての栄華の思い出と並はずれた野心とをもって、とことんまで、グレーヴまで、[63] 富を追求せざるをえなかった。〈乙女〉を引き渡した男は己れの不幸を感じていたように思われる。彼は自分の武具に、優しい人間には無縁である次のような悲しい銘とともに、重荷に打ちひしがれている一頭の駱駝《らくだ》を描かせていた――「何者も不可能なるものに繫がれず。[64]」

Ⅳ　裁判――ジャンヌ、教会に従うことを拒絶

囚われの女はその間何をしていたのだろうか。彼女の軀はボールヴォワールにあり、彼女の魂はコンピエーニュにあった。彼女は自分を見捨てた王のために魂と精神とをもって闘っていたのである。自分がいなければあの忠実な町コンピエーニュは滅びてしまうだろうし、同時に北フランス全体における王の立場も失われるだろうと彼女は感じていた。かつて、彼女はボーリューの塔から脱け出そうと試みたことがあった。[1] ボールヴォワールでは、逃亡への誘惑はさらに強かった。彼女はイギリス人が自分を彼らに引き渡すように要求していることは承知していた。彼らの手に渡ることに彼女は恐怖を感じていた。彼女は自分の聖女たちにうかがいを立ててみたが、苦しまねばならぬということ、「イギリス人の王に会わないかぎり釈放されることはないだろう[2]」ということ以外何の返答ももらえなかった。――「でも」と彼女は自分に問いかけた、「それでは神はあの哀れなコンピエーニュの人々を死ぬがままにされるのかしら。[1]」こうした激しい憐憫のかたちをとって、誘

惑が勝利をおさめた。聖女たちがいくら言っても無駄だった。初めて彼女は聖女たちの言うことに耳をかさなかったのである。彼女は塔から身を投げ、ほとんど瀕死の状態で下に落ちた。[3] リニーの奥方たちに助けおこされ、介抱された彼女は、死を考え、二日間何も食べなかった。[4]

ブルゴーニュ公に引き渡された彼女はアラスに連れてゆかれ、それからクロトワ[5]の天守閣に入れられた。その天守閣はその後、砂に埋もれて消えてしまったが、そこからは海が見え、ときにはイギリスの砂丘が見分けられた。そこは敵の国であり、彼女はかつてそこにいくさを持ちこみオルレアン公を解放したいと思ったものだった。[2][6] 毎日、囚人付きの司祭がその塔の中でミサを挙げていた。ジャンヌは熱心に祈った。彼女は求め、そして得た。囚われの身でありながらなお彼女は行動した。生きているかぎり、彼女の祈りは壁を突き破り、敵を追い散らしていたのである。

大天使の啓示によって彼女が予言していたまさにその日、十一月一日、コンピエーニュは解放された。[7] ブルゴーニュ公は、あたかも屈辱をより間近かに、しかもおのが身に受けるためであるかのように、ノワイヨン[8]まで前進した。公はその後まもなくジェルミニーで再び敗北した（十一月二十日）[9]。ペロンヌではサントゥライユが戦いを挑んだが、公は敢えてそれを受けて立つことはしなかった。

この屈辱が多分公をしてイギリス軍との同盟を固めしめ、また〈乙女〉を彼らに引き渡す決心をさせたのであろう。但し交易中断の脅しだけでもあるいは充分だったかもしれない。フランドル伯はいかに自ら騎士であり騎士道の復活者であると自認していたとしても、所詮は職人や商人への奉仕者だったのである。ラシャを製造していた町々、亜麻布を織っていた田舎の村々は、交易の中断と失業に長期間たえることはできなかったに違いない。反乱がおきたのである。

イギリス人がついに〈乙女〉を手に入れ、裁判を開始することが可能になったとき、彼らの形勢はきわめて不利であった。ルーヴィエを奪いかえすどころか、彼らはシャトーガイヤールを失っていた。(10)梯子による攻撃でこの城を奪取したラ・イールは、そこに捕虜のバルバザン(11)を見つけ、この恐れられていた守備隊長の縛を解いた。町々が自らシャルル七世の側につき出していた。市民たちはイギリス人を追い出した。パリのすぐそばのムランの市民たちは自分で編成した守備隊を町の門に配備した。

イギリス軍の形勢のこのように急速な低下のなかにあって、もし可能なら、それをくいとめるためにやはり何か大きなまた強力な仕掛が必要だった。ウィンチェスターには動かすべき仕掛が一つあった。それが訴訟と祝聖とである。この二つのものは同時に働かなければならなかった、というよりはむしろ、それらは同じ一つのものだったのである。シャルル七世の名誉を失わせ、彼がひとりの魔女によって祝聖式に連れていかれたことを証明する。そのことはヘンリ六世の祝聖をそれだけ聖化することだった。一方が悪魔の聖油であると認められれば、他方は神の聖油になるのである。

ヘンリは十二月二日パリにはいった。[3] 十一月二十一日以来、大学はコーションあてに、訴訟の遅滞についてコーションを責め、訴訟の開始を王に嘆願するための手紙を書かされた。コーションは一向に急いでいなかった。報酬がまだ不確定なときに仕事を始めるのは明らかに難儀なことであるように思えたからである。彼がルーアン司教区で訴訟手続きをとる許可を同市の司教座聖堂参事会からとりつけたのは、やっと一と月たってからのことだった。[4] この時（一四三一年一月三日）、ウィンチェスターは布告を出し、そのなかで王に次のように言わしめた――「ボーヴェの司教による要求に関し、そのいとしき娘なるパリ大学により勧告されて、彼は被疑者の女を司教のもとに《連れてゆく》ように監守たちに命じた。[5]」《連れてゆく》と言われているのであって、囚われの女が宗教裁判に付されたたのではなかったのであり、「もし同女が説得されなければ彼女を取り戻す権利を保留して」ただ彼女を貸しただけだった。[12] イギリス人はなんの危険もおかしていなかったが、彼女は死をまぬがれることはできなかった。もし火がなければ、剣が残っていた。

一四三一年一月九日、コーションはルーアンにおいて予備審理を開いた。彼は自分のそばに異端審問所の代官を坐らせ、[13] 八人のルーアンの文学博士、文学士あるいは文学修士とともに一種の評議を催すことから始めたのである。彼は自分が〈乙女〉について収集していたさまざまな情報を彼らに提示した。被告の女の敵どもの配慮によってあらかじめ集められていたこれらの情報は、ルーアンの法学者たちには十分なものとは思われなかった。それらは実際あまりにも不十分なものだったので、その劣悪な論拠にもとづいて、はじめに《悪魔裁判》と定義されていたその訴訟が《異端裁判》となったのである。

コーションはこれら強情張りのノルマンディ人たちと妥協するため、さらには予備審理の形式について彼らをこれ以上迷信的ならしめないために、彼らのなかのひとりであるジャン・ドゥ・ラ・フォンテーヌ[14]を顧問検査官に指名した。しかしコーションは裁判の主唱者の役という、最も積極的な役割は、自分の牧するボーヴェの司教座参事会員のひとりであり、彼についてきていたエスティヴェ某[15]なるものにとっておいた。彼はそれらの準備で、どうにかこうにか一カ月を無駄に過ごすことができた[6]。しかしついに、幼王がロンドンに連れ戻されたので（二月九日）、一方の片が付いたウィンチェスターは精力的にその裁判の方に心を向けた。裁判の進捗状況を見守るのには、彼は何びとをも当てにしてはいなかった。彼が法曹家の判断が最上だと信じたのはもっともだった。そこでコーションが起訴調書を作成するのを見るために、ルーアンに腰を落ち着けたのであった。

最初の仕事は、異端審問所を代表していた修道士を味方につけることだった。陪席判事たち、ノルマンディの司祭たちおよびパリの神学者たちを聖堂参事会員の館に集めたコーションは、異端審問官を呼びよせて自分に手を貸すように要請した。修道士はこう答えた――「もし私の権限が十分なものだと判断されれば、私は為すべきことを為すでしょう。」

司教はその権限がまちがいなく十分なものであると言明することを忘れなかった。そのとき、修道士はさらにこう反論した――「私は己が良心の恐れのためにも裁判の確かさのためにもできれば手を引かせていただきたい。」司教は審問官の権限が十分であることを彼が確信するにいたるまで、むしろこの男を誰かと交代させるべきだったはずである。

　言っても仕方のないことだった。彼は逃れられなかった。否でも応でも、彼は判決を下したのだ。多分、恐れのあと、彼を引きとめる助けになったのは、ウィンチェスターがこの男に骨折り賃として金二十ソルを支給させたことである。[7] この托鉢修道士は多分、その生涯においてこれほどたくさんの金を見たことはなかっただろう。

　二月二十一日、〈乙女〉は判事たちの前に連れてゆかれた。ボーヴェの司教は「やさしさと慈愛」とをこめて彼女を諭し、ごまかそうとしたりせず、彼女の裁判を簡潔にして良心の重荷をおろすために、問われることについては真実を述べるように、と彼女に要求した。答え――「あなたが私に何についてお尋ねになりたいのかは存じませんが、私がお答えできないようなことをお尋ねになるかもしれません。」彼女は自分の見た幻に関することでなければ何でも真実を述べる、と誓うことを承諾した。「でも、その最後の点についてでしたら、むしろ私の首をはねて下さい」と彼女は言った。それにも拘らず、彼女は「信仰に関することについて」答えるように誓わされたのである。

　次の審問は翌日二月二十二日に行われ、そしてさらに同月二十四日と続いた。彼女は常に抵抗した――「《ほんとうのことを言ってしまったために、人々はしばしば縊り首になる》というのが小さい子供たちの言う言葉です。」あきあきする戦いのすえ、ついに彼女は「《自分の裁判に関することでは》知っていることは言うが、知っていることをなんでも言うとはかぎらない」と誓うことを承諾した。[8]

年齢、名前およびあだ名について問われると、彼女は自分は十九歳ぐらいだ、と答えた。「私の生まれたところではジャネットと呼ばれ、フランスではジャンヌと呼ばれていました。……」しかし、そのあだ名〈乙女〉に関しては、女らしい羞恥の気まぐれから、それを言うのを渋ったように思われる。彼女は貞潔な嘘をついてはぐらかした――「あだ名については、何も知りません。」

彼女は両脚に鉄の足枷《あしかせ》がはめられていることで不平を言った。司教は、彼女が何回も脱走しようとしたから足枷をはめねばならないのだ、と言った。「脱走したことは事実です」と彼女は言った、「それはおよそ囚人には適法なことです。もし脱走することができれば、私が信頼を裏切ったといってまた捕まることはありません。私は何も約束してはいないのですから。」

彼女は《主の祈り》と《アヴェ・マリアの祈り》とを唱えるように命じられた。多分それは、もし彼女が悪魔に身を捧げた者なら、それらの祈りは言えないはずだという迷信的な考えによっていたのだろう。「もしボーヴェの司教猊下《げいか》が告解で私の話をきいて下さるなら、喜んでそのお祈りを唱えます。」巧妙な、しかも心打たれる要求である。このように、彼女は自分を裁く者に、自分の敵に、信頼を捧げて、その者を自分の霊の父とし、己れの無実の証人にしたのである。

　コーションはこれを拒否した。しかし彼が感動したことは容易に想像がつく。彼はその日の審理を開始し、翌日は彼自身は訊問せず、その任を陪席判事のひとりにまかせた。

　第四回の審理[16]において、彼女は特異な生気に動かされていた。彼女は声を聴いたことを少しも隠さなかった――「声が私の目をさましました」と彼女は言った、「私は両手を合わせ、私に助言を与えてくれるように声に祈りました。声は私にこう申されました。〝我らの主に求めよ〟と。」――「それからその声は、さらに何と申したのか。」――「あなたに大胆に答えるようにと。」

「……私はすべてを言うことはできません、あなたにお答えすべきものがない、ということよりむしろ、あの声を立腹させるようなことを言ってしまうことの方が心配です……。本日のところは、どうか私に審問なさらないで下さい。」

　彼女が動揺しているのを見て、司教は強硬に主張した――「だがジャンヌよ、本当のことを言って神の機嫌を損なうことになるのか。」――「私への声は、私に或ることを告げてくれましたが、それはあなたのためにではなく、王様のためになのです。」そして彼女は激しくこうつけ加えた――「おお！　王があの声をご存じなら、もっと気を楽にして食事をなさるでしょうに。……できることなら、王にあの声を知っていただきたいと思います、そして今から復活祭までは、葡萄酒を飲まないように。」

このような素朴さのなかで、彼女は崇高なことを言っていた――「私は神から遣わされた者です。ここでもそう振舞うよりないのです。どうか私を遣わされた神の御許《みもと》に送り返して下さい。……」

「あなたは私の裁判官だとおっしゃいます。でも、あなたがなさろうとすることをよく考えて下さい。なぜって本当に私は神から遣わされたのですから。あなたは大きな危険を冒していらっしゃるのです。」

これらの言葉はおそらく判事たちを怒らせたに違いない。そこで彼らは悪意に満ちた不実な質問、生きているいかなる人間に対しても罪を犯すことなしには問うことのできないような問いを持ち出した――「ジャンヌよ、お前は自分が恩寵を受けていると信ずるか。」

彼らは解きようのない罠で彼女を縛ったと信じていた。否と言うことは自ら神の器であるにはふさわしくなかったと認めることだった。しかしそうかといって、どうして然りと言えようか。脆弱な存在である我々のうちの一体誰が、この地上で、真に神の恩寵の内に在ると確信しているだろうか。傲慢な者、僭越《せんえつ》な者を除けば、そんな者はひとりとしていはしない。あらゆる者のうちでそう確信する者こそ、まさにそこから最も遠い所にあるのだ。

彼女は結び目を雄々しくキリスト教的な単純さをもって断ち切った[17]——

「もし私がいまその恵みを受けていないのでしたら、神が私にそれを授けて下さいますように。もしいま私がその恵みを受けているのでしたら、神がいつまでも私をそうしておいて下さいますように。[9]」

パリサイ人たちは唖然としていた[10]……。

しかし彼女がいかに雄々しかろうとも、そこはやはり女である……。この崇高な言葉を口にした後、彼女は気落ちし、涙もろくなり、キリスト教徒の心情としては当然のことながら、自分の置かれた立場を疑い、あれこれと自問し、自分の気持を落ち着かせようと努力した——「おお！　もし神の恩寵に与っていないことが自分に分っていたら、私は誰よりも一番哀れな女であるはずです……。でも、もし私が罪を犯しているのなら、あの声はおそらくやっては来ないでしょう。……誰もがそれぞれ私自身のようにあの声を聞けたらいいのに。……」

この言葉は、判事たちに手がかりを与えた。長い沈黙のあと、彼らは憎しみを倍加させて攻撃を再開し、彼女を失墜させかねない質問を次から次へと彼女に浴びせかけた。声は彼女にブルゴーニュ派の人々を《憎め》とは言わなかったか……。子供の頃《仙女の》樹に行ったことはなかったか等々。彼らはすでに彼女を魔女として火あぶりにしようと思っていたのであろう。

第五回の審理[18]において、彼女は顕現の問題という、微妙で危険な角度から攻撃を受けた。突然憐れみ深く優しそうになった司教は、彼女に次のような質問をさせた——「ジャンヌよ、土曜日以来からだの具合はどうかな。」——「ごらんの通りこの上もなく元気です」と鉄の足枷をつけられた哀れな囚われの女は言った。「ジャンヌよ、この四旬節のあいだ、お前はずっと断食を守っていたか。」——「それは裁判と関係のあることですか。」——「そうだ、たしかに。」——「まあ！　はい、ずっと断食しました。[19]」

そこで彼女は幻について、王太子に現われていたかもしれない兆《きざし》について、聖女カトリーヌと聖ミカエルについて攻めたてられた。その他の敵意を含んだ無作法な問いの間に、彼女は聖ミカエルが現われたとき《裸だった》かどうかと訊ねられた……。この下劣な質問に、彼女はそれとも知らずに、天上的な清らかさをもって返答した——「一体あなたは我らの主が何かあの方にお着せするものをお持ちでないとお考えなのですか。[11]」

三月三日、[20]何か悪魔につかれているらしいこと、何か悪魔との悪しき付き合いがあることを、彼女に白状させるための、その他の奇妙な質問。「その聖ミカエルにも、聖女たちにも、軀や手足があるのか。それらの姿はまさしく天使なのか。」——「はい、私は神を信じるのと同じようにそのことを堅く信じております。」この答弁は注意深く書きとめられた。

彼らはそれから男装に、旌旗に、移った――「兵士たちはお前の旌旗をまねて自分の手で旌旗を作りはしなかったか。彼らはそれらを作りかえなかったか[21]。」――「はい、旌旗のついている槍が折れたときに。」――「それらの旌旗は彼らに幸福をもたらすとお前は言わなかったか。」――「いいえ、私はただこう申しました。〝イギリス軍の中に勇敢に突入なさい。私自身も行きます。〟」

――「しかし祝聖式のおり、他の隊長たちの旌旗ではなくてお前の旌旗がランスの教会に持ちこまれたのはなぜか。……」――「その旗は苦労してきたのです。だからこそ名誉に与ったのです[12]。」

――「お前の足や手や衣服に接吻した連中は何を考えていたのか。」――「あの気の毒な人たちは喜んで私のところに来たのです。何故って私はあの人たちが嫌がるようなことはしませんでしたし、自分の力に応じて、あの人たちを力づけ守ってあげたからです[13]。」

このような答えに心を動かされない人間はいなかった。コーションはそれ以後彼にとって信用の置ける幾人かの人物と共に秘密裡に裁判を進めるのが賢明だと考えた。裁判が開始されて以来、毎回の審理で陪席判事の数は変化していた[14]。何人かは裁判を離れてしまい、また何人かが加わった。同様に訊問の場所も変化した。まずルーアンの城の広間で訊問された被告は、今は牢屋で訊問を受けている。コーションは、「他の人々を疲れさせないため」そこには二名の陪席判事と二名の証人のみを連れてきた（三月十日から十七日）。多分コーションをして大胆にもこのように戸を閉ざして裁判を行わしめた理由は、それ以後異端審問所の支持を得ていることを彼が確信したからである。代官はついに司教と共に裁判にあたる許可をフランス異端審問総官からとりつけたのである（三月十二日）[22]。

このあらたな訊問においては、あらかじめコーションによって指示されたいくつかの点についてだけ強調されている。

声は彼女が捕まったコンピエーニュからの出撃[23]を彼女に命じたのか。――彼女は直接には答えない――「聖女様方は私が聖ヨハネの祝日の前に捕われるだろうこと、そのことはそうなるよりほかないこと、私は何も驚くことなく、何事も快く受け入れなければならないこと、そうすれば神が私を助けて下さるだろうことを、ちゃんと私に言っておられました[24]……。こうなることが神の御意にかなっていたのですから、私が捕まったのは何より良いことなのです[25]。」

――「お前は父や母の許しを得ずに家を出たのはよいことだと思っているのか。父と母とを敬うべきではないか[26]。」――「両親は私を許してくれました。」――「そのように振ったことで罪を犯したとは思わなかったのか。」――「神がそれをお命じになったのです。もしかりに私に百人の父、百人の母がいたとしても、私は家を出ていたでしょう[15]。」

――「声はお前のことを神の娘、教会の娘、気高い心の娘と呼ばなかったか。」――「オルレアンの包囲陣が解ける前も、その後も、声は私をこう呼びましたし、今もつねにこう呼んでいます――〝乙女ジャンヌ、神の娘〟と。[27]」

――「聖母の御生誕の祝日にパリを攻撃したのは良いことだったか。」――「聖母の祝日[28]を守るのは良いことです。でも、心の中で毎日祝日を守れば、それでも良いのかもしれません。[29]」

――「何故お前はボールヴォワールの塔から飛びおりたのか（彼らは、できれば彼女に、自殺を計ったと言わせたかったのであろう[30]）。」――「私はコンピエーニュの人々が、七歳の子供にいたるまで皆殺しにされるだろうと言われているのを聞きました。またそのうえ、私がイギリス人に売り渡されていることを知りました。私はイギリス人の手に渡るぐらいなら、いっそ死んだ方がましだと思いました。[16]」

――「聖女カトリーヌおよび聖女マルグリートはイギリス人たちを憎んでいるのか。」

――「あの方たちは我らの主が愛されるものを愛し、主が憎まれるものを憎みます。」

――「神はイギリス人たちを憎んでおられるのか。」――「神がイギリス人たちに対して抱いておられる愛あるいは憎しみについて、また彼らの魂をどうなさるのかについては、私は何も知りません。でもこの国で戦死する者たちを除いて、彼らはフランスの外に放逐されるだろうということはよく分っております。[17]」

――「身代金をとって人間を捕えおき、次にはその人間を死に至らしめるというのは大罪ではないか。」――「私はそんなことはしておりません。」――「フランケ・ダラスは殺されたではないか。」――「味方のひとりとその男を交換できなかったので、それに同意しました。その男は自分が山賊でしかも裏切り者であることを告白しました。その男の裁判は十五日間にわたって、サンリスの裁判区で続けられました。」――「フランケを捕えた者にお前は金を与えなかったか。」――「お金を支払うなんて、私はフランス王国の出納官ではありません。[18]」

――「お前はお前の王がブルゴーニュの殿を殺しまたは殺させた[31]のはうまくやったことだと考えているのか。」――「あれはフランス王国にとっては大変残念なことでした。でも、かりにお二人のあいだに何があったとしても、神はフランス王の救援のために私をお遣わしになったのです[19]。」

――「ジャンヌよ、お前は自分が逃れられるかどうか啓示によって分るのか。」――「それはあなたの裁判には関係のないことです。あなたは私に自分の意に反して喋らせたいとお思いですか。」――「そのことについて声はお前に何も言わなかったか。」――「あなたの裁判には関係のないことです。私は我らの主を信頼しております。主はそのことでも御旨を行われるでしょう。……」そしてしばらくの沈黙の後――「ほんとうに、時刻も日も私は知りません。神の御旨が行われますように。」――「つまり、お前の声はそのことについては概してお前に何一つ語らなかったのか。」――「はい、そうです。声は私に、私が解放されるであろうこと、私が快活で大胆であるべきことを告げました[20]。……」

またある日彼女はこう言い足した——「聖女様方は私が大勝利のうちに解放されるだろうと私に仰有《おっしゃ》います。そしてさらにこうも申されます。〝何事も快く受けいれよ、自分の殉教のことを気にかけるな、そこを通って最後には天国にやってくるのだから[21]〟と。」——「それで聖女たちがそうお前に言って以来、お前は自分が救われている、そして地獄に落ちることはない、と確信し続けているのか。」——「はい、あの方たちが私に仰有ったことは、私がもうすでに救われているということと同じほど確実に信じております。」——「その答えは大変重要なものなのだぞ。」——「はい、それは私にとっても大変な宝なのです。」——「それではお前はもはや大罪を犯すことはできないと信じているのか。」——「そんなことは何一つ分りません。私はすべてを我らの主にお任せしております。」

判事たちはついに彼女を告発するための真の対決の場にたどりつき、そこに有力な手がかりを見出したのである。この純潔で聖なる娘を、魔女として、また悪魔の手先として認めさせるには、それだけの犯跡がなく、断念せざるをえなかった。しかしじつは彼女の聖性そのもののなかに、それはおよそあらゆる神秘家の聖性にもあることなのだが、攻撃を加えうる一面があったのである。それは、教会の教えや権威の命令と同等視されもしくはそれよりも好まれている秘められた声、霊感、但し自由な。啓示、但し個人的な。神への服従。いかなる神か、内なる神。

以上のような最初の訊問は、彼女の言ったこと為したことをすべて教会の決定にゆだねようと思うかどうかを彼女に尋ねることで閉じられた。それに対して彼女はこう答えた——「私は教会を愛しておりますし、できることなら全力を尽して教会を支持したいと思います。私の為した善行については、私を遣わされた天の〈王〉にお任せしなければなりません。[22]」

この質問は繰り返されたが、彼女は別の答えはせず、「我らの主と教会とはまったく一つです」とつけ加えた。

そこで彼女は——区別は必要だ、神、聖者、救われた魂、という《凱旋の》教会と、《戦闘の》教会、言いかえれば教皇、枢機卿、聖職者、良きキリスト教徒たちとがあり、「よく集められた」この教会は誤ることができず、聖霊によって統治されているのだ、と言われた。——「お前は一体《戦闘の》教会に服従する気はないのか。」——「私は神の名によって、処女マリアの名によって、聖人と天国の《勝利の》教会の名によって、フランス王の許に遣わされました。その教会に、私は自分を委ねます、私も、私の業も、私の為したことあるいは為すべきことも。」——「そして《戦闘の》教会には。」——「私は今それ以外のことは何も答えられません。」

陪席判事たちのひとりの言葉を信じれば、彼女はある点では司教も、教皇も、誰も信じない、自分の持っているものは、神から得たものだ、と言った可能性がある。[23]

裁判の質問はこのようにして彼女の単純さと彼女の偉大さとに関して問われたことにな

り、こうして真の論争が始まった。即ち一方において、目に見える教会と権威、他方、見えざる教会を証明する霊感……。俗人の目には見えなくても、信仰深い娘にはそれは明晰に見えるのであり、彼女はたえずそれを観想し、自身の内部にその声を聴き、心の内にあの聖女たちや天使たちを携えている……。そこに彼女にとっての教会がある、そこに神は光を放っている。ほかはいたるところ何と暗かったことか！……

これが論争であったとすれば、解決の道はなかったのである。被告人は自滅せざるをえなかった。彼女は譲歩することはできなかったし、自分があれほど判明に見たり聴いたりしたものを、嘘をつかずに、取り消したり、否定したりすることはできなかった。他方（言うなれば）権威が自分の裁判権を放棄したら、権威が処罰しなかったら、その権威は権威たりえただろうか。戦闘の教会は武装した教会、両刃の剣で武装した教会である。誰に対してか。明らかに不従順な者らに対してである。

恐ろしいのはこの教会が理論家、スコラ学者、霊感の敵たちの身に宿っていることだった。もしその教会がボーヴェの司教によって代表されるなら、それは恐ろしい、情容赦のないものだった。しかしこの司教の上に、一体ほかの判事たちは存在していなかったのか。公会議の優位性を説いていた司教派および大学派は、この特殊な判例に、これから開催されようとしていたバーゼル公会議(32)を最高の審判者として承認することはできなかったのだろうか。一方、ドミニコ会修道士(33)が代理人をつとめていた教皇の異端審問所も、多分教皇の裁判権が、教皇から託された自分のそれに優越することに異議をとなえはしなかっただろう。

ルーアンの法学者でコーションの友人であり〈乙女〉に敵意を抱いているまさにあのジャン・ドゥ・ラ・フォンテーヌは、控訴審があることや、何の犠牲も払わずに控訴を依頼することが可能だということを、被告の女に助言しないで、彼女がそれを知らないままにしておくことができるとは、本当には信じていなかった。二人の修道士もまた教皇の至上権は留保されねばならないと信じていたのである。陪席判事たちが別々に被告人に会いに行って助言するなどということがいかに正規のやり方ではないとしても、これら三名の実直な男たちは、コーションが不正の勝利のためにあらゆる形式を破るのを見て、今度は彼ら自身が正義の立場を守るためにためらうことなく形式を破ったのである。彼らは大胆にも被告の牢屋を訪れ、扉を開かせ、彼女に控訴をすすめた。彼女は翌日教皇と公会議とに訴えた。怒り狂ったコーションは牢番たちを呼び集め、誰が〈乙女〉に会いに来たかを訊ねた。法学者と二人の修道士はひどい窮地に立たされた。[24]この日以来彼らは姿を消した。そして彼らとともにこの裁判から正義の最後の影が姿を消したのである。

コーションははじめはルーアンにおいてじつに強大だった法律家たちの権威を自分の側に引き寄せることを希望した。しかし彼はたちまちこの連中なしにすませるべきであることに気付いた。彼がこの裁判の初めのころの記録を、それら重要な法学者のひとりであるジャン・ロイエ先生に知らせたとき、この大家は、裁判など何の価値もないこと、それはすべて形式通り行われるのではないこと、陪席判事たちは自由ではないこと、訴訟は密室で進められること、ただの娘でしかない被告人がこれほど重要な問題に関してこのような神学博士たちに答える能力はないことを、はっきりと言い切った。あげくのはてにこの法の人は教会人に向って敢えてこう言った——「これはその娘が与している王子の名誉を陥れようとする裁判です。だから王子も召喚して彼に弁護人を付けるべきであるかもしれません。」カラカラ帝を前にしたパピニアヌス(34)の厳酷さを思いおこさせるこの大胆不敵な厳酷さを、ロイエはおそらく貴重な体験を通して身につけたのであろう。但しこのノルマンディのパピニアヌスは、もうひとりのパピニアヌスのように、高位高官の椅子に座して死を待つことはせず、直ちにローマに向けて発ったのである。

コーションは、神学者たちには比較的うけがよかったように思われる。初期の予備的審問のあと、彼女が自分の意に反して述べた数々の答弁で守りをかためたコーションは、腹心とともに閉じこもり、特にパリ大学の熟達の士による筆の力を借りて、それらの答弁から少数の命題を取り出した。それに関して主だった神学博士たちや聖職者団の意見を求めねばならなかった。それは嫌悪すべき慣例だったが、結局は（人が何と言おうが）異端審問所の裁判の通常で正規の慣例だった。〈乙女〉の答弁から取り出され、一般的な形式のもとに編集されたこれらの命題は、一見不偏不党のように思われるがそれは偽りであった。

現実には、それらは彼女の答弁の作りかえにすぎず、不公平な編者の敵意ある意図にもとづいて、相談を受けた神学者たちによって手を加えられないではすまなかった[25]。

編集がどのようなものだったにせよ、相談を受けた神学者たちにどのような恐怖が圧力となったにせよ、彼らの返答は被告に対して意見が一致するどころではなかった。それらの神学博士たちのなかにあって、本物の神学者たち、敬虔な信仰者たち、中世紀の堅固な信仰を保持している者たちは、それほど容易には顕現や幻を捨て去ることはできなかった。それらを捨てるとなれば、聖人の生涯におけるあらゆる奇蹟をも疑い、すべての聖者伝について議論しなければならなかったかもしれない。相談を受けたアヴランシュの尊い司教は、聖トマスの理論によれば、その娘が断言していることのなかに不可能なことは何一つないし、軽々しく捨て去るべきものは何一つない、と答えた[26]。

ジャンヌの啓示は悪魔が彼女に口述したものでありうると認めていたリズィユーの司教はまた、それは《単純な嘘》でありうるし、彼女が教会に服従しないなら、彼女は離教者としてまた信仰において強烈に《疑わしい者》として裁かれるべきだ、と人間らしくつけ加えた。

多数の法学者たちは、《彼女は神から命令を受けたのでないかぎり》有罪であり、しかもはなはだしく有罪であると曖昧に答えた。ひとりの学士は、さらに突っこんだ意見を述べた。彼は彼女が有罪であると宣言しながら、女の性の弱さを考慮して、《彼女に十二の命題を繰り返させ》（当然のことながら、彼はそれが彼女に伝えられていないのではないかと疑っていた）、しかる後にその命題を教皇に差し出すように要求したのである。もしそうしていたとしたら裁判は限りなく延期されていたにちがいない[27]。

大司教管区の礼拝堂に集まった陪席判事たちは、命題にもとづいて彼女を攻撃することを決定した。同様に諮問を受けていたルーアンの司教座聖堂参事会は、決定を下したり、参事会が忌み嫌い大司教として迎えることにびくびくしている男に勝利を与えることを急がなかった。参事会は意見を求められていたパリ大学の返答をできることなら待っていたいと思ったのである。パリからの返事は曖昧なものではなかった。ガリカニスム的、大学的またスコラ学的な党派は〈乙女〉に好意的であることはできなかった。その党派のひとりである[28]クータンスの司教は、その答えの厳しさと奇妙さとにおいて他のすべての者を凌いでいた。彼は女を悪魔に引き渡された者と判断する旨ボーヴェの司教に書翰を送り、「何故なら、この女には聖グレゴリウスが求めている二つの特性、即ち徳と人間性がないから」であり、さらにこの女の主張は、かりに彼女がそれを撤回したとしてもなおやはり彼女を見張っていなければならないほどに異端的である、と書いた。

内なる啓示は、教会が黙し否認することを命じたときには黙して自らを否認すべきなのかどうか、そのことを知ろうという重要な問題、外面の世界で騒々しく討議されていたその問題は、啓示を最も強く断定し信じている娘の魂のなかでじつはひそやかに検討されていたのではなかろうか。この信仰の闘いは信仰の至聖所そのもの、その誠実で素朴な心のなかで行われていたのではないか……。そう信ずるに足る理由もなくはない。

　あるときは彼女は教皇に服従することを言明し、教皇のもとに送られるように要求した。またあるときは彼女は区別をして《信仰》に関しては教皇に、高位聖職者に、教会に服従するが、自分の《為した》ことに対しては、神以外に委ねることはできない、と主張し続けた。またあるときは、もはや区別もせず、何の説明も加えずに、「自分の〈王〉に、天地の裁き主に」自分を委ねたのである。

　これらのことを曖昧にしようとし、このような人間的な側面を、もっと神的であってほしいと願う一つの形態のなかに隠しておこうとして、どれほど注意をはらうとしても、そのずれは明白である。これらの問題について判事たちが彼女をだますのに成功したと主張されてきたのは誤りなのだ。「彼女はとても聡明だった、女性としての聡明さを備えていた[29]」とある証人が述べているのはもっともである。彼女が陥っていた病、彼女を死の寸前にまで追いつめたその病を、私はすすんでこの内面の闘いのせいにして考えてみたい。彼女の病気回復は、彼女自身が我々に教えているように、彼女への顕現が変った時期、戦いの天使であるミカエル天使がもはや彼女を支えなくなり、恩寵と神の愛との天使であるガブリエルにその座をゆずる瞬間まで、実現しなかった。

　彼女は聖週間に病気になった。誘惑は多分枝の主日[35]に始まった[30]。森のはずれに生まれた田舎娘、いつも空の下で生きてきたこの娘が、花咲く復活祭の美しいこの日を塔の奥で過ごさねばならなかった。教会が祈り求める大いなる《救い》は彼女のためにはやってこなかった。[31]《扉は開かれなかった》のである。[32]

扉は火曜日に開いた。しかしそれは判事たちの前から被告の女を城の大広間に連れてゆくためであった。彼女の答弁から引き出されていた命題が彼女のために読まれた。また司教は前もって次のように彼女に言いきかせていた――「この博士たちはすべて教会に属する人で、学者ならびに聖、俗両法に通じた者、またすべて寛大で情深く、この方たちは復讐も《肉体的刑罰も》求めることなく、おだやかに審理を進めようと願っているのであり、[33]ただ彼らは彼女を教えて真理と救いとの道に彼女を入れようとのみ願っていること、そして彼女がかくも高邁《こうまい》な問題に充分な教養を受けていないのだから、司教と異端審問官は彼女に助言するために彼女が列席者のなかから一名ないしは数名を選ぶようにと、彼女に申し出た。」被告の女は、集まった人々を前にして、そこにひとりとして自分の味方の顔が見られなかったので、穏やかな口調で答えた――「私の幸福と私たちの信仰についてお諭し下さったことに対してみなさまに感謝します。お与え下さったご助言については、私は我らの主のご助言をないがしろにするつもりはありません。[36]」

第一の命題は服従という、主要な点に触れていた。彼女は前と同じようにこう答えた――「私は我らの聖なる父、司教様方とその他の教会の方々が、キリスト教の《信仰》を守りそれに欠ける者を罰するためにあることを心から信じております。私の《行為》につきましては、私は天の教会に、神に、そして聖処女に、天国の諸聖人と諸聖女とに服するつもりです。私はキリスト教の信仰を過《あやま》ったことはありませんし、過つつもりもありません。」

さらにすすんで――「我らの主のご命令によって私のしたことを否認するくらいなら死ぬほうがましです[37]。」

この時代を彩るものは、神学者たちの無知な精神、霊を省みない文字への盲目の執心であり、だから彼らにはいかなる問題も女が男装したという罪以上に重大だとは思われなかったのである。彼らは、教会法によれば、自己の性の衣服をそのように変える者は神の前では憎むべきものである、と彼女に訓戒した。はじめ彼女は直接それに答えようとは思わず、翌日まで猶予を求めた。判事たちが彼女にその服を脱ぐことを頑強に主張すると、彼女はこう答えた――「この服をいつ脱げるようになるのか自分では言えません。」――「しかしもしお前がミサに与ることを禁じられたら。」――「いいですわ、我らの主はあなた方なしでもちゃんと私をミサに与らせて下さることができます。」――「お前は復活祭にお前の救い主を迎えるために、女の服を着たいと思わないか。」――「いいえ、私はこの服を脱ぐことはできません。わが救い主を迎えるために、私はこの服も他の服も全然区別しません。」――このあと彼女は動揺したようで、少なくともミサだけには与らせてほしいと頼み、それからこうつけ加えた――「町の娘たちが着ているような、《たっぷり長い》ドレスを一着下さりさえすれば。[34]」

弁明するのに顔を赤らめているのが明らかにうかがえる。哀れな娘は自分が牢内でどんな状態に置かれているか、どのような絶えざる危険に身をさらしているかを敢えて言わなかった。三人の兵士、それも《狼藉者》と呼ばれていた強盗のうちの三人が彼女の部屋で寝起きしていたことを知るべきである。[35]大梁《おおばり》に太い鉄の鎖で縛りつけられていた彼女は、[36]ほとんど彼らの思いのままだったことを知らねばならない。彼女に脱がせようとしていた男の服は彼女の身を護るもののすべてだった……。判事の愚かさ、あるいはその恐ろしい共謀性を何と言うべきか。

それら兵士たちの視線にさらされ、彼らの侮辱と愚弄の中で、[37]彼女はそのうえ外からスパイされていた。ウィンチェスター、異端審問官、そしてコーション[38]は、それぞれ塔の鍵を持っており、毎時間彼女を観察していた。まったく意図的に壁には穴があけられていた。だからこの地獄のような牢では、どの石にも目があったのである。

彼女の慰めといえば、それは自らも囚人でありシャルル七世の味方であると称するひとりの司祭とまず接触させてもらったことである。ロワズルールと呼ばれていたこの男はイギリス人に所属していたノルマンディの人間だった。彼はジャンヌの信頼を得、彼女の告解を受けていた、ところがその間に、公証人どもがかくれて耳を傾けそして書きとっていたのである……。ロワズルールは彼女を死なせるために、彼女が抵抗するように励ましたのだ、と主張されている。彼女を拷問に付すべきか否かが討議されたとき（彼女は何一つ否定もしなければ隠しもしないのだから全く無益なことである）、その残虐行為をすすめる者は二名ないしは三名しかいなかった。そして告解師はその三名の側についたのである。[39]

この囚われの女の痛ましい状態は、宗教上の救いを剝奪されているために聖週間にはさらに悪化した。木曜日、彼女は聖晩餐に与れなかった。キリストが自ら全世界のあるじとなる日、彼が貧しき者たちとすべての悩める者とを招くその日に、彼女は《忘れ去られている》ように思えた。[40]

聖金曜日[38]、大いなる沈黙の日、すべての物音は止み、各自はもはや自分自身の心にしか耳を傾けない、その日、判事たちの心も何ごとかを語り、人間性と宗教との感情が彼らの年老いたスコラ的な魂のなかに目ざめたように思われる。確かなことは、水曜日には彼らは三十五名出廷していたのが、土曜日にはもはや九名の出廷者しかいなかったということである。他の連中はおそらくその日のお務めを口実にしたのである。

それとは逆に、彼女は気持をとりなおしていた。己れの苦しみをキリストのそれに結びつけて、彼女は立ち直ったのである。彼女は「《教会が私に不可能なことを要求するのでないかぎり》、戦闘の教会にお任せします」とあらたに答えた。――「それではお前は地上に在る教会に、我らの聖なる父である教皇に、枢機卿、大司教、司教および高位聖職者に服従すべきであるとは思わないのか。」――「はい、おそらく、《まず我らの主に仕えさえすれば》」――「お前の声は、お前を戦闘の教会に従属させることを禁止するのか。」――「声はそのことを禁じてはおりません、《まず第一に我らの主に仕えさえすれば》」[41]

V　誘惑

こうした揺がぬ気持は土曜日ももちこたえられた。しかしその翌日、復活祭の大いなる日曜日、彼女はどうなったか。世界中で祝われるこの祭りが町の方から大きな音でどよめき、ルーアンの五百の鐘が悦ばしげな音を大空に響かせ、[1]キリスト教世界が救い主とともによみがえるのに、彼女は死のなかに留まっていた！　そんなとき、その哀れな心のなかで何がおこったか。

そういうときかくも残酷な孤立とは一体どのようなものだったろうか！　信仰なしに生きたことのなかった若い魂にとってそれは何だったか！……幻や啓示にみちた内面生活のなかで、それでもなお教会の命令には従順に従ってきた彼女、このときまでは教会に従順な娘、彼女の言葉を信じれば「良い娘」だと自分のことを素直に信じてきた彼女が、教会は自分に敵対しているのだということを恐れもなしに了解することができたか。ただひとり、すべての人が神において一体となっているとき、ただひとり世界と全人類の交わりとの悦びから除かれて、天の扉が人類に開かれるその日に、ただひとりそこから排除されて！……

そしてこの排除は不当なものだったのだろうか……。キリスト教的な魂は自分にも神を迎える権利があると主張するにはあまりにも慎ましいのだ……。要するに、高位聖職者や神学博士に口答えするとは、彼女は何者だったのか。学問を身につけた大勢の熟達した連中の面前で彼女はどのようにして敢えて語ったのか。学識に対する無知な女の反抗、権威の座にのぼった人々に対するただの娘の反抗のなかに、傲慢や憎むべき高慢がなかったのだろうか……。そうした恐れは確かに彼女の心をおそった。

一方、そのような反抗はジャンヌのそれではなく、明らかに彼女にその返答を口授し、彼女をここまで支えてきた聖女たちや天使たちのものなのである……。一体なぜ、ああ！かくも重大な必要性に迫られているときに彼らはもはや稀にしかやって来てはくれないのか。なぜ聖女たちの慰めにあふれた顔はもはや不確かな光のなかでしか現われずそれも日々に薄れてゆくのか……。あれほど約束された解放がどうして彼女に訪れないのか……。囚われの女がこれらの問いをしばしば自ら問うていたことは何の疑いもないことだし、彼女が穏やかに、声をひそめて聖女や天使と論争していただろうことも疑いない。それにしても約束を守らないような天使がほんとうに光の天使だろうか……。このような恐ろしい考えが彼女の精神をよぎらなかったことを願おうではないか。

彼女には逃れるすべが一つあった。それは、はっきりとは否認せず、もはや断言もせず、ただ「そうかもしれません」と言っておくことだった。法律家たちには、彼女がこのひとことを言うのはきわめて簡単なことのように思われていた[2]。しかし彼女にとっては、そのような疑いの言葉を口にするのは、とりもなおさず否認することであり、天上的な数々の友情の美しい夢を放棄することであり、天上のやさしい姉たちを裏切ることだった[3]……。それくらいならむしろ死んでしまう方がましだったのだ……。そして結局、不幸な女は、見える教会からほうり出され、見えざる教会と、この世とそして自分自身の心とから見捨てられて、気力を失った……。そしてその衰えた魂に肉体は従った……。

ちょうどその日、彼女はボーヴェの慈悲深い司教[4]が彼女にさし入れた魚を食べており、彼女は毒を盛られたと思ったらしい。司教はそのことに関わりがあった。ジャンヌの死はこの厄介な裁判にけりをつけ、裁判官を訴訟事件から解放してくれるはずだった。但しそれはイギリス人の筋書ではなかったのである。ウォリック卿はたいへん驚いてこう言った――「《王》は彼女が自然死することなど全然望んではおられますまい。《王》は彼女を金で買ったのであり、王にとって彼女は高くついたのだから[5]！　彼女は裁判によって死ななければならない、火刑に処せられねばならないのだ……。彼女が回復するように工夫してくれ。」

そこで彼女は介抱された。医者の診察を受け、刺絡《しらく》をしてもらったが、病状は思わしくなかった。からだが弱ってほとんど死にかけていたのである。彼女がこのまま立ち直らないで何ら前言を撤回することなく死んでしまうのではないかと怖れられたからにせよ、あるいはこのからだの衰弱によって彼女の精神を思い通りに片付けることができるだろうという希望が与えられたからにせよ、判事たちは或ることを試みてみた（四月十八日）[1]。彼らは彼女の居室を訪れ、彼女が忠告を聞きいれず教会の意見に従おうとしないなら、大きな危険に身をさらすことになる旨訓戒したのである――「私の今の病状からみますと、ほんとうに、私は死の大きな危険にみまわれているように思われます」と彼女は言った、「神がこのように私に御旨を行おうとなさるのなら、私は告解をし、わが救い主を受けて[2]、聖地に埋葬していただきたいと思います。」――「もしお前が教会の秘蹟に与りたいと思うのなら、良きカトリック信者として振舞い、教会に服従しなければならない。」彼女はひとことも抗議しなかった。それから、判事が同じ言葉を繰り返すと、彼女はこう述べた――「もしこの軀が牢内で死んだら、それを聖地に埋葬していただきたいと思います。もしそうして下さらないのなら、我らの主にお任せします。」

すでに、その審問の中で、彼女は自分の最後の願いの一つを表明していた。〈問い〉――「お前は神の命令によって男の服を着用しているというが、そのくせお前は死の床では女の肌着をつけたいと思っているのか。」――〈答え〉――「肌着が長くさえあればいいのです[6]。」この感動的な答えは、その死の間際において、彼女がいのちよりも恥じらいの方に気を使っていることを充分に物語っていた。

神学博士たちは病人にながながとお説教をし、最後に、彼女に勧告する役目を特別に負わされていたパリのスコラ哲学者たちのうちのひとりであるニコラ・ミディ師が彼女に向ってとげとげしい調子でこう言った――「もしお前が教会に従わないなら、お前は回教徒として見捨てられるだろう。」――「私は良きキリスト教徒です」と彼女は穏やかに答えた、「私はちゃんと洗礼も受けております、良きキリスト教徒として死にます。[3]」

こうした裁判の渋滞はイギリス人の焦躁を極端に昂じさせた。ウィンチェスターはいくさのまえに裁判を終了させ、囚われの女の口から自白を引き出し、シャルル王の名誉を失墜させようと望んでいた。この一撃を食わせてから、ルーヴィエを奪回し[7]、ノルマンディおよびセーヌ流域地帯を征圧する、そしてそのときにこそ、神学上の戦いというもう一つの戦いを開始しにバーゼルに赴き、キリスト教世界の審判者としてそこに座を占め、教皇たちを作ったり廃したりできるのである[8]。かくも重要な事柄を検討していたとき、その娘が何を言いたがっているのかを、彼はうんざりしながら待っていなければならなかった。

不器用なコーションは、確かに、彼が〈乙女〉に対する決定を促していたルーアン司教座聖堂参事会の気を悪くしてしまっていた。彼は前もって自分を「大司教猊下[9]」と呼ばせていたのである。ウィンチェスターはこのノルマンディ人どものろさのことは気にかけないで、大神学法廷に、パリ大学に、直接問いかけようと決心した[10]。

回答を待ちながら、被告の抵抗を打ち破るためのあらたな試みがなされていた。術策や恐怖が用いられたのである。第二回目の訓戒（五月二日）において、説教者であるシャティヨン師[4]は彼女に、顕現に関する真実を彼女自身の党派の人々に委ねることを提案した[11]。彼女はこの罠にはかからなかった。「私は私の裁き主に、天地の〈王〉にお任せします」と彼女は言った。今度は以前のように、「神と《教皇》に」とはもはや言わなかった。――「よろしい！　教会はお前を見捨てるだろう、そしてお前は魂も肉体も火刑の危険にさらすことになろう。」――「あなたは肉体にも魂にも害を及ぼさないと仰有ったのをそれではお守りにならないことになります。」

漠然としたおどしにだけ固執してはいられなかった。彼女の部屋で行われた三回目の訓戒（五月十一日）[5]において、死刑執行人を来させ、拷問の準備が整っていることが言明された……。但しそれは全然実行されなかった。それどころか彼女が勇気をすっかり取り戻し、それもかつてなかったほどに回復していることが分った。誘惑のあと気持を取り直した彼女は、階段を一段のぼるように〈恩寵〉の源に向ってのぼっていた。「天使ガブリエルが私を力づけに来て下さいました」と彼女は言った、「それは本当にガブリエルです。聖女様方がそのことを私に保証して下さいました[12]……。私のやってきたことについては、つねに神がその支配者でした。悪魔が私の内に力を振《ふる》ったことなど一度としてありません……。かりにあなたが私の手足をもぎとらせ、この肉体から霊魂を引きぬかせても、私はそれと異なったことは言わないでしょう。」御霊がこのように彼女の内に輝いていたので、彼女の最後の敵対者であるシャティョン自身も心打たれて彼女の弁護者となってしまった。彼は、このように行われてきた裁判は自分には無意味に思われると言明した。コーションは、激怒して、シャティョンを黙らせた。

ついに、大学からの回答が到着した。大学[6]は、十二の命題について、この娘は悪魔に売り渡されており、両親に対して不従順で、キリスト教徒の血をけがした、等々と決めつけていた[13]。それは神学部の意見であった。法学部の意見は、より穏やかなもので、この娘は罰せられるべきであると言明してはいたが、それには二つの制限がついていた。第一、もし彼女が自説に固執するならば。第二、もし彼女がその良識を失っていないならば、である。

大学は同時に教皇と枢機卿たち、並びにイギリス王に手紙を書き、ボーヴェの司教をほめたたえ、「彼は偉大な謹厳さ、神聖にして公平な裁判の方法を守っており、それについて各人は十分満足すべきであると思われる」と言明した。

この回答に支えられて、ある人々はこれ以上待つことなく彼女を火刑にしたいと考えた。もしそうすれば彼女にその権威を否定されていた神学者たちを満足させることはできただろうけれど、それはイギリス人を満足させることにはならなかった。イギリス人には王シャルルの《名誉を失墜させる》ようなある種の取り消しが必要だった。あらたな訓戒が、あらたな説教者ピエール・モリス師を用いて試みられたが、師はさしたる成功をおさめえなかった。(7) 彼は「すべての学問の光」であるパリ大学の権威を利用しようとしたけれども無駄だった。「かりに死刑執行人と火とを目にしても、かりに火のなかに置かれても、私はこれまで言ったことしか言えないでしょう」と彼女は言った。

五月二十三日、聖霊降誕祭の翌日になった。(8) ウィンチェスターはもうこれ以上ルーアンに留まることはできなかった。けりをつけねばならなかった。頑固な女をこわがらせるか、あるいは少なくとも民衆を欺くかすることができるような大がかりな恐ろしい公開の舞台を準備することが決められた。前の日の晩に、彼女のもとにロワズルール、シャティヨン、そしてモリスが送られて、もし彼女が服従するならば、もし男の服を脱ぐならば、彼女は教会に属する人々のもとに迎えられるだろうし、イギリス人の手から逃れられるだろうと彼女に約束した。

このおぞましい喜劇が行われたのは美しくまたいかめしい修道院付教会(いま見るような姿ですでに建てられていた)の裏手にある、サン・トゥアン墓地であった。(9) 台の上には、ウィンチェスター枢機卿、二名の判事および三十三名の陪席判事が座を占め、そのうちの何人かはそれぞれに書記を足もとに侍らせていた。もう一つの台上には、執行吏たちと拷問役人たちとに囲まれて男の服を着たジャンヌの姿があった。さらにそこには彼女の告白を書きとめる書記たちがおり、また彼女を説諭するはずの説教者もいた。台の足下には、群集にまじって、ひとりの奇妙な傍聴人、死刑執行人が二輪車にのっているのが人目を引いた。男は彼女に判決が下って自分の手に渡されることになれば、すぐにも彼女を連れてゆこうとしていた。[14]

その日の説教者は、高名な神学博士のギョーム・エラールで、彼はこのような素晴らしい機会に、思う存分雄弁を振うべきだと信じていたが、熱狂のあまり彼はすべてを台無しにしてしまった。「ああ、気高きフランスの教会よ」と彼は絶叫した、「つねに信仰の守り手であった汝は、異端者にして離教者なるひとりの女に執着するほどに欺かれたことがかつてあっただろうか。……」そのときまで被告の女は辛抱強く彼の言葉に耳を傾けていたが、説教者は彼女の方をふり向き、指をあげて彼女に言った――「私が話しかけているのは、ジャンヌ、お前だよ。そしてお前の王が異端者で離教者なのだとお前に言っているのだよ。」この言葉に対して、その感嘆すべき娘は、おのが身の危険も忘れて、こう叫んだ――「名誉にかけて、あなた様、畏れながら、いのちにかけて敢えて申し上げます誓います、あの方はすべてのキリスト教徒のなかで最も気高いキリスト教徒であり、誰よりも信仰と教会とを愛しておいでです。あなたの仰有るような方ではありません。」――「女を黙らせろ」とコーションが叫んだ。

こうして多くの努力、労力、そして費用は無駄になっていた。被告の女は自分の言ったことを守り通したのである。今回彼女から得られたものといえば、それは彼女がたしかに

《教皇に》服従したがっているということだった。コーションは答えた――「教皇はあまりに遠い。」そこで彼はあらかじめすっかり書き上げられていた判決文を朗読し始めた。そこにはとりわけ次のようなことが述べられていた――「さらに、頑迷なる精神により、汝は《聖なる父〔教皇〕》並びに公会議に服することを拒否した、等々。」一方ロワズルールとエラールとは、彼女に自分自身を哀れむようにと懇願していた。司教はいくらか希望を取り戻して、その朗読を中断した。するとイギリス人たちは憤激した。ウィンチェスターの秘書がコーションに、彼がその娘に好意を抱いていることがよく分ったと言い、枢機卿付司祭も同様のことを言った。[15]「お前は王を裏切っているのだ。」と司教は叫んだ。――「それではお前は」と相手が言った、「お前は嘘をついた」それらの重要人物たちは判事席の上でいまにもなぐり合いを始めるかのように見えた。

エラールは失望することなく、脅したり、頼んだりした。あるときはこうも言った――「ジャンヌよ、我々はあなたのことをとても哀れんでいるのだ！……」またあるときはこう言った――「間違った考えを捨てるのだ、さもないとお前は火あぶりにされるぞ！」誰もがみんな口をさしはさみ、憐憫の情で心を動かされた人の好い執行吏までが彼女に向ってここは譲歩するようにと懇願し、そうすれば彼女はイギリス人の手から引き離されて教会に迎えられるのだと断言した。「わかりました、署名しましょう」と彼女は言った。[16]そこでコーションは、枢機卿の方をふり向いて、何をすべきかをうやうやしく尋ねた。「悔悛の秘蹟を彼女に認めてやること」と、教会の君主は答えた。

ウィンチェスターの秘書が六行からなるほんの小さな取消し状（その後公けにされたものは六ページだった）を袖から取り出し、彼女の手にペンを握らせたが、彼女は字が書けなかった。彼女はほほえんで円を描いた。秘書は彼女の手をとって十字架のしるしを書かせた。[10]

恩赦の判決文は大層厳しいものだった――「ジャンヌよ、我々は恵みと節度とによって、汝が苦しみのパンと苦悩の水とをもって汝の残りの日々を牢獄で過ごし、そこで汝の罪を泣くことを申し渡す。」

彼女は教会判事によって悔悛の秘蹟を受けることを許されたが、但しその場所はおそらく教会牢以外のどこでもなかった。[18] 教会の《地下牢》がいかに酷な場所だったとはいえ、少なくとも彼女をイギリス人の手から逃れさせ、彼らの暴行から避難させ、その名誉を守るはずだった。司教が「その女をもと入れておいたところに連れてゆけ」と冷たく言い放ったときの彼女の驚きと絶望とはいかばかりだったことか。

何一つ為されていなかった。このように欺かれて、彼女は自分の前言撤回をまた撤回しないではいられなかったのである。しかし、彼女が撤回することに固執しようとしても、イギリス人の激昂は到底それを許さなかったであろう。彼らはいよいよ魔女を焼き殺すのだという希望をいだいてサン・トゥアンにやって来ていた。彼らは、息をはずませながら、待っていた、それをこのようにして彼らを追い払い、小さな一片の羊皮紙と、一つの署名と、一つの渋面とで彼らに報いられると信じていたのである……。司教が判決文の朗読を中断したちょうどその時、枢機卿などものともせずに、台めがけて石がいくつも飛んできた……。神学博士たちは広場に降りて危うく死を免れた。いたるところで彼らがのど元につきつけられたのは抜き身の剣にほかならなかった。イギリス人のなかのもっとも穏和な連中は次のような侮辱の言葉を投げつけることで自分を抑えていた――「坊さんたち、あんたらは王様の金がもらえないぞ。」あたふたと逃げ出した神学者たちは、震えながら言った――「心配しないで下さい。我々はまたあの女をちゃんと捕まえます。[19]」

しかもこのような血への渇きを見せたのは、ただ単に兵士のなかの貧民、イギリスの《下層民《モップ》》ばかりではなかった。紳士、高位の者、貴族たちもそれに劣らず熱狂していたのである。王の側近であり、その傅育《ふいく》官でもあったウォリック卿は、兵士たちと同じようにこう言っていた――「娘が火刑に処せられなければ、王は病気になられるぞ。[20]」

ウォリックは、イギリス風の考え方によれば、まさに紳士であり、完成したイギリス人、完全な《ジェントルマン》なのであった。[21] 彼の主人であるヘンリ五世同様、勇敢で信仰深く、《既成》教会の熱心な擁護者であり、聖地巡礼の他にも多くの騎士道的な旅をしたこともあって、その途上での騎乗槍試合の経験もあった。彼自身カレーの城門での最も華々しい最も有名な槍試合の一つを主催しており、そこで彼はフランスの騎士道のすべてに挑んだのであった。その祝いの想い出は長く人の心に残った。このウォリックの勇敢さと華麗さとが、《王たちの製造者》として高名なウォリックにいたる道を備えるのに少なからず役立ったのである。

これほどにも騎士道を身につけていたにも拘らず、ウォリックはひとりの女の、ひとりの戦争捕虜の死を、やはり貪欲に追い求めていた。イギリス人たちは、あらゆる人々の中でも最もすぐれた最も尊敬されている者でさえ、自分たちを剣によって辱しめた女を僧侶たちの下す判決によって、そして火刑によって殺すことについて廉恥心に何のためらいをも感じなかったのである。

この偉大なイギリス国民には、多くのすぐれた確乎たる長所とともに、それらの長所自体を帳消しにするほどの短所が一つある。その大きくて根深い短所というのは、自尊心である。残酷な病いであるが、それでもやはりそれが彼らの生活原理なのであり、その矛盾を解きあかすもの、その行動の秘密なのである。彼らにあって、徳性と罪は、ほとんど常に自尊心なのである。彼らの滑稽さもまたそこからしか生起しない。この自尊心は驚くほど敏感で痛ましい。彼らはそのためにきりもなく苦しみ、その苦しみを隠すためにさらに自尊心をつのらせるのである。それでも、その苦しみは現われる。英語は《期待はずれ》(disappointment) と《苦行》(mortification) という、意味深い固有の二語を所有している。[22]

この自己崇拝、被造物の自分自身に対する内的信仰は、サタンを堕落させた罪であり、最高の不敬虔なのである。人間的徳性の数々、この真面目さ、この外面的な実直さ、この聖書的な気質、すべてこのようなものを備えていながら、なおいかなる国民もイギリス人にまして神の恩寵から遠いものはない。シェイクスピア[23]からミルトンまで、ミルトンからバイロンまで、彼らの美しくまた暗い文学は懐疑的で、ユダヤ的で、サタン的である。[11]「法律において」とある法学者はいみじくも言った、「イギリス人はユダヤ教徒であり、フランス人はキリスト教徒である。[24]」彼が法律について述べたことを、神学者は信仰について述べたのだと言ってもよかろう。アメリカ・インディアンたちは、しばしば数多くの洞察と独創性とをもちあわせているのだが、彼らは前述の区別を彼らなりにこう表明した――「キリスト」と彼らのうちのひとりが言った、「それはイギリス人たちがロンドンで磔刑に処したフランス人だった。ポンテオ・ピラト[12]は大英帝国に仕える将校だった。」

ユダヤ人もイギリス人が〈乙女〉を敵視したほどイエススを敵視して興奮したわけでは決してなかった。イギリス人が自分自身に対して抱いている素朴で根深い尊敬について、彼女は、その最も感じやすい所で、彼らを残酷に傷つけたのだということは言っておかねばならない。オルレアンでは、無敵の近衛騎兵たちが、名高い弓兵たちが、タルボットを先頭に、敵に背を向けた。ジャルジョーでは、広場の中で堅固な城壁をうしろにして、彼らは捕虜になってしまった。パテーでは、彼らはひとりの娘の前で一目散に逃げ出した……。これらは思い出すだにつらいことであり、寡黙なイギリス人が心の中で絶えず反芻していたことだった……。ひとりの娘が彼らを恐怖させたのであり、その女が鎖につながれているとはいえ、再び彼らを恐怖に陥れないという確証はなかった……。おそらく、彼女が悪魔だというのではなく、彼女は悪魔の手先なのだ、彼らはせめてそのように信じようと努力したしまたそう信じさせようと努力したのである。

それについては、しかし難点が一つあった。それは彼女が処女だと言われていることであり、また悪魔が処女とは契約を結びえないということは周知のまた完全に証明されたことだった。イギリス人のなかでも最も聡明な男である摂政ベドフォードは、この点を明らかにしようと決心した。彼の妻である公爵夫人は産婆たちを遣わしたが、彼女らは、たしかに彼女は〈乙女〉だと言明したのである[25]。彼女にとって都合のいいこの言明は、また別の迷信的な空想を生ぜしめて、まさしく彼女に不利なものに変ってしまった。彼女の能力、彼女の勢力を作り出していたのは、その処女性なのだと結論づけられたのだ。彼女から処女を奪うことが、彼女を武装解除し、その魔法の力を打ち砕き、彼女を他の女たちと同じ水準にまで下らせることであった。

哀れな娘は、このような危険のなかにあって、そのときまで男の服以外には身を護るものがなかった。ところが、おかしなことに、彼女がなぜその服を離さないのかその理由を理解しようとは、かつて誰ひとりとして考えなかったのである。彼女の味方も、彼女の敵も、そのことではみんな躓《つまず》いた。はじめから、彼女はポワチエの女たちにそのことについて自分の意見を述べることを強いられていた。彼女が捕われてリュクサンブールの奥方たちの庇護のもとにいたとき、やさしい奥方たちは彼女がかたぎな娘にふさわしい服装をするように彼女に頼んだ。純潔だとか恥じらいとかでいつも大騒ぎをしてきたイギリス女はとくに、このような変装をおどろおどろしいまた我慢のならないほど不作法なことだと思わないではいられなかった。ベドフォード公夫人[26]は彼女に女物のドレスを一着贈った、しかしそれは誰を通してだったのか。ひとりの男を通して、仕立屋を通してである。[27]この大胆でなれなれしい男は、何が何でも彼女の手をその服に通させようとし、彼女がそれを押し返すと、無遠慮にも彼女に手をかけた、かつてフランス国旗を持った手に仕立屋の手が重ねられたのである……、彼女は男に平手打ちを喰わせた。

女たちがそのような女性的な問題を全然理解していなかったとしたら、まして司祭たちにはそれはいよいよ理解しがたいことではないか……。彼らはこのように衣服を変えることを呪詛した四世紀の公会議の文書を引用した。[28]彼らはその禁止令が異教的なみだらさからかろうじて抜け出たばかりの時代に例外的に適用されたものであることを考えなかった。シャルル七世側の神学者たち、〈乙女〉の弁護者たちも、この点で彼女を正当化することにひどく当惑しており、彼らのうちのひとりは彼女が馬から降りるとすぐに、女の服に着替えるのだと勝手に想像している。彼はエステル[13]もユディトも、神の民の敵たちに打ち勝つために、もっと自然で、もっと女らしい他のやり方を用いたことを認めている。[29] 魂にのみかかずらわっているそれらの神学者たちは、肉体を軽視しているように思われる。文字が、書かれた律法が、守られさえすれば、魂は救われるはずだ。肉体の方はなるようになればいい……。〔魂と肉体とを〕そんなにうまく区別することができなかった哀れな素朴な娘をこそ許さなければならない。

魂と肉体とが互いに密接に結び合わされていること、魂はその肉体をひきずっており、さまざまな危険に耐え、それに答える、ということは、この地上における我々の苛酷な条件なのである。……この宿命は常に重苦しいものだったけれども、それにしても、侮辱に耐えることのみを命令し、危機に瀕する名誉が肉体を投げ棄てて精神の世界に逃避することによって逃れうることを断じて許さないような、宗教的な律法のもとでは、その重苦しさはどれほどいやますことであろう！

Ⅵ　死

金曜日と土曜日(1)、男の服を脱ぎ捨てた不倖せな囚われの女は、おびえていなければならなかった。凶暴な本性、激しい憎しみ、復讐心、すべてが、彼女の滅びる前に彼女を堕しめ、彼らが燃し去ろうとしているものを穢《けが》すように、卑劣漢たちをけしかけるに相違なかった……。そのうえ彼らは、当時の考え方にもとづいて、自分たちのおぞましさを《国家理性》なるものによって包み隠そうと唆《そその》かされることも可能だった。つまり彼女の処女性を奪うことで、イギリス人が大恐慌をきたしていたあの隠密の力はおそらく退治されるはずだったからである。もし彼らが、要するにそれはほんとうにひとりの女にすぎないのだと分れば、多分勇気を取り戻すことになるはずである。彼女が心の内を打ち明けた告解師の話によれば、ひとりのイギリス人、それも兵士ではなくひとりの《ジェントルマン》、ある貴族が、愛国心からその凌辱行為に御執心であったらしく、鎖につながれた娘を犯すことを勇敢に企てたようであるが、しかし、うまく目的を果せなかったので、彼は彼女を

殴らせたのではないかと思われる。〔1〕
「日曜の朝がきて、三位一体の主日を迎え、起きるべきとき（彼女がそのことをこの話者に告げたように）〔2〕、彼女は自分の警護にあたっているイギリス人たちに向ってこう言った――〝起きられるように鎖を外して下さい。〟ふたりのうちのひとりは彼女が身につけていた女物の服を脱がせ、男物の服がしまってある袋から服を取り出して言った――〝起きろ。〟〝ねえ〟と彼女は言った、〝それが私に禁じられているのは御存知でしょ。どうしても、私はそれは着ません。〟この口論は正午まで続いた。そしてとうとう、身体上の必要から、彼女は外に出てその服を身につけざるをえなかった。戻ってきて、彼女がどれほど懇願しても、彼らは別の服を彼女に与えようとはしなかった。〔3〕」
彼女が男の服を再び身につけ、苦心惨憺のすえ手に入れられた前言取消をこうして彼女が無効にしたことは、要するにイギリス人の関心事ではなかった。しかしそのときの彼らの怒りはもはやとどまるところを知らなかった。サントゥライユ〔4〕はルーアンに向けて果敢な試みを実行に移したところであった。もし成功していたら、この企ては［ルーアンの］裁判所から判事たちを引きあげ、ポワチエにウィンチェスターとベドフォードを連れて行くうまい手だったかもしれない。ベドフォードはその帰途、ルーアンとパリのあいだで、またもや危うく捕まりそうになった。おそらく獄中で呪文を唱えつづけているあの呪われた娘が生きている限り、イギリス人にとってはもはや安全の保証はなかったのである。彼女は殺されねばならなかった。

衣服が変ったのを見るため城に来るようにとの知らせをたったいま受けた陪席判事たちは、中庭に百人ほどのイギリス人が彼らの行く手を遮っているのに出くわした。この神学博士たちがもし入城すれば、すべてがだめになるかもしれないと考えて、彼らは神学者たちに向って斧や剣を振り上げ、彼らを《アルマニャック派の裏切り者》とよばわりながら追い立てた[5]。かろうじて中に通されたコーションは、ウォリックに取り入るために、ことさら陽気な風を装い、笑いながら言った——「彼女はひっかかりましたよ。」

月曜日、彼は異端審問官および八名の陪席判事[2]とともに〈乙女〉を訊問して、彼女がなぜ男の服をまた着たのかを訊ねるために再度やってきた。彼女は何の弁解もせず、それどころか自らの危険を勇敢に受け入れて、自分が男たちによって警護されている限りその服の方が都合が良いのだ、と言い、そしてさらに、約束が守られなかった、と言った。聖女たちは彼女に言っていた——「己れの命を救うために信ずるところを捨てるのはなげかわしいことである。」彼女は、にもかかわらず女の服を再び身につけることを拒まなかった。「私を居心地のよい安全な牢に移して下さるなら[6]、私は良い子になりましょうし、教会が望まれることはなんでもいたしましょう」と彼女はかねてから言っていたのである[3]。

司教は、出がけに、ウォリックとイギリス人の集団に出会った。すると、彼は自分を良きイギリス人に見せようとして、彼らの言葉で言った——「さよなら、さよなら、

Farewell, farewell」。この陽気な別れの言葉の意味はほとんどこう言うに等しかった――「さよなら、さよなら、すべてが終った。」[7]

火曜日、判事たちは大司教の館で、陪席者たちからなるありのままの集会を開いたが、彼らのうちの一部の者らは初期の審問に列席しただけで、他の者らは一度も列席したことがなく、そのうえ司祭、法学者および三名の医師にいたるまで、あらゆる種類の人々がそこに含まれていた。判事たちは出席者たちにことの経過を説明し、彼らの意見を求めた。その意見は、期待されていたところとはおよそ異なって、女囚をもう一度呼び出してその悔い改め宣誓証書を再度読み聴かせるべきである、というものであった。そういうことが果して判事の権限に属しているかどうか疑問だった。兵隊たちのあの激昂のただ中で、剣に囲まれていては、もはや実際のところ判事も、可能な裁判も、ありはしなかった。血が必要だったのであり、判事の血が流されることも多分考えられないことではなかった。彼らは翌日八時に通告させるように大急ぎで一通の召喚状を作成した。彼女が出頭するのは、もはや焼かれるためでしかありえなかった。

朝、コーションは彼女のもとに告解師マルタン・ラヴニュ修道士を送り、「彼女にその死を告げさせ、彼女を悔悛の秘蹟に与らせ」ようとした……。そして彼が哀れな女にその日死なねばならないということを告げたとき、彼女は苦しげに叫んで、ぐったりと放心したり、髪の毛をかきむしったりし始めた――「ああ！　こんなに恐ろしく残酷に扱われるなんて、これまで一度も汚されたことのない、完全に清い、私の軀が、今日焼き尽されて灰にされなければならない！　ああ！　ああ！　そんな風に焼かれてしまうくらいなら、いっそ七回も首を切られた方がまだましだわ！……ああ！　私に加えられるこの過ちと暴力の数々を、偉大な裁き主の神に訴えます！〔8〕」

苦しみのこのような爆発が収まると、彼女は自分を取り戻して告解し、それから聖体拝領を願い出た。修道士は困惑した。しかし意見を求められた司教は彼女に聖体拝領と「そして彼女の願いはことごとく」叶えてやってもよいと答えたのだった。こうして、コーションが彼女を再び罪に陥った異端者と判断してこれを教会から締め出したちょうどそのときに、彼は教会がその信徒たちに与えるものをことごとく彼女に与えていたのである。多分最後の人間的な感情がこの悪しき裁判官の心のなかに高まったのであり、彼はこの哀れな被造物を絶望させたり地獄に堕したりすることなく、火刑にするだけで十分だと考えた。また多分この悪しき裁判官は、神をも恐れぬその精神の軽薄さから秘蹟を、結局のところ責苦に耐えるものの気を鎮めてこれを黙らせることしかできない取るにたらぬものとして、許したのである。その上、まずそっと事を運んでみようとして、ストラも明りもないまま聖体が持ってこられた。しかし修道士はそれに不平をとなえた。またルーアンの教会は、正式に事の次第を知らされて、コーションの判断について教会がどう考えるかを進んで証言した。教会はたくさんの松明《たいまつ》および多数の聖職者とともにキリストのからだを送り、聖

職者は連禱を唱え、ひざまずいている民衆に向って道々「彼女のために祈れ」と呼びかけた。(9)

涙にかきくれながら聖体拝領を終えると、彼女は司教を認めて彼にこう言った――「司教様、私はあなたのおかげで死ぬのです。……」またさらに――「もしあなたが私を教会の牢に入れて教会の監守を付けて下さっていたなら、こんなことにはならなかったはずです……。だから私は神の御前にあなたのことを訴えます！」(10)

それから、立会人たちのあいだに、彼女に説教した人々のひとりであるピエール・モリス(4)を見つけて、彼に言った――「おお！　ピエール様、今晩私はどこにいるのでしょうか。」――「お前は主にしっかり希望を抱いてはいないのか。」――「ああ！　そうでした。神が助けて下されば、私は天国にいることでしょう！」

九時だった。彼女は再び女の服を着せられて荷馬車に乗せられた。彼女のかたわらには、告解師マルタン・ラヴニュ修道士が、もう一方の側には獄吏マシューが立っていた。すでに大きな愛と勇気とを示してきた聖アウグスチヌス会修道士イザンバールは、彼女の傍を離れようとはしなかった。(5)あの哀れなロワズルール(6)も二輪馬車の上にやってきて彼女に赦しを乞うたということが確認されている。イギリス人たちはウォリック伯爵がそこに居合わせなかったら彼を殺していたかもしれない。(11)

おそらく聖週間のあいだに彼女の受けた誘惑を除けば、そのときまで彼女は決して絶望したことはなかった。彼女がときおり言っていたように、「あのイギリス人たちは、私を死なせるでしょう」と言いながらも、ほんとうにそうなるとは思っていなかった。自分が見捨てられるかもしれないなどと想像したことは一度もなかった。彼女は自らの〈王〉を、フランスの善良な民衆を、信頼していたのである。彼女はかつてはっきりとこう言っている――「牢獄か裁判で、何か混乱が起きるでしょう。それによって私は解放されるでしょう……大いなる勝利へと解放されることでしょう[12]！……」しかし王と民衆とがもしも彼女を助けてくれなければ、そのときは彼女には、それらとはまったく異なって強力で確実な、別の助け手が、天上の女友達の助け、やさしくなつかしい聖女たちの助けがあった……。かつて彼女がサン・ピエール〔・ル・ムーチエ〕を包囲していたとき、味方は敵襲に際して彼女を置き去りにしたが[7]、聖女たちは目に見えない軍隊を彼女の援軍として送ったのである。どうして彼女らが自分たちに従順なこの娘を見捨てるだろうか。聖女たちは何度も彼女に《救い》と《解放》とを約束したのだ！……

　彼女がほんとうに死なねばならないことを知ったとき、荷馬車の上にあがり、槍や剣で武装した八百名のイギリス軍の警護のもと、ゆらめく群集の間を抜けて運ばれていったとき、彼女は一体なにを考えていただろうか。彼女は泣き悲しんではいたが、それでも彼女の〈王〉のことも、彼女の聖女たちのことも、責めたりはしなかった……。その口からはたった一言洩れ出ただけだった――「ああ！　ルーアン、ルーアン！　それでは私はここで死ななければならないのね。」

この悲しい道行きの終着点は魚市場となっていたヴィユー・マルシェ広場だった。三台の桟敷がしつらえられていた。その一つの上には司教および王族の席があり、英国枢機卿の玉座がその配下たる高位聖職者たちの席のあいだに置かれてあった。もう一つの台の上では、この陰鬱な劇の登場人物である説教者、判事たちと代官[8]、そして最後に受刑者がそれぞれの役を演ずるはずであった。少し離れて、薪を積み上げ積み重ねた大きな石膏《せっこう》台が見られた。火刑用の薪の山は何らひとの涙を誘いはしなかったが、その高さで人を怖れさせた。それはただ単に刑の執行をより荘重にするためのものではなく、そこには一つの意図があった。つまり、薪の山がこのように高く積み上げてあると、死刑執行人は、ただ火をつけるためだけに、台の下の方からそこに近づくのみであり、そうなれば彼が他の受刑者たちに対して、彼らを炎から免れさせることによっていつもしてやっているように、苦痛を短くしてやることも[13]、苦しみに耐えている人間の息の根を早く止めてやることもできなくなる、そのようにするためであった。ここでは、裁判をごまかすとか、死体を火中に投げこむとかが問題なのではなかった。彼女がほんとうに生きながら火に焼かれること、この薪の山の頂きに立たされ、そして槍と剣の輪を見おろしながら、彼女が広場全体から観察されうるということが期待されていたのだ。ゆっくりと、興味津々たる群集の目のまえで時間をかけて焼かれれば、ついには彼女も何か弱みを不意に捕えられることになるだろうし、否認ととられうるような何かが彼女の口から洩れるかもしれないし、少なくとも否認と解釈することの可能なわけのわからない言葉が、そして取り乱した女から出るような、多分口ごもった祈りとか、赦しを求める卑屈な叫びとかが、その口から飛び出すかもしれないと考える理由があった[9]……。

イギリス人側に立っていたある年代記作者は、ここではイギリス人たちを無慈悲に責めている。それを信じるならば、彼らは「民衆の疑いをはらすために」彼女の衣服がまず焼かれ、受刑者が裸のままになり、ついで火が遠ざけられて、みんなが彼女を見に来る、「そして女にありうる、あるいはあるべきすべての秘密」を見る、そしてこの恥知らずで残忍な見せびらかしのあと、「死刑執行人がそのあわれな屍体に再び盛大に火をかける……」ことを望んでいた、というのである[14]。

恐ろしい儀式は説教によって始まった。パリ大学の叡知を代表するもののひとりであるニコラ・ミディ師[10]が「教会の一つの肢《えだ》が病んでいれば、教会全体が病んでいる」という有難いテキストにもとづいて説教した。その哀れな教会は自ら一肢を断ち切ることによってしか癒されなかったのだ。彼は形式に従ってこうしめくくった――「ジャンヌよ、安らかに《行きなさい》、教会はもはや《お前》を守ることはできない[11]。」

そのとき教会の判事、ボーヴェの司教は、悔悛の情を引きおこすために、彼女が自分の魂のことに専心し、犯したすべての悪事を思い出すよう優しく彼女に勧告した。陪席判事たちは司教が彼女にその悔い改め宣誓書を当然再読するものと判断していた。司教はそんなことは何もしなかった。彼は否認や異議申し立てを恐れていたのである。しかし哀れな娘はそのようにどこまでも自分のいのちを守ろうなどとはほとんど全く考えていなかった、彼女にはまさに他の考えがあったのである。悔悛を勧告されるまえにさえ、彼女はひざまずき、神と、聖処女〔マリア〕と、聖ミカエルおよび聖カトリーヌの名を呼び、すべての者を赦すとともに赦しを乞い、居並ぶ者たちにこう言った――「私のために祈って下さい！……」彼女は自分の魂のためにおのおのがミサをあげてくれるようにと特に司祭たちに訴えた。その態度がすべてまことに敬虔で、まことに謙遜でまたまことに感動的だったので、感極まった人々はもはや誰ひとりとして自分の気持を抑えることができなかった。ボーヴェの司教は泣き始め、ブーローニュの司教は泣きじゃくり、そしてついにはイギリス人たちまでもが悲嘆にくれて涙を流し、ウィンチェスターも例外ではなかった[15]。

気力も萎えてただの娘にもどった不倖せな女が、解放を約束されながらも明らかに欺かれていたこと、自分が間違っていたことが、よく分りましたと、もし告白したのだとしたら、それは、すべての人が感動し、涙を流し、弱気が人々のあいだに伝わっていった、あの瞬間においてだったのだろうか。我々はそのことについてはイギリス人の興味深い証言を過度に信ずることはできない[16]。とはいえ、どんなに僅かでも人間性について理解していれば、このように期待が裏切られて、彼女がその信仰において動揺しなかったかどうか疑ってみるのではなかろうか……。彼女は言葉を口にしたのだろうか。それは不確かである。しかし私は彼女がその言葉を考えたと断言する。

その間判事たちは、一瞬の狼狽ののち己れを取り戻して決意を固めた。ボーヴェの司教は目を拭《ぬぐ》って、判決文を読み始めた。彼はこの罪人に、彼女が犯したすべての罪、離教、偶像崇拝、悪魔への祈願、を思いおこさせ、彼女がいかにして悔悛の秘蹟を許されたか、またいかにして彼女が「いつわりの君主に誘惑されて、再び罪に落ちたか」を思いおこさせた。「ああ苦しみよ！《あたかもおのが吐物に立ち戻る犬のように》……。よって我らは汝を腐敗せる一肢であり、そのようなものとして教会から取り除かれることを宣言する。我らは汝を俗権の手にゆだねる。《但し俗権が死と肢体切断とを汝に免れしめてその裁きを軽減することを祈りつつ。》」

このように教会から見捨てられて、彼女は神へのまったき信頼に立ち戻った。彼女は十字架を要求した。ひとりのイギリス人が棒きれで作った木の十字架を彼女に手渡した。それでも彼女はうやうやしくそれを受けとり、それに口づけして、その手ざわりのあらい十字架を己が衣服の下、肌の上にさし入れた……。しかし彼女は死にいたるまで目の前に捧げてもらえるように、できれば教会の十字架が欲しいと思った。善良な獄吏マシューとイザンバール修道士はできるだけのことをして、サン・ソヴゥール教区から彼女に十字架をもってこさせた。彼女がその十字架に口づけをし、イザンバールが彼女を励ましていると、イギリス人たちはことが長くなると思い始めた。少なくとも正午には終るべきだった。兵士たちは小言を言い、隊長たちはこう言った――「どうしたんだ！　坊主ども、お前らはわしたちにここで夕めしを喰わせる気か。……」そこで、辛抱しきれなくなって、彼女を死に追いやる権利を持つ唯ひとりの人である代官の命令を待たずに、彼らは司祭たちの手から彼女を奪いとるために、二名の執行吏を台上にのぼらせた。判事席の足下で、彼女は武装した兵士に捕えられ、その兵士たちは「観念しろ……」と言いながら彼女を死刑執行人のところにひきずっていった。兵士たちのこうした憤りはあたりを縮み上らせた。何人もの陪席者たち、はては判事たちさえもが、もうこれ以上見ないでおこうとして、逃げ出した。

彼女が下に降ろされ、手をかけているイギリス人たちの間にはさまれて広場のなかに置かれたとき、顔色は青ざめ[12]、また皮膚はけいれんしていた。彼女は再びこう叫んだ――「ああ、ルーアンよ、お前が結局私の最後の住処になるなんて！……」彼女はもうそれ以上のことは言わず、恐怖と混乱とのこの瞬間に、《己れの唇で罪を犯さなかった[13]》……。

彼女は王をも、聖女たちをも責めなかった。しかし火刑台の高いところにのぼらされて、この大きな町、動かず沈黙しているこの群集を見たとき、彼女はこう言わないではいられなかった――「おお！　ルーアンよ、ルーアンよ、お前が私の死について苦しまねばならないのではないかととても心配です！」民衆を救い、その民衆に見捨てられた女が、その死に臨んで（何という驚嘆すべき心根の優しさであろうか！）その民衆に対する憐憫しか表わさなかったのである……。

彼女は不名誉な貼札の下に、紙帽子をかぶされてしばりつけられた、そこにはこう読めた――「異端者、もどり異端、棄教者、偶像崇拝者……。」そのとき死刑執行人が火をつけた……。彼女はそれを上から見て叫び声を上げた……。それから、彼女を励ましていた修道士がその炎に注意を払わないので、彼女は自分自身のことなど忘れて、彼を下に降ろさせた。(14)

そこまで彼女が前言を何一つ明瞭には取り消していないことをたしかに証明するのは、みじめなコーションが（多分すべてを司る悪魔の威丈高な意志によって）彼女の口から或る言葉を引き出してみようとして、火刑台のすぐ下まで行き、彼の犠牲になった女の顔のすぐそばまで近寄らねばならなかったという事実である……。彼は彼女から絶望的なひと言しか得られなかった。彼女はすでに言ったことを優しい口調で彼に言った――「司教様、私はあなたのおかげで死ぬのです……。もしあなたが私を教会の牢に入れて下さっていたら、こんなことにはならなかったかもしれません。」自分の王様に見捨てられたと思いこんだ彼女が、最後には王を責めて王を悪しざまに言うことになるだろう、と多分期待がかけられていた。彼女はなお王を擁護した――「かりに私のやったことが正しかったとしても、また正しくなかったとしても、私の王様はそれには何の関係もありません。私に意見を述べられたのは王ではないのです。」

そのうちに炎がのぼってきた……。その炎が彼女にとどいたとき、不幸な女は震えて聖《水を》乞うた。《水を》、それは明らかに恐怖の叫びであった……。しかしすぐに立ち直って、彼女はもう神の名しか呼ばなかった、それと彼女の天使たちと聖女たちの名しか――「そうです、私の聞いた声は神からのものでした、私の声は私をだましませんでし[17]た！……」曖昧なことがすべて炎の中で途絶えてしまえば、彼女が約束された《解放》として死を受け入れたこと、それまで考えてきたように《救い》をユダヤ的な物質的な意味にはもはや理解しなかったこと、彼女がついにはっきりと見えたこと、そして闇から抜け出て、それまで彼女に欠けていた光と聖性とを手に入れたことを、それは我々に信じさせるにちがいない[15]。

こうした偉大な言葉は、強いられて宣誓した死の証人、彼女とともに火刑台上にのぼり、彼女が降ろさせたけれども下から彼女に話しかけ、彼女の言葉をきいて彼女に十字架を捧げていたドミニコ会修道士によって確認されている。

我々にはこの聖なる死についてのもうひとりの証人、非常に重要な証人がいる。歴史がその名をとどめなければならない人物、それはすでに言及した聖アウグスチヌス会修道士イザンバール・ドゥ・ラ・ピエールである。裁判において、彼は〈乙女〉に助言したために危く殺されそうになったのだが、それにもかかわらず、イギリス人たちの憎しみの的にされながらも彼女とともに荷馬車に乗ろうとし、彼女のために教会から十字架をもってこさせ、あの怒り狂った群集のまっただ中で、さらには処刑台上そして火刑台上で、彼女に付き添ったのである。

それから二十年後、ふたりの聖職者、無位の修道士、清貧の誓いをたててこの世には獲得すべきものも恐れるべきものも何一つない男たちが、次に記すようなことを供述する——「我々は」と彼らは言う、「あの火の中で、彼女が聖女たちと、彼女の天使に加護を祈るのをきいた。彼女は救い主の御名を繰り返した……。最後に、首《こうべ》をがっくりと落として、こう大声で叫んだ——〝イエスス様！〟と。」

「一万人もの人々が泣いていた……。」ただ何人かのイギリス人だけは笑うかあるいは笑おうと努めていた。そのなかの、誰よりも激怒していた者たちのひとりは、火刑台に薪束をくべてやるのだと罵っていたのだが、この男が薪束をくべた瞬間に彼女が息絶えたので、彼は気を失ってしまった。仲間たちが彼に酒を飲ませて元気をつけてやるために彼を居酒屋に連れていった。しかしその男は回復しなかった。「俺は見たのだ」と彼は放心して言った、「俺は、あの女の口から、そのいまわの息と一緒に、一羽の鳩が舞い上るのを見たのだ。」他の人々は彼女の繰り返した「イエスス様」という言葉を炎の中に読んだ。死刑執行人は夕方イザンバール修道士に会いに行った。彼はすっかり恐れおののいていた。彼は懺悔した、しかし神がいつか自分を赦してくれるとはどうしても信じられなかった……。彼イギリス王のある秘書は帰る途《みち》すがら大声で言った――「もう駄目だ、我々は聖女を焼き殺してしまった！」

結語[18]

敵の口から洩れたそのような言葉もやはり重要である。それはいつまでも残るであろう。未来も決してそれを打ち消しはしないだろう。左様、〈宗教〉からいっても、〈祖国〉からいっても、ジャンヌ・ダルクは聖女だったのだ。

この動かしがたい物語以上に美しい伝説があるだろうか。[19] しかしそれから一つの伝説を作り出すことのないように充分に注意しなければならない。[20] そのすべての様相を、最も人間的な部分をも含めて敬意をもって保存し、その感動的なまた恐ろしい現実を尊重すべきである……。

小説的な精神がもし敢えてそれに手を加えるというのであれば、やってみるがいい。詩は決してそういうことはしないだろう。[21] ああ！　一体詩が何をつけ加えるというのか……。全中世を通じて、詩が伝説から伝説へと求め続けてきた理想、その理想はついに一つの人格となった。その夢、人はそれに触れた。騎士たちが呼び求め、上から来るのを待ち望んでいたいくさの救い主なる聖処女、彼女はこの世にいたのである……。誰のうちにか。奇蹟である。軽蔑されていたものの中に、もっとも慎ましいと思われたものの中に、ひとりの女の子の中に、田舎の素朴な娘、フランスの貧しい民衆の中に生まれた素朴な娘の中に、である。[22] 何故なら、そこに一つの国民がおり、一つのフランスがあったからである。この過去の最後の人物はまた新たに始まった時代の最初の人物でもあった。その人物のうちに聖処女が……そして同時に〈祖国〉がすでに現われたのである。

あの偉大な事件の詩とはそのようなものであり、その哲学、崇高な真実とはそのようなものである。しかしその歴史的な現実もやはり確実なのである。それはあまりに実証的でありすぎ、残酷すぎるほど検証されたにすぎなかった……。すべての人々が超自然と判断した、この生ける謎、この神秘的な被造物、ある人々によればある朝舞い上る[23]に違いない天使やあるいは悪魔、それが、ひとりの女であり、ひとりの若い娘であり、翼などもっておらず、我々と同様に死すべき肉体につながれていて苦しみ、そして死なねばならなかったということが分ったのである、しかもなんという恐ろしい死を！

しかし理想が存在しまた輝くのは、下劣とも思われるまさにそうした現実においてであり、人間性の辛い試練においてなのである。同時代の人々自身が、そこにパリサイ人たちのあいだにあるキリストを認めた[24]……。とはいえ我々はそこにさらに別のもの、聖処女の受難、清らかなる者の殉教を見なければならないのである。

殉教者はたくさんいた。歴史は多少とも純粋で、多少とも輝かしい、無数の殉教者の名を挙げる。高慢な者には彼に殉ずる者らがいた、しかしそこには憎悪や論争の精神があった。いかなる世紀も戦闘的な殉教者にはこと欠かなかったが、彼らは敵を殺すことができなかったとき、おそらくは喜んで死んだのである……。そのような熱狂性はここにはまったく見られない。あの聖なる娘はおよそ彼らの一族ではない。彼女にはそれとは別のしるしがあった——善意、慈愛、やさしい心、である。

彼女には古代の殉教者たちのやさしさがあった、しかし異なった点が一つあった。初期のキリスト教徒たちは行動を回避し、闘争やこの世の試練を免れることによってしかやさしく清らかであることができなかった。彼女は最も熾烈な戦いのなかでやさしく、悪人どものあいだで善良であり、いくさのなかにあってさえ平和的だった。いくさという悪魔のこの勝利に、彼女は神の精神をもちこんだのである。

彼女は「フランス王国にあった悲惨さ」を知ったとき、武器をとった。彼女は「フランスの血が流れる」のを見ていることができなかった。その心のやさしさを、彼女はすべての人に対して抱いた。彼女は勝利のあとで泣き、傷ついたイギリス人を介抱した。

純粋さ、やさしさ、雄々しい善良さ、このような魂の最高の美点がフランスのひとりの娘のうちに共存していたということ、そのことに、習俗のかろやかさによってしか我が国民を判断したがらない外国人たちは驚くかもしれない。彼らに言おうではないか（そして偏見なしに、それらすべてが我々からはるかに遠く隔たってしまったこんにち）、そうしたかろやかさの下に、その狂気と悪徳のあいだにあってさえ、古きフランスが極めてキリスト教的な国民と呼ばれたのは理由のないことではなかったのだ、と。フランスは確かに愛とやさしさとの国民だった。このことを人間的に理解しようが、あるいはキリスト教的に理解しようが、二重の意味で、それはつねに真実であり続けるだろう。

フランスの〈救い主〉はひとりの女でなければならなかった。フランスは女そのものだった。フランスには女の移り気があった、しかしまた愛すべきやさしさも、自由自在で魅力的な憐憫の情も、そして少なくとも最初の反応における卓越さもあった。フランスが虚しい優雅さと外面的な洗練に満足を覚えていたときでさえも、要するにこの国はつねに自然により近かった。フランスの男は、かりに欠点があっても、他のいかなる国民にもまして良識と良き心とを保持していたのである[25]……。

新しきフランスは古きフランスの言葉を忘れないでいて欲しいものだ——「《善良であること》にどれほどの栄誉があるかを知っているのは、偉大な心の持主だけである[26]！」人間の不正と神の摂理の苛酷さとのあいだにあって、善良であることまた善良であり続けることは、単に恵まれた性質の賜物であるにすぎないのではない、それはまた力と雄々しさとによるものである……。実に多くのとげとげしい口論の中でやさしさと親切心とを守りとおすこと、この内面の宝に触れさせないで経験を乗り切ること、それは神聖なことである。頑張り続けて最後までそのように歩む人々こそ、真に選ばれた者たちである。しかもなおそういう人々が人生の困難な小路で、自らの失敗のなかで、自分の弱さや自分の《幼児性》〔27〕にときとしてぶつかるかもしれない。それでもやはり、彼らは神の子であり続けるであろう！

註

一、文章後尾に〔CL〕とあるのはクラスィック・ラルース版、ジュール・ミシュレ『ジャンヌ・ダルク』Jules Michelet, *Jeanne d'Arc*, éd. Classique Larousse の当該個所につけられたフェリクス・ギラン Felix Guirand の註の訳である（ただし、必要と思われないものは訳出を控え、またその一部に訳者の註をつけ加えたり、文脈を変更したりしているものもある）。

一、レジーヌ・ペルヌーの書とは Régine Pernoud, *Jeanne d'Arc par elle-même et par ses témoins*, éd. du Seuil, 1962 であり、これを〔A〕と記す。さらに同一著者による *Jeanne d'Arc*, coll. Le temps qui court, éd. du Seuil, 1959 は〔B〕と記す。

一、リュシアン・ファーブルの書とは Lucien Fabre, *Jeanne d'Arc*, éd. Tallandier, 1947 である。

一、エマニュエル・ブラサンの書とは Emmanuel Bourassin, *Jeanne d'Arc*, éd. Librairie Académique Perrin, 1977 である。

一、貴重な訳文をたくさん引用させていただいた『処刑裁判記録』の邦訳書は、高山一彦氏編訳『ジャンヌ・ダルク処刑裁判』現代思潮社、一九七一年刊である。心から感謝申し上げる。同書は〔PC〕と略させていただく。

一、人名辞典の類としては、Robert, Dictionnaire Universel Des Mots Propres／Dictionnaire Hachette, Langue Française/Encyclopédie/Noms Propres／『岩波西洋人名辞典』（増補版）岩波書店／『コンサイス人名辞典』（外国編）三省堂 他を使用した。

原　註

I　ジャンヌの子供時代とその召命

〔1〕その実例は数え切れない。ここではララン Lalaing の奥方たち（一四五二年、一五八一年）をあげるにとどめよう。第二の奥方は十六世紀最大の武将パルム公を敵にまわしてトゥルネを防衛した〔ラランの奥方とはエペルノワ公妃で、第二の奥方とは、一五八一年トゥルネの支配者である夫の不在中パルム公の包囲に対して最後まで町を守った公妃を指す〕。Reiffenberg, Barante ベルギー版（第六版）註V, 341.

〔2〕拙著『フランス史』第二巻を見よ。

〔3〕「そして女たちはまるで悪魔のように、ありとあらゆる残忍さを身につけており、そのうちの多くのものが戦闘で殺され、死体となって発見された。」モンストゥルレ〔十五世紀フランスの年代記作者〕『年代記』Monstrelet, t. IV, p. 366.

〔4〕『パリ市民の日記』*Journal du Bourgeois de Paris* 第十五巻、一一九―一二二頁〔リュドゥレールは三八三―三八七頁と訂正している〕。ダルティニー、ヴォルテール、ボーマルシェらは、このリシャールがジャンヌ・ダルクに自分の考えをふきこみえたと考えていた。ベリ

ア・サン・プリ Berriat-Saint-Prix 氏の『乙女の物語』*Histoire de la Pucelle* 二四二—二四三頁の断固とした反論を参照のこと。

〔5〕Meyer, *Annales Rerum Flandricarum*, f. 271 verso.

〔6〕「ブルトン語を話すブルターニュ出身の男」《De Bretaigne bretonnant.》『パリ市民の日記』第十五巻、一三四頁〔リュドゥレールは四一一—四一二頁と訂正〕、一四三〇年。

〔7〕*Notices des mss.*, t. III, p. 347.

〔8〕『裁判記録』ビュション版 Procès, éd. Buchon. 一八二七年刊、八七頁。

〔9〕『パリ市民の日記』第十五巻、四一一頁〔リュドゥレールは四二八頁と訂正〕、一四三〇年。ジャン・シャルチエ Jean Chartier 四七頁。

〔10〕J・ゲール『キリスト教神秘学』*Mystique chrétienne* de J. Goerres およびミュンヒェン『歴史政治誌』Historisch-politische Blaetter, 1839 所載のギド・ゲール氏 Guido Goerres の論文参看。その観点が我々のそれといかに隔っていようとも、このように不思議な事実には最もまじめに注意を払わねばならない。

〔11〕『包囲戦正史』*Histoire au vray du siège*. 九二頁、一六〇六年版。

〔12〕ドンレミ Domremy はもう一つあるのだが、それはムーズ川からは遠い。

〔13〕一〇九〇年のある公文書は、現在のドンレミ・ラ・ピュセル（〈乙女〉の村、ドンレミ）を修道院の所有地の一つとみなしている（M. Varin, *Archives administratives de Reims*, p. 242.）。以後、この土地は譲渡されたのだが、この村の司祭は、長い間サン・レミ Saint-

Remy 修道院の任命にまかされていたと思われる (M. Varin, d'après D. Martel, *Hist. mss. de Reims*)。このことは見かけ以上に重要である。つまり〈乙女〉は昔のサン・レミの封土に生まれたのだという事実から、ジャンヌの抱いたランスの思いつき、祝聖式の思いつきが、彼女の任務につねにつきまとっていた理由がよりよく理解されるのである。彼女はシャルル七世を、彼が祝聖に与るまで《王太子様》と呼んでいた。

〔14〕いくつかの文献のなかでもとくにヴァラン氏の『ランス古文書』のすぐれた序文、二三一―二四頁〔リュドゥレールは XXIII-XXIV と訂正〕参看。

〔15〕ジャック・ダルク Jacques Darc は〈乙女〉の兄弟の後裔、ジャン・オルダル Jean Hordal による表記である。オルダル『ジャンヌ・ダルクの物語』Hordal, *Johannæ Darc historia*, 1612. それ以来アルク村からこの名が引かれることはめったにない。

〔16〕モンティエ・アン・デル Montier-en-Der〔マルヌ川上流ショーモンに近い町。現在はオート・マルヌ県に属す。古くはシャンパーニュに属していた。〕最近あるドイツ人がこの家族を、イタリアの名家の出であるとみなす方法を思いついた、といわれている。

〔17〕シャルル五世は一三六五年にこれを王権と不可分なものに合併した。「いまもシャンパーニュではヴォクルール Vaucouleurs の近傍に大きな石がいくつも見られるが、それはアルベール帝とフィリップ美男王とが彼らの国の境界石として立てさせたものである。」ヴォクルール修道士『ヴォージュ人の地理事典』*Dict. géogr. de Vosgien*. 一七六七年版、Lebrun de Charmettes, t. I, p. 323.

〔18〕我々は今日でも、ジャンヌ・ダルクが住んでいたつつましい家の入口の上に、三種類の楯形紋章が刻まれているのを見る。その一つはルイ十一世のもので、彼はその家を飾らせた。二番目は、おそらくデュ・リス Du Lis という異名をもつ〈乙女〉の兄弟たちのうちの一人に与えられたものである。三番目の楯には一つの星と三つの農具としての犁《すき》（べら）があらわされており、それらは〈乙女〉の使命と、彼女の両親のつつましい身分とを示している。Vallet, *Mémoire adressé à l'Institut historique sur le nom de la famille de la Pucelle.*

〔19〕ロメ *Romée* という名は、中世にはしばしばローマに巡礼したものにつけられていた〔彼女はドンレミ村に近いヴートン Vouthon 村の出身〕。

〔20〕この名〔Jean〕は中世において多くの著名人の名でもあった。永遠の福音書の著者とされるJean de Parme, Jean Fidenza（Saint Bonaventure）, Jean Gerson, Jean Petit, Jean d'Occam, Jean Huss, Jean Calvin 等々。

子供たちにこのような名を与えていた様々な家族には、一種の神秘的な傾向がうかがわれるように思われる。名前の選択ということは、宗教的な諸時代にあっては、独得の重要性をもっている（拙著『法の諸起源』*Origines du droit* 参看）。とりわけ中世のキリスト教徒においてはなおのことであり、彼らは子供をその名前をもつ聖人の守護のもとにおいたのである。ジャンなる名についてはすでに『フランス史』第二巻（第一章）で、ジャンとジャックの対比については同第四巻で述べた。

〔21〕「何か技芸や仕事を習ったことがあるかと問うと、はい、母が裁縫を教えてくれました。

ルーアンには他のことを自分に教えてくれた女の人がいたとは思いません。牝羊その他の家畜の番に野原へ行くことはしませんでした。……成長して物心がついて以来、家畜の番をしたことはありませんが……幼い時に家畜の番をしたかどうかは覚えていませんと答えた。」『裁判記録』一四三一年二月二十二日、二十四日の訊問、ビュション一八二七年版、五八、六九頁。ジャンヌのこの証言の方を再審裁判のときの証人の証言よりも選ぶべきであろう。再審裁判の時の証人はそのうえずっと後になって語るのだから。

〔22〕「母以外の誰も自分の信仰を授けてくれなかった。」二月二十二日〔二十一日の誤り〕、同前、五五頁。

〔23〕「彼女の父の家に泊って仲良く寝た。」《Stetit et jacuit amorose in domo patris sui.》オメット Haumette の証言。Procès ms. de Révision.

〔24〕「ほんとうに、多くの女たちにあることがいわゆる乙女には……決してなかった。」彼女の老従者ジャン・ドーロン Jean Daulon の供述。Procès ms. de Révision.

〔25〕「彼女の父親の家の戸口から見えていた。」『裁判記録』一四三一年二月二十四日の訊問、ビュション一八二七年版、七一頁。

〔26〕同前、六九頁。

〔27〕「彼女らの罪のために」《Propter earum peccata.》Procès de Révision. ベアトリクス Béatrix の供述。

〔28〕『ボランディスト聖人伝』les actes des Bollandistes. 七月二十日参看〔ボランディストは

大部分がイエスス会士で、十七世紀以来聖人伝の集録に着手した〕。聖女マルグリートは、大蛇の姿をした悪魔が現われるのを目にしたとき、手で十字を切ることによってそれを退散させた。彼女は《男の服を着て》その夫の家から逃げ出した。「髪を刈りあげて男の服を着て」《Tonsis crinibus in virili habitu.》『諸聖人黄金伝説』Legenda aurea Sanctorum. cap. CXLVI, éd. 1489.

〔29〕この〈乙女〉は《葉のない》chenu 木の森から来たにちがいない。さてジャンヌ・ダルクの村のすぐ入口のところにそれと同じ名の森があった——「乙女がロレーヌ地方の或る《白くなった》Canuto 〔=chenu〕森から来るはずだった。」《Quod debebat venire puella ex quodam nemore *canuto* ex partibus Lotharingiæ.》ルーアンの訊問における最初の証人の供述。*Notices des mss.*, t. III, p. 347.

〔30〕『裁判記録』二月二十二日の訊問、ビュション一八二七年版、五九頁。

〔31〕同前。

〔32〕『裁判記録』三月十五日の訊問、ビュション一八二七年版、一二三頁。

〔「聖ミシェルはどんな教えを話したのかと問うと、何よりも自分が善良な娘であれという事と、神が自分に力をかし給うであろうと教えてくれた。とりわけ自分がフランス王を救いに行くであろうと告げた。この天使が教えてくれたことは大部分この記録に記されている。天使はまたフランス王国が陥っている憐れむべき状態について語ってくれた、と答えた。」（牢内の審問）〕〔PC〕

〔33〕 同前、二月二十七日、七五頁。

〔34〕 「ときどきひどく内気で」《Sæpe habebat verecundiam.》 etc. Procès ms. de Révision. オメットの供述。

〔35〕 彼女は鐘音に対して一種の情熱をもっていた——「熱心に鐘を叩けるように……仕事を与えようと約束した。」《Promiserat dare lanas...ut diligentiam haberet pulsandi.》 Procès ms. de Révision. ペラン Perin の供述。

〔36〕 『パリ市民の日記』一八二七年版、第十五巻、三八七頁。

〔37〕 『裁判記録』三月十二日の訊問、一八二七年版、九七頁〔リュドゥレールは一〇〇頁と訂正〕。

〔「同じく、父が兄達に次のように言ったということを母から聞いたと述べた。『儂《わし》がジャンヌのことで夢に見たようなことが起きるくらいなら、あの娘を溺れさせてやりたい。お前達にできないなら儂自身でやってやる!』」（牢内の審問）」〔PC〕

〔38〕 「彼女に平手打ちをくらわせて」《Daret ei alapas.》 *Notices des mss.*, t. III, p. 301.

〔39〕 「彼女は立ち去るのを知らなかった。……そしてひどく泣いた……」《Nescivit recessum...Multum flevit...》 Procés ms. de Révision. オメットの供述。

〔40〕 「みすぼらしい赤い服で」《Pauperibus vestibus rubeis.》 同前、〔ボードリクールの配下である〕ジャン・ドゥ・メッス Jean de Metz の供述。

〔41〕 『裁判記録』三月十二日の訊問、一八二七年版、九七頁。

〔「同女に現われた聖者や聖女達について、司祭やその他の聖職者に打ち明けたことはないのかと訊ねると、打ち明けたことはない。打ち明けたのはロベール・ド・ボードリクールと王だけである、と答えた。」（牢内の審問）〕〔PC〕

〔42〕「ストラを持って……誓った。」《Apportaverat stolam…adjuraverat.》同前、車大工の妻、カトリーヌの供述。

〔43〕この重要な点に関してはルブラン Lebrun とラヴェルディ Laverdy を比較のこと。私には、ある人々の主張するように、ジャンヌが善良で正直なアンドレ・オフェール André Hofer に《選ばれ指名された》とはとても考えられない（Lewald, Tyrol, 2r band, 1835, Müinchen）が、隊長ボードリクール Baudricourt が王に意見を求め、王の義母ヨランド・ダンジュー Yolande d'Anjou がこの娘を利用できるかもしれないということでロレーヌ公と了解し合った、というふうに考えることには大いに賛成である。後に見るように彼女は出発に際して公から励ましを受け、到着したときはヨランド妃に歓迎されるのだから。

〔44〕『ロレーヌ年代記』Chronique de Lorraine, ap. D. Calmet, *Preuves*, t. II, p. 6.〔リュドゥレールは III, VI と訂正している。〕

〔45〕「フランス人十六人に価する馬一頭を」《Equum pretii XVI francorum.》Procès ms. de Révision. ジャン・ドゥ・メッスの供述。

〔46〕「天国の彼女の兄弟たち」《Sui fratres de paradiso.》Procès ms. de Révision. ジャン・ドゥ・メッスの供述。

〔47〕 同前、修道士セガン Séguin の供述。

〔48〕 彼女は一四三一年の二月にこう述べている――「十九歳かそこらです。」一四三一年二月二十一日の訊問、公開審理、一八二七年版、五四頁。さらに二十人の証人が同じことを述べている。ベリア・サン・プリ、一七八、一七九頁にあるすべての証言の要約参看。

〔49〕 「美しいおっぱいの」《Mammas, quae pulchrae erant.》Dépositions, *Notices des mss.*, t. III, p. 373. ルブラン・ドゥ・シャルメットは彼女を完全な美人に仕立て上げたがっているようだ。イギリス人のグラフトン Grafton はこれとは逆におかしいほど怒り狂ってこう述べている。「彼女は〈乙女〉でずっといるしかないほどブスだった。」（ソノ妙チクリンナ顔ノタメ *because of her foule face*）グラフトン、五三四頁。――裁判記録の一枚のコピーの縁に見られるジャンヌ・ダルクの素描は、書記の書いたなぐり書きにすぎない。ギド・ゲール『オルレアンの娘』*Die Jungfrau von Orleans*. 一八四一年の第二版にある、王立図書館の手稿本ファクシミル参看。

〔50〕 フィリプス・ベルガム『立派な婦人たちについて』Philippus Bergam, *De claris mulieribus*, cap. CLVII. シャルル七世の宮廷で〈乙女〉を見た或るイタリア貴族による。同前〔ルブラン――リュドゥレール註〕、三六九頁。

〔51〕 「貧しい羊飼いの娘……」《Paupercula bergereta...》Procès ms. de Révision. 王家の大家令ゴクール Gaucourt の供述。

〔52〕 十五番目の証人、註、三四八頁。そんなに古くはないが、大変ありそうに思える話によ

れば、ジャンヌはシャルルだけが知っていることを彼に思い出させたのだ。つまり、ある朝シャルルはその祈禱所で、神に《もし自分が正統なる王位継承者であるなら》自分の王国を救いたまえ、と神の恵みを祈った。さもなくば、非業の死を遂げたり、囚われの身になり果てることのないよう、お恵みを、と。それが駄目なら、スペインかスコットランドに身を隠す力をお与え下さい、と。サラ『豪胆の鑑』Sala, *Exemples de hardiesse*. 王立図書館フランス語手稿本一八〇号、ルブラン第一巻一八〇―一八三頁〔リュドゥレールは三七九―八五頁と訂正〕――〈乙女〉の判事たちに対する返答、その多くは非常に分りにくいのだが、そこから次の結論が引き出されるように思われる。即ち、この馬鹿げた法廷は、彼女の単純さにつけこみ、彼女にその幻を信じさせるために、彼女の前で天使が王冠をもたらすという一種の神秘劇を演じさせたのだ、と。一八二七年版『裁判記録』七七、九四、九五、一〇二―一〇六頁。

〔53〕 *Notices des mss.*, t. III, p. 348.

〔54〕 「偉大な態度で」《Magno modo.》セガン修道士の供述。同前、三四九頁。

〔55〕 セガン修道士の供述。*Notices des mss.*, t. III. p. 349.

〔56〕 「彼らは熱い涙を流して泣いた。」*Chronique de la Pucelle*, p. 300, éd. 1827.

〔57〕 現場にいあわせた証人ヴェルサイユの供述。*Notices des mss.*, t. III, p. 350.

〔58〕 〈乙女〉が口述したこの手紙および他の数通の手紙は明らかに本物である。それらの手紙にはとうてい偽装などではありえない雄々しい個性、アンリ四世風のまったくフランス的な

力強さが見られるが、そのうえに次の二つのものがある。それは素朴さと聖《きよ》さである。ビュション、キシュラ Quicherat にあるこれらの手紙参看。〔なおこの書簡は後に訳出する。アンリ四世（一五五三―一六一〇）は、フランス、ブルボン朝初代の王。在位一五八九―一六一〇。フランス宗教戦争の中で生きぬいた王で、ナントの王令（一五九八）を発布して国民に信仰の自由を与え、ユグノー戦争を終結に導いた。対外的には平和政策をつらぬき、フランス絶対王制の基礎を固めた。が、数々の政策実施半ばにして旧教徒ラヴァヤクによって暗殺された。〕

〔59〕　ジャック・ジュリュ Jacques Gelu の手稿本によるラングレ・デュ・フレスノワ『オルレアンの少女について』Langlet du Fresnoy, *De Puella aurelianensi*, ms. lat. Bibl. regiæ, N° 6199.

〔60〕「件の乙女はシチリアの王妃に委ねられた」云々。*Notices des mss.*, t. III, p. 351.〔シチリアの王妃とはヨランド・ダンジューのこと。〕

〔61〕「私および兄にとりまして親しい〈乙女〉と名乗る良き娘は、顔を残して他はすべて武具にて固め、槍を片手に持っておりました。私共はセルに投宿して後、私は彼女の宿に彼女に会いに行きました。すると彼女はぶどう酒を運ばせ、私に、そのうちにパリでぶどう酒を飲ませてあげるでしょう、と申しました。彼女の物ごし、その容姿、その声はまったくもって神々しいものでした……。そして彼女は馬に乗り、顔を残して全身白の武具で装い、片手に小さな斧をもって背の高い黒い駿馬にまたがり……そしてすぐ目と鼻の先にある教会の扉の

方に振り向き、大変女らしい声でこう言ったのです。《司教様がた、そして教会の皆様がた、行列と神へのお祈りをお始め下さい。》そしてこう言いながら正面に向きなおったのです。《前へ引け、前へ引け。》上品な小姓は撓《たわ》んだ旌旗《せいき》をたずさえており、彼女は片手に小さな斧を持っておりました。」ラブ『ギ・ドゥ・ラヴァル Guy de Laval の母および祖父あての手紙』Labbe, *Alliance chronol.*, p. 672.

〔62〕「彼女は自分の剣を使いたくなかったし、誰かを殺したくもなかった。」《Nolebat uti ense suo, nec volebat quemquam interficere.》Procès ms. de Révision. セガン修道士の供述。

〔63〕モンストゥルレはいい加減に誇張している。彼は砦は《六十》という。南のいくつかの砦で《七千から八千》にのぼるイギリス人が殺された、とも述べている。

〔64〕すでに他のところで注意を喚起してきたが、またまもなくこの問題に触れるはずである。

〔65〕ジル・ドゥ・レ Gilles de Retz (Rais) ナントの裁判所書記課に保管されている戦慄《せんりつ》すべき書類参看。

〔66〕「そのことで隊長は彼にしかるべき許しを与えた、そしてラ・イール La Hire がもちまえのガスコーニュ訛りで祈りを捧げたとき……」『〈乙女〉に関する覚書』*Mémoire concernant la Pucelle*, collection Petitot, VIII, 127.

〔67〕Procès ms. de Révision. デュノワの供述――「ジャンヌはすべてのものが告解することを命じた……そして彼らの連れていた女たちを立ちのかせた。」『〈乙女〉に関する覚書』collection Petitot, VIII, 163.

〔68〕「ベドフォード公殿。私〈乙女〉は、あなた様が御自分の首を絞めるようなまねをなさらぬよう、あなた様にお願い申しますと共に要求いたします。あなた様が私の理をお認め下さいますなら、《あなた様は私の陣営におこしになることができます》。私たちの陣営では私たちフランス人がキリスト教世界のためにいまだかつてしたこともない最も美しい行為をいたそうとしているのです。」〔十字軍の計画と察せられる。〕『〈乙女〉の手紙』ルブランⅠ、四五〇、王立図書館、手稿本五九六五による。

Ⅱ　ジャンヌ、オルレアンを解放し王をランスで祝聖させる

〔1〕「武装して外泊したので彼女はひどく傷ついて」《Multum laesa, quia decubuit cum armis.》Procès ms. de Révision.〈乙女〉の小姓ルイ・ドゥ・コント Louis de Contes の供述。

〔2〕Procès ms. de Révision. デュノワの供述。*Notices des mss.*, III, 353.

〔3〕「彼女は少なくとも天使のように、すべての肉の欲情からは無縁の一個の創造物のように見えた。彼女は夜だけほんのわずかなパンと水で割った少量の葡萄酒を口にするほかは、下馬せず、食事もとらず、飲みものもとらず、一日中馬上にいたのだ。」様々な証言記録及びキシュラ版『〈乙女〉の年代記』*Chronique de la Pucelle* 参看。

〔4〕「イギリス軍の嘲罵は彼女にとって大層耐えがたいものだった。〈アルマニャックの淫売女〉などと呼ばれるのを耳にすると、彼女は熱い涙を流して泣き、神を証人に求めた。それ

から、自分を取り戻してこう言った。〝私は、我が主から数々の知らせを受けました。〟」(*Notices des mss.*, III, 359.)

〔5〕「民衆は彼女のあとを追って走りまわり、彼女を見、彼女をとり囲んで大喜びだった。そして彼女が気の向くままにイギリス軍の砦を見つけて観察していたとき……」(『包囲戦の真正の歴史と説話』*L'Histoire et discours au vray du siège*. 一六〇六年版、八〇頁)

〔6〕Procès ms. de Révision. オルレアンの修道士コンパン Compaing の供述。

〔7〕Procès ms. de Révision.〈乙女〉の告解師パスクレル Pasquerel 修道士の供述。

〔8〕〈乙女〉の従騎士〔ジャン・〕ドーロンの供述。(*Notices des mss.*, III, 355.)〔註は次のパラグラフに付すべきである、とリュドゥレールは註記。〕

〔9〕《Que mes cheveux ne me levassent en sus.》同前、同一人の供述。

〔10〕Procès ms. de Révision.〈乙女〉の小姓ルイ・ドゥ・コントの供述。

〔11〕同前、彼女の告解師パスクレル修道士の供述。

〔12〕「あなた方はあなた方の考えに、私は私のそれにいた。」《Vos fuistis in vestro consilio, et ego in meo.》(Procès ms. de Révision.〈乙女〉の告解師の供述。*Notices des mss.*, III, 359.)

〔13〕Procès ms. de Révision. ジャンヌが止宿した出納官ミレ Milet の妻コレット Colette の供述。

〔14〕「彼らはまるで不死身だと考えている……ように見えた。」(『包囲戦の真正の歴史と説話』六七頁)

〔15〕「彼女は恐れ、泣いた。……彼らは脂と一緒にオリーヴ油を塗った。」《Timuit, flevit...Apposuerunt oleum olivarum cum lardo.》(*Notices des mss.*, III, 360.)

〔16〕それは同夜彼らがオルレアンに連れてこられたとき、彼らが実際に口にしたことである(『包囲戦の真正の歴史と説話』八九頁)。

〔17〕ル・メール Le Maire によって収集保存されたオルレアンの伝承によると(『オルレアン史』)、ルイ十一世が次のような銘を掲げて聖ミカエル修道会を創設することになるのは、このときの幻の思い出に由来するらしい。「広大な海の震動」《Immensi tremor Oceani.》。しかしルイ十一世はその設立の布告のなかではそれについて何も述べていない。この銘は、多分有名な巡礼《海の危険のなかで》*In periculo Maris* のみと関連するであろう。

〔18〕「彼女は叫びまた言った——〝クラシダス、クラシダス、天の王に降参しなさい、降参するのです! あなたは私のことを《淫売》呼ばわりしました。私はあなたの魂を、そしてあなた方の魂を大いに哀れんであげます〟……〝彼の魂とその他の溺れたものらの魂のためにはげしく泣き始めた。〟」《Clamando et dicendo: 《Classidas, Classidas, *ren ty, ren ty* Regi Coelorum! Tu me vocasti *putain*. Ego habeo magnam pietatem de tua anima, et tuorum》 ... 《Incepit flere fortiter pro anima ipsius et aliorum submersorum.》(*Notices des mss.*, III, 362.)

〔19〕オルレアンの攻囲は一四二八年十月十二日から一四二九年五月八日にいたる七ヵ月間にわたった。〈乙女〉にはこの町を解放するのに十日で十分だった。彼女は四月二十九日の夕

刻に町に入っていた。この解放の日はオルレアンにとっては祭典として残った。この祭りはジャンヌ・ダルクの偉業を讃えることから始まり、行列が同町を練り歩く。そしてその行列の中央を〈乙女〉の役を演ずる若い少年が歩くのである（Polluche, *Essais hist. sur Orléans*, remarque 77, Lebrun de Charmette, II, 128.）。

〔20〕この小冊子が果してジェルソンの筆になるものかどうかは明らかではない（ジェルソン全集Ⅳ、八五九）。

〔21〕「とざされた僧院で十一年泣き暮した私クリスチーヌ云々」（レーモン・トマスィ『クリスチーヌ・ドゥ・ピザンの作品に関するエセー』Raimond Thomassy, *Essai sur les écrits de Christine de Pisan*, p. XLII.）この短詩はジュビナル氏 Jubinal の手で完全な形で上梓の予定。

〔22〕Henrici de Gorkheim propos. libr. duo, in Sibylla Francica, éd. Goldast, 1606. ルブランⅡ、三二五およびⅢ七―九、七二に引用されているその他の著者を見よ。

〔23〕特に再審裁判におけるアランソン公の供述参看。公が突撃を延期したがっていると、〈乙女〉は公に言った――「おお！　尊きお生まれの公爵様、あなたはお怖いの。あなたをご無事で連れもどしますと奥様とお約束したのをご存知ないの。」（*Notices des mss.*, t. III, p. 354.）

〔24〕〔底本にはこの部分に先の註がつけられているが、註の内容から全集版『フランス史』の位置、註23が正しいと考える。〕

〔25〕ギヨーム・グリュエル Guillaume Gruel によるリシュモン Richemond の讃辞のなかでこ

のことがじつに長々と書かれている。collection Petitot, t. VIII.

〔26〕フォルスタッフは他のものたちと同様に逃げた。そして彼はガーター勲章から外された。彼はベドフォード公の大番頭であった。彼のこの降格は多分ベドフォードに打撃を与えたことだろうが、後に彼はそれを回復する。グラフトン Grafton 参看。またフォルスタッフの名誉回復のためにベルブリジェ氏 M. Berbruger が準備している興味深い覚書参看。

〔27〕「男の頭を支えて慰めた。」《Tenendo eum in caput et consolando.》Procès ms. de la Pucelle. ジャンヌ付きの小姓ルイ・ドゥ・コントの供述。

〔28〕Procès ms. de Révision. シモン・シャルルの供述。

〔29〕ヴァラン『ランスの古文書』および拙著『法の諸起源』参看。

〔30〕十二世紀のある無名のひとは聖マルキュルフ S. Marculphe によってフランス王に伝えられたこの賜物について述べている。《聖ベネディクト修道会文書》第六巻。それに言及した筆者たちの一覧表をドゥ・レファンベール氏が作っている。氏の手になるバラント版の註第四巻、二六一頁。

〔31〕『〈乙女〉の年代記』collection Petitot, t. VIII, p. 206, 207. *Notices des mss.*, t. III, p. 369. デュノワの供述。

〔1〕「羊皮紙の欠乏および裁判の欠如のため」《Ob defectum pergameni et eclipsim justiciæ.》『法令』第十三巻の序文 p. LXVII に引用されている高等法院の登録簿。「口頭弁論および判決記述のため……しばしば必要にかられて……書記官たちは……自らの出費にて羊皮紙を購入し、その代金を支払えり。」『古文書』高等法院の登録簿、一四三一年一月二十日土曜日。

〔2〕六月十五日以来、彼は移動のための多くの船を督促していた。彼がその甥にあたる王を助けるために必要だと思った諸条件は同月十八日にやっと整えられた。契約は七月一日付である。ついで同月十六日には、摂政とフランス国顧問会議は再度ウィンチェスターに王を早急にフランスにわたらせるよう乞わざるをえなかった。Rymer, 3e éd., t. IV, p. 144-150 にこれらの文書を見られたい。

〔3〕彼はそのうえ二万リーヴルを、兵士の給与として与えられた。*Archives*, Trésor des chartes, J, 249. 一四二九年七月八日付領収証。

〔4〕Turner, vol. III, p. 2-6.

〔5〕こうした司教の強力な力はあまり知られてはいない次のような事実にはっきりと示される。即ち、フリーメーソンの団員たちは、ヘンリ六世の治世三年目にできたある一つの法規のなかに、法に反する結社を作っているとして、また毎年の会合は禁止されているのだとし

て、特記されている。一四二九年護国官グロスターの影響力が、叔父である枢機卿の力によって抹殺されたとき、カンタベリー大司教がフリーメーソンの秘密結社をつくり、自らその首長であると宣言したことを我々は知っている。ジェイムズ・オーチャード・ハリウェル『イングランドにおける初期フリーメーソンの歴史』James Orchard Halliwel, *The early History of free masonry in England*, London, 1840, p. 95.〔リュドゥレールは、ローリー Lawrie 九五頁を参照して、四二頁と訂正している。〕

〔6〕 Rymer, t. IV, p. 159, 165, etc.

〔7〕 ベドフォードの「ヴァロワ家のシャルル」に向けての挑戦状は、抹香臭い言葉と偽善的な書式で書かれており、それは一般にランカスター家の文書を特徴づけるものである。「哀れなキリスト教徒に、あわれみと憐憫を与え給え……。ブリ地方のどこかの砦を戦場で手中に収めて下さい……。そのときには、もしあなたが平和の幸福を考えて何かを提供なさろうと思われるのなら、我々はよきカトリックの君主が為しうること、また為すべきことをすべて許しまた為すことでしょう。」(Monstrelet, t. V, p. 241. 八月七日)

〔8〕 これについて『市民』の曲解は興味深い――「彼らはあまりにも甚しい不幸と不信とにみちていたので彼らと一緒の乙女と呼ばれる女の形をした被造物（それは何だったか、神は知り給う）のために聖母御生誕の日に謀略をめぐらし……その日にパリを攻撃すると……」『パリ市民の日記』（ビュション版、三九五頁）

〔9〕 退却の呼び子を吹いたとき、ドーロンは〈乙女〉が自分たちと離れていることに気付いた。

「そして、ドーロンは彼女に、こんな所でたった一人何をしているのか、何故他の人々と一緒に退却しないのか、とたずねた。彼女は頭にかぶっていたかぶとを脱いでから彼にこう答えた。自分は一人ぼっちではない。自分には五万人からの仲間がまだいる、この町を自分が奪取するまでここから離れられないではないか、と。だがそのとき、彼女が何と言おうが、あなたにはもはや四、五人の男しかいないではないか、と彼女に言った、と彼は述べた。」ドーロンの供述。*Notices des mss.*, III, 370.

〔10〕「しこたまぶったり、しこたま殴ったりするのにいい。」《Bonus ad dandum *de bonnes buffes et de bons torchons.*》Procès ms. 一四三一年二月二十七日。

〔11〕アランソン公 le duc d'Alençon の供述およびゴドフロワ Godefroy 版、ジャン・シャルチエ、二九、四二頁参看。〔ジャン・シャルチエ Jean Chartier はサン・ドゥニの修道士といわれ、フランスの修史官として十五世紀に『サン・ドゥニ年代記』（フランス大年記）を整理し、自筆による『シャルル七世史』をそれに加えた。その正確な記述は有名。〕

〔12〕「その男が殺人を犯し、盗みを働き、裏切りをしたことを白状したために……彼女はその男を殺すことに同意した。」（一四三一年三月十四日の訊問）

〔13〕ベリア・サン・プリ Berriat-Saint-Prix, p. 337〔リュドゥレールは三三九頁と訂正〕およびビュション一八三八年版、五三九頁。

〔14〕Procès de Révision. マルグリート・ラ・トゥルールド Marguerite la Touroulde の供述。

〔15〕Procès de Révision. ジャン・パスクレル修道士の供述。

〔16〕 Procès de Révision. スピナル Spinal〔または Gérardin d'Epinal〕の供述。

〔17〕 バラント『ブルターニュ年代記』Barante, *Chroniques de Bretagne* より。

〔18〕「公は彼女の泊っているところへ会いに行っていろいろと話しかけた。私はそこにいあわせたのだけれど公の言葉ははっきり覚えていない。」(Monstrelet, V, 294.)

〔19〕 中世の女性の影響について、エロイーズについて、ブランシュ・ドゥ・カスチーユ Blanche de Castille、ラウラ Laure 等について上で述べたことを参照されたい。

〔20〕「彼らは紋章として白い貴婦人を描いた緑の楯板を携える十三人の同志の騎士からなっていた。まずそれはどの騎士もあらゆる奥方令嬢の名誉と地位と財産と評判と称讃とを守護し擁護しようと願うことを権利として与えられているからであり、等々」『ブスィコー元帥の武勲の書』*Livre des faits du maréchal de Boucicaut*, collection Petitot, VI, 507.

〔21〕 聖処女〔マリア〕の祭りはふえ続けている――受胎告知〔御告〕、奉献、被昇天等々。起源では聖母の主要な祭りは《清め》だった。十二世紀には聖母は清められる必要など殆んどなかったので、《無垢》受胎はあらゆる反対に打ち克って殆んど一つの教義となる。ディドゥロン Didron 氏は、はじめ地下墓地の絵では老いていた聖母が中世のあいだ少しずつ若返っていることを指摘している。氏の『キリスト的肖像学』*Iconographie chrétienne* 参看。――十七世紀以後、聖母は多くのものを失う。イスパニア王の大使は主人である王の名において《無垢》受胎を認めるようにルイ十四世に要求して嘲笑された。

〔22〕 拙著『フランス史』第四巻参看。

〔23〕 ある人々によれば、この婦人はすでに彼の愛妾だった。いずれにせよ、重婚であることは明白である（cf. Lingard, Turner, etc.）。

〔24〕 私はすでにこの脂ぎってむちむちしたフランドルという国を特徴づけた。私はこの国がその女性的な風習をもって年がら年中いかにしてある男から他の男へ、夫から夫へとわたり歩いたかを述べた。フランドル女性たちはしばしばこの母国フランドルのまねをした。離婚はこの国では日常茶飯事である（Quételet, *Recherches*, 1822, p. 101）。この視点からすると、ジャクリーヌの物語は大変興味深い。四人の夫をもった勇ましい伯爵夫人は、ブルゴーニュ公に対しては自分の領地を守ったが、自身の守りは堅固ではなかった。彼女は結局最後の夫とオランダとをとりかえっこするに到った。彼女は天守に夫とともにこもり狙撃兵に向って発射しながら、その頭ごしに、掘割の中にすっかり空にした水差しをいくつも投げこんでは楽しんでいた、と言われている。堀からひろい上げられた水差しの一つに四行詩が書きつけられていたという。ここにその詩の意味を示す。「たったの一飲みで水差しの水をほしたジャクリーヌの奥方は、堀の中めがけて、その頭ごしに水差しを投げこみ、水差しはそこで姿を消したことを御存じあれ。」（Reiffenberg, notes sur Barante, IV, 396.『フランス北部地方古文書』*Archives du nord de la France*, t. IV, 1re livraison, d'après un ms. de la bibl. de l'Université de Louvain およびヴァン・エルトボルン Van Ertborn 氏の労作、参看。）——一四二四年十二月一日、ジャクリーヌはブラバント公との結婚無効についての言い分を提出させた——「当該結婚とその契約についてはその心が傷つけられたことを感じて告白がなされ

たので、恵みとして、また夫人がすでになしとげたからだの贖《あがな》いとして十二クローネを与えることを条件として、解約が許された。」『ジャクリーヌ・ドゥ・バヴィエールに関するふしぎな顚末』*Particularités curieuses sur Jacqueline de Bavière*, p. 76, in-8e Mons, 1838.〔ここで示されるジャクリーヌとはジャクリーヌ・ドゥ・バヴィエール Jacquline de Bavière（一四〇一―一四三六）のことで、彼女は連続してブラバント公ジャン四世（一四一八）、グロスター公ハンフリー（一四二二）らと結婚、一四一七年にはその父（バイエルン家のウィルエルム）からエノー、ホラント、セーラントをゆずり受けているが、後にブルゴーニュ公（フィリップ善良公）にその領地をおびやかされることとなる。〕

〔25〕『日付を検証する術』*Art de vérifier les dates*, Hollande, année 1276, III, 184.〔リュドゥレールは一二〇四と訂正。〕

〔26〕同前、クレーヴ Clèves, III, 184. オランダに関する部分は、今や周知のごとく、ラヴァレー Lavalleye 氏が一八三七年リエージュ Liège で出版した『ランブール史』*l'Histoire de Limbourg* の博学な著者エルンスト Ernst 修道士によるものである。

〔27〕レファンベール『金羊毛〔騎士団〕物語』Reiffenberg, *Histoire de la Toison d'or* 序文XXV頁〔リュドゥレールは XXIV 頁と訂正〕。

〔28〕数のほどは明らかではないが、私生児の養育費、母親たちおよび乳母たちの年金等に関するこの素晴らしい貴族の書簡および証書が残っている（特に『リールの古文書』*Archives de Lille*, chambre de comptes, inventaire, t. VIII 参看）。

〔29〕 レファンベール『金羊毛物語』序文XXV頁〔リュドゥレールはXXIV頁と訂正〕。

〔30〕 父親は勇敢なる私生児ファン一世〔ポルトガル王ペドロ一世の庶子で、一三八七年ジョン（ゴーント）の娘フィリパ Philippa of Lancaster（一三五九—一四一五）と結婚した。〕で、私生児トランスタマール Transtamare がカスティリアでしたように、ポルトガルに新しい王朝を打ち立てたところだった。〔カスティリア王ファン一世 Juan I のリスボン攻囲を破り国王となる。ついでカスティリア軍を破りイギリスと同盟を結んだ——一三八六年。〕それは私生児たちにとっては良い時代であった。奸策家で豪胆なデュノワ Dunois は十二歳の時に、自分は金持のせがれでもないし、物笑いになるようなカニー Canny ではない、相続財産は望まず、自分のことを〈オルレアンの私生児〉と名乗るのだ、と言明した。

〔31〕 イギリス軍はそのことを強いられていたようである——「パリ市民たちによってブルゴーニュ公に求められていたパリの統治を引き受けることが……」（Monstrelet, V, 264.）

〔32〕 Monstrelet, V, 275, etc.

〔33〕 拙著『フランス史』第三巻参看。

〔34〕 十五世紀のばかげた象徴主義は、この金羊毛騎士団にフランドルのラシャ商人たちの勝利を見ると信じたが、それは紛う方もないことだった。この騎士団の粋な創立者は、羊毛に次のような言葉と共に火打石の首飾りをつけた——《炎きらめく前に〔石を〕打つ》*Ante ferit quam flamma micat.* そこに二十通りもの意味が求められたがその意味は一つしかない。見識ばった標語をもつイギリスのガーター勲章〔Honni soit qui mal y pense 邪なる思いをい

たす者に災いあれ――エドワド三世の創設によるこの騎士団の標語（銘句）である。」や〈サヴォワのバラ〉〔不詳〕などはよりはっきりした意味をもっている。

〔35〕 さらに後になって、公が老いると、イアソン Jason は《ヨシュア》にされた（レファンベール『金羊毛物語』p. XXII-XXIV）〔リュドゥレールは XXVII と訂正している〕。私はこの騎士団の政治的な重要性を他の箇処で主張している。

〔36〕 私は拙著『フランス革命史』*Histoire de la révolution* 第五巻でこの大人物が美術において何をしたかを述べている。彼はフィリップ善良公の従者となり、ついで顧問官となった。ポルトガルに皇女イザベルに会いに行く使節団にも加わっている。ガシャール Gachard 氏が公けにした『未刊資料』II、六三―九一のなかの談話参看。

〔37〕 《大食いと呑兵衛》の祭りは一八四〇年にもまだディルベック Dilbeck とツェリック Zelick で祝われていた。そこで最高の大食いには銀の歯が一本、最高の呑んべえには銀の蛇口が一つ賞品として与えられる。

〔38〕 Note de Reiffenberg sur Barante, V, 264.

〔39〕 『日付を検証する術』によれば八月四日、マイエール Meyer によれば八日に死んでいる。彼はロレーヌの相続者であるアンジュー公ルネと、自分の娘をもらってくれるよう交渉していた〔なおブラバント Brabant とは、ベルギーの中央部を指し、その三三七一平方キロメートル四方を示す呼称。ブリュッセルが中心都市〕。

〔40〕 エノー伯爵夫人マルグリート・ドゥ・ブルゴーニュ Marguerite de Bourgogne フィリッ

プ豪胆王 Philippe le Hardi とフランドルのマルグリート Marguerite de Flandre との娘。彼女によってブラバントの女性相続権がブルゴーニュ家につながった。

〔41〕 ブルゴーニュ家のシャルルおよびジャン（ヌヴェール伯 comte de Nevers の息子、アザンクール Azincourt で殺される）の母は、一四二四年にフィリップ善良公と再婚し、フィリップは妻と、ふたりの義理の息子のガルド・ノーブル la garde noble〔貴族が未成年貴族の財産を一定年齢に達するまで享有する権利〕を分けあった。またヌヴェール家の横領に関しては特に Bibl. royale, mss., fonds Saint-Victor, Nº 1080, fol. 53-96. を見よ。

〔42〕 Monstrelet, V, 298. 一四三〇年八月。

〔43〕 数ある絵画のなかでも、パンクク Panckoucke 氏所蔵のヨルダンス Jordaens〔Jacob Jordaens（一五九三—一六七八） フランドルの画家でルーベンスの影響を受けつつ市民や農民の生活を描き、一方神話や宗教的主題にもとづく数々の名作を残した〕を見よ。

〔44〕 ミルトン〔John Milton（一六〇八—一六七四） イギリスの詩人〕『失楽園』Milton, *Paradise lost*, I, 417.

〔45〕 彼はボールヴォワール Beaurevoir の領主ジャンの三男だった。ジャン自身はリニー伯 comte de Ligny ギー Guy の次男であった。

〔46〕 伯母の死は近かった。それは一四三一年におこった（*l'Art de vérifier les dates*, comtes de Saint-Pol, II, 780 参看）〔一四三〇年十一月十三日の誤りであろう〕。

〔47〕 「彼女は……ジャンヌさんは……いい人だと言った。」『パリ市民の日記』一八二七年版、

四二一頁。

〔48〕「乙女の魔術を恐れる者たちを駁す。」《Contra terrificatos incantationibus Puellæ.》(Rymer, t. IV, pars IV, p. 160, 165. 一四三〇年五月三日、十二月十二日)

〔49〕ヘンリ五世によって計画された。

〔50〕枢機卿がいかに多くの金を自らまかなっても、さらに自己負担はかさんだ。ある年代記作者は、戴冠式は《自分の出費において》とり行われた、と確信している。彼はまた裁判では、おそらく、必要な前借をしている——「……フランス王を……莫大な自己の出費で……戴冠させた。」《...Magnificis *suis sumtibus* in regem Franciæ...coronari.》*Hist. Croyland, contin. apud Gale. Angl. script.* I, 516.

〔51〕幼王ヘンリ六世はその勅令の中でこう述べている——「我々はウォリック Warwick 伯を選んだ……それは〝我々をよき品性、学識、多様な国語、教養とそして《洗練》によって教えるためである……〟」《ad nos erdiendum...in et de bonis moribus, literatura, idiomate vario, nutritura et *facetia*...》Rymer, t. IV, pars IV. 一四二八年六月一日。優美さの最高の賜としてホラチウスがウェルギリウスに帰している《柔軟で優美な》*molle atque facetum* という言葉は、ここでいわれているように〈乙女〉の粗野な牢番にあてはめるのは少々奇妙に思われる。さらに彼は自分の生徒に対しても、乙女に対する以上にやさしかったことはめったにないように思われる。彼が王の養育係を引き受けるにあたって取り決めた第一のことは、《懲罰》の権利である。彼が顧問官に提示した条項、ターナー Turner, II, 508 参看。

〔52〕城の守備隊長であるウォリック伯に対する、ルーアンの町や橋を再点検せよとの伝言、騎馬槍兵一名、徒歩槍兵十四名、および弓兵四十五名に対する城の警護についての伝言等参看。Archives du royaume, K. 63 一四三〇年三月二十二日。

〔53〕コーション Cauchon に関してはデュ・ブレー『世界史』Du Boulay, *Historia Univers*. パリ、九一二参看。――『ブルゴーニュ派シャステラン』Le Bourguignon Chastellain ビュション一八三六年版、六六頁は、彼を「まことに気高い厳粛な聖職者」と呼んでいる。我々は他の箇処で反対派の教会人に対する彼の極端な頑迷さについて述べた。『サン・ドゥニの修道士』*Religieux de Saint-Denis* バリューズ Baluze 手稿本、王立図書館 Bibl. royale 最終巻第一七六欄参看。

〔54〕またクレマンジス Clémengis が「相互の友情の契り」《Contractus amicitæ mutuæ.》と題して彼にあてた手紙参看。ニコラ・ドゥ・クレマンジュ〔Nicolas de Clemanges（一三六七―一四三七）十五世紀初頭のパリ大学を中心とする〈司教主義者〉のひとり〕「書簡集」II, 323 参看。またキシュラの序論を見よ。

〔55〕*Gallia Christiana*, XI, 87-88.

〔56〕『ボーヴェ司教ピエール・コーション博士をルーアン首都大司教座教会に移すための教皇猊下への直筆書簡』《Litteræ directæ Domino Summo Pontifici pro translatione D. Petri Cauchon, episcopi Balvacensis, ad ecclesiam metropolitanam Rothomagensem.》Rymer, t. IV. pars IV, p. 152. 一四二九年十二月十五日。

〔57〕大学に対するルーアンの勧告を見よ。Chéruel, 167.

〔58〕コーションは、その領収書（ジュール・キシュラ氏が王立図書館手稿ゲニエール・コレクション coll. Gaignière 第四巻によって伝える）によれば、一日に百ソル、イギリス人から受け取っていた。

〔59〕Rymer, t. IV, pars IV, p. 165 一四三〇年七月十九日。まだ歴史のあさいイギリスの産業とオランダの産業との間に始まったこの商業戦争の事件の全体をとらえるためには、イングランドで紡がれるラシャおよび麻布のフランドルへの輸入禁止（一四二八年、六四年、九四年）を参照すべきである。そして、結局はその輸入は許されたが（一四九九年）、それはイギリス人がカレーでフランドル人に売る無加工の麻布に対する権利の減少を条件としていた。

Rapport du jury sur l'industrie belge, rédigé par M. Gachard, 1836.

〔60〕ドゥ・ラヴェルディ De l'Averdy 氏は臆測によってしか王を正当化していない。ベリア・サン・プリ氏は、王は申し開きが立たないと見ている、二三九頁。シャルル七世が包囲陣のあと、直接オルレアンの市民たちに対して様々な特権を与えている手紙において、〈乙女〉の名は一度も出てこない。この町の解放は「神の恩寵を住民たちの救援、そして兵士たちの助け」に依っている、と書かれている。Ordonnances, XIII, préface, p. 15. ――但しその下のサントゥライユ Saintrailles の遠征を見よ。

〔61〕彼は数カ月後、一四三一年一月二十五日に死んだ。Art de vérifier les dates, III, 54.

〔62〕メルスィエ Mercier 氏によって転写されたサン・マルタン・デ・シャン古文書館

Archives de Saint-Martin-des-Champs に残る書類中の一つが証明しているように、身代金は十月二十日以前に支払われていた。Notes de l'abbé Dubois, dissertation, éd. Buchon, 1827, p. 217.

〔63〕そのことはジャン・ドゥ・リニーの甥の死を暗示している。彼はサン・ポルの高名な元帥で、一時期フランス王家とブルゴーニュ公家との所領のあいだに一つの国家を作ろうと考えたが一四七五年パリにおいて斬首された。

〔64〕『金羊毛の霊廟』*Le mausolée de la Toison d'Or* アムステルダム、一六八九年、一四頁、『騎士団の歴史』*Histoire de l'ordre*, IV, 26.〔リュドゥレールは二七と訂正している。〕

Ⅳ　裁判——ジャンヌ、教会に従うことを拒絶

〔1〕「領主様に対してあんなに忠実だったしいまも忠実なあのコンピエーニュの善良な人々を、どうして神は死ぬがままになさるのかしら。」一四三一年三月十四日の訊問。

〔2〕一四三一年三月十二日の訊問〔同章訳註6参照〕。

〔3〕ピカルディの道路は危険すぎたので、ヘンリにはルーアンを通らせた。一四三〇年十一月六日付、ルーアン発の王の手紙によると、王はフランス大法官に対して、高等法院の開廷延期の許可を与えている（「道が非常に危険かつ物騒であることを考慮して……」）。十一月十三日、パリ発の他の手紙によれば、それによって彼はあらたな遅延許可を与えている。

Ordonnances, XIII, 159.

〔4〕司教座聖堂参事会は厳粛な熟考のすえにやっとそのことを決定している――「彼らはボーヴェ司教の請願に関して協議するために召集され、八日のあいだどこにせよ、あらゆる部署からの派遣の欠員に対しては罰せられるという条件で出席した。……牢獄につながれているある女に対して……それがフランス人に報告され愛をもって諭されることを確認……」《Vocentur ad deliberandum super petitis per D. episcopum Belvacensem, et compareant sub poena pro quolibet deficiente amittendi omnes distributiones per octo dies... Assertiones pro quadam muliere in carceribus detenta... eidem in gallico exponantur et caritative moneatur...》ルーアン古文書 *Archives de Rouen* 参事会記録、一四三一年四月十四―十五日、九八欄（シェリュエル Chéruel 氏報告）。〔後（本訳書一一四頁）に付すべき註、とリュドゥレールは註記。〕

〔5〕*Notices des mss.*, III, 13.

〔6〕一月十三日、コーションは数人の修道院長、博士、学士たちを集め、被告を訊問するためのいくつかの項目は、すでに収集されている情報から抽出することができる、と彼らに言う。この小さな抽出に十日間が費された。それが一月二十三日に承認され、コーションはノルマンディ人の教会法学士ジャン・ドゥ・ラ・フォンテーヌ Jean de la Fontaine にこの予備訊問をする任を負わせたのである。予備訊問とは、教会裁判を始めるにあたっての一種の準備的な審問（予審）で、被疑者の生活や素行を調査するものである。*Notices des mss.*, t. III,

17. 特にキシュラの序文を見よ。

〔7〕 サン・マルタン・デ・シャンの古文書館に保存されているメルスィエ Mercier 氏の複写による書類中の支払済証書を参照。デュノワ師の註、論文、ビュションー八二七年版、二一九頁。

〔8〕 一四三一年二月二十四日の訊問調書。〔以後本文中の審理におけるジャンヌおよび審問者の会話をその裁判記録からすべて引用すると、訳註の量は膨大なものとなるので、ここからの註はミシュレ自身のつけた註を中心に、他は必要最小限度の註をつけるだけにとどめる。〕

〔9〕 二月二十四日の訊問、ビュション一八二七年版、六八頁。

〔10〕「彼らはしばしば啞然とした、そして彼らはこの時ちりぢりになっていった。」《Fuerunt multum stupefacti, et illa hora dimiserunt.》 Procès de Révision, *Notices des mss.*, III, 477.

〔11〕 二月二十七日の訊問、ビュション一八二七年版、七五頁。また詭弁家たちのその他の奇妙な質問を見よ、一三二頁その他到るところ。

〔12〕 三月三日および十七日の訊問。八一—八二頁、一三二—一三三頁。

〔13〕 同前、三月三日、八四頁〔二月二十一日から開始され、この部分三月三日に及ぶ計六回の審理は〈予備審理〉(一月九日—三月二十五日)のうち〈公開審理〉とされる〕。

〔14〕 最初の審理は三十九名の陪席判事で行われ、二月二十二日の第二回審理は四十七名、二十四日は四十名、二十七日は五十三名、三月三日は三十八名、という具合である。*Notices des mss.*, t. III, 28.

〔15〕『裁判記録』一八二七年版、三月十二日、九八頁。

〔16〕『裁判記録』一八二七年版、三月十四日、一〇八頁。彼女は翌日、同じような質問に、もし神がそれを許されるなら再度脱走を試みるだろう、と答える。「《神はみずから助くる者を助く》というフランスの諺を引用して、同じ《企て》を実行するだろうと。」《Faceret ipsa *une entreprise*, allegans proverbium gallicum: 《*Ayde-toi, Dieu te aydera.*》 Procès ms. 三月十五日。

〔17〕三月十七日の訊問、ビュション一八二七年版、一二七頁。

〔18〕三月十四日の訊問、一一二頁。

〔19〕三月十七日〔午後〕の訊問、ビュション一八二七年版、一三〇頁。

〔20〕同前、三月三日および十四日、七九、一一一頁。

〔21〕三月十四日の訊問、一八二七年版、一一一頁。

〔22〕三月十七日の訊問、ビュション一八二七年版、一二五頁。

〔23〕「その聖職者も、教皇も、誰をも信じない、なぜなら私はそれを神から得たから。」《Non crederet nec prælato suo, nec papæ, nec cuicumque, quia hoc habebat a Deo.》 *Notices des mss.*, III, 477.

〔24〕異端審問官は、もしこの二名の修道士が抗議を受けるようなことがあれば、自分はもうこの裁判にはまったく関与しない、と言明した。同前、五〇二頁。

〔25〕命題はまず幾人かの陪席判事たち、つまりコーションが最も信頼を置いていた者たちに

渡された。その連中はしかしそれらの項目に修正を施さねばならないと考えた――「彼女は戦闘の教会に服する。この教会が彼女の受けた啓示および受けるであろう啓示に抵触するものを何一つ彼女に押しつけない限りにおいて。」コーションはいささか理由のないことではないが、このような条件つき服従は、服従ではない、と考えた。そして自分の判断で前記の修正を削除した。同前、四一一頁。

〔26〕 *Notices des mss.*, III, 418.

〔27〕 *Notices des mss.*, 52-53.

〔28〕 彼は異端審問官をおそらく裁判官とは認めたくないと思って司教に手紙を書いた。同前、五三頁。

〔29〕 ジャン・ボペール Jean Beaupère の供述。*Notices des mss.*, III, 509.

〔30〕 霊的な問題に関するある大家はこう述べている――「神はなぜかそのしもべたちをより大きな試みに遇わせ、清められるために、最も厳粛な祭りの日々を選ばれる……。我々がすべての苦痛から解き放たれるようになるのは、あの世で天の祭りにおいてでしかありえない。」サン・シラン『ランスロ覚書』Saint-Cyran, *les Mémoires de Lancelot*, I, 64.

〔31〕 枝の主日、朝六時に始まる典礼――「神は私の《救い》に向けて……」《Deus in *adjutorium* meum intende…》

〔32〕 この祭りの儀式が中世の諸様式を受け継ぐもののうちの一つであることは周知のことである。行列が閉じられた教会の扉を見つけ、それを祝しながら叩く――「門をあげよ」

《Attolite portas...》すると主に向ってその《扉は開く》のである。

〔33〕四月三日の訴訟であって、オルレアンの手稿が伝えているように三月二十七日のそれではない。〔いくつかの版は誤って二十九日としている、とリュドゥレールは註をつけている。〕この手稿には日付について多くの混乱がある。ビュション一八二七年版、一三九頁参看。

〔34〕「町の娘たちのように、長いうちかけを一着。」《Sicut filiæ burgensium, unam houppelandam longam.》*Procès latin ms.* 三月十五日、日曜日〔木曜日の誤りと思われる〕。

〔35〕「五人のイギリス人のうち三人が彼女の部屋で夜を過ごした。」*Notices des mss.*, III, 506.

〔36〕「夜になると、彼女は二対の鉄の鎖を両脚につけられて寝かされ、その寝台の脚を横切る一本の鎖でひどくきっちりと身体をまきつけられていた。その鎖には長さ五、六フィートの大きな木片がついていて、鍵がかかり、それで彼女はその場所から動けなかった。」*Notices des mss.* ——他の証人はこう述べている——「彼女を《立ったまま》縛っておくために一本の鉄の梁が作られた。」《Fuit facta una trabes ferrea, ad detinendam eam *erectam.*》Procès ms. ピエール・キュスケル Pierre Cusquel の証言。

〔37〕リニー伯は一人のイギリス貴族と一緒に彼女に面会にやって来てこう言った——「ジャンヌよ、もしお前が我々に対して弓を引くような真似をもうしないと約束するなら、お前の身代金を払ってもよいのだが。」彼女はこう答えた——「ああ！　あなたは私を莫迦になさるおつもりなのですわ。あなたがそんなことを望まれもせず、おできにもなれないことはよく分っております。」そして再度彼が同じことを繰り返すと、彼女はこう付け加えた——「私

はあのイギリス人たちが、私が死んだあと、フランス王国を手に入れることができると思って、私を殺させようとしていることはよく分っているのです。でも、彼らが今日よりも多く、十万の《野盗《ゴドン》》になったとしても（centum mille *Godons* gallice）この王国を手に入れることはできないでしょう。」イギリスの貴族は彼女をなぐりつけるために短剣を引き抜くほどの怒りにかられ、ウォリック伯がそこにいなかったら、彼女をぶちのめしていたかもしれない。*Notices des mss.*, III, 371.

〔38〕正確にはコーションではなく、裁判の引き回し役だった彼の部下、エスティヴェだった。*Notices des mss.*, III, 473

〔39〕*Notices des mss.*, III, p. 475 et *passim*——『裁判記録』ビュション一八二七年版、一六四頁、五月十二日。〔なお同日、ジャンヌを拷問に付すべきか否かについて陪席者十三名中十名が反対、オーベール・モレル、トーマ・ドゥ・クールセル、およびニコラ・ロワズルールの各修道士が賛成の意思を表明している。〕

〔40〕「結局あなたはいつまで私を《忘れ》られるのですか。」《Usquequo *oblivisceris* me in finem?》《聖木曜日のミサ》讃課。

〔41〕『裁判記録』ビュション一八二七年版、一五五頁。〔前記七十項目の論告の終了に続く日、牢内における審問とジャンヌの答弁の一部である。〕

V　誘惑

〔1〕　鐘音が彼女にひきおこすその深い印象についてすでに述べたことと合わせて考えていただきたい。第I章原註35。

〔2〕　これはロイエ Lohier の意見だった。*Notices des mss.*, III, 500, 501.

〔3〕　「天国の彼女の兄弟たち」《Sui fratres de Paradiso.》Procès ms. de Révision. ジャン・ドゥ・メッスの供述。

〔4〕　「彼女はどうしたのかと訊ねられると、ボーヴェの司教から彼女に鯉が贈られたのでそれを食べたのだけれど、それが自分の病気の原因ではないかと疑っている旨答えた。しかしそこにいたエスティヴェ自身はお前は嘘をついていると反駁し、彼女のことを放蕩者と呼んでこう言った。〃お前は放蕩者だ、魚は食ったが他にお前はよくないものを食ったのだ。〃彼女はそんなことはしていないと答え、今度はジャンヌ自身とエスティヴェとがひとを傷つけるような言葉をたくさん口にした。またしばらくして彼はこう言った——そこにいたいずれかの連中から彼女がひどく嘔吐してしまったことを聞いた、と。」

《Eam interrogavit quid habebat, quæ respondit quod habebat quod fuerat missa quædam carpa sibi per episcopum Bellovacensem, de qua comederat, et dubitabat quod esset causa suæ infirmitatis; et ipse de Estiveto ibidem præsens, redarguit eam dicendo quod male dicebat, et vocavit eam paillardam, dicens: *Tu, paillarda, comedisti aloza et alia tibi contraria*. Cui ipsa respondit quod non fecerat, et habuerunt ad invicem ipsa Joanna et de Estiveto multa verba injuriosa. Postmodumque ipse loquens... audivit ab aliquibus ibidem præsentibus quod ipsa passa fuerat multum vomitum.》 *Notices des mss.*, III, p. 471.

〔5〕「王は彼女を高い金を出して手に入れた。」《Rex eam habebat caram et eam emerat.》同前

〔リュドゥレールは四七一と追記〕。

〔6〕『裁判記録』ビュション一八二七年版、一五八、一二六頁。

〔以下記録を引用すると「同女がミサに与かりにゆけるように提供された女性の服についてこの前は何と言ったかと訊ねると、次のように答えた。女性の服については、わが主の思し召しにかなわぬ限り着るわけにはゆかない。もしこのまま処刑場に曳き出され、そこで脱がされるようなことになるなら、女性の長い下着と頭に被る頭巾を与えてくれるよう教会の偉い方達にお願いする。」〕〔PC〕

〔7〕「彼らは彼女が生きていて、ルーヴィエの町の前で攻囲陣を布くことを望まなかった。」《Non audebant, ea vivente, ponere obsidionem ante villam Locoveris.》*Notices des mss.*, III, 473.

〔8〕コンスタンツの会議でかつて彼がやったように。voy. Endell Tyler, *Memoirs of Henry the Fifth*, II, 61.（London, 1838）

〔当時二人の教皇がいたことはすでに述べた。コンスタンツの公会議は、大離教終結を目ざ

し、教会統一の復活と教会内部の腐敗の刷新をめざすもので、一四一四年から一八年までコンスタンツ（ドイツ）で開かれた。同会議では異端の廃絶が重要議題として選ばれていることは本書とのかかわりにおいて注目すべきことである。同会議はヤン・フス（第I章訳註3）を異端者と断じ、フスは一四一五年焚刑に処された。〕

〔9〕「件の大司教猊下がもっていた召喚状」（Lebrun, IV, 79 ユルフェ古写本 le ms. d'Urfé による。）

〔10〕　この大学に派遣された神学者たちはベルナール会修道士のもとで開かれた大集会の席上「王の名において」話した（Bulæus, *Hist. Univ. Parisiensis*, t. V, *passim.*）。大学の多くの重要な会議が催され、大学が教皇たち等々を裁いたこの有名な修道院は今日でもまだ存在しており油の倉庫になっている。

〔なおベルナール会（シトー会）はクレルヴォーに修道院を設立したクレルヴォーの聖ベルナール（一〇九〇―一一五三）がシトー派の発展を促進、その修道院的な神秘主義を実践する中世における一大僧団である。シトー派の修道院は開拓事業の指導者となったことも特筆されるべきもので、自らの手により糧を生む、とするその精神はイングランドの羊毛産出をヨーロッパ随一にすることとなるヨークシャーの湿原開拓その他を厳格な規則を守りつつ成し遂げたのであり、寄進を拒否し、私宅ももたず、童貞を旨とした。同修道会は托鉢修道会と並んで教皇に直属する立場を鮮明に有する会で、そのことから、当時の大学におけるローマ教皇の支配権を守る性格をも帯びていたこととなる。大学に集まる神学者たちの意見を自由に、無限に認めることは、教皇の重要な役割の一つである正統性の決定からしてもはばかられた。従って同修道会およびその修道士たちは大学においてある種の特権をローマ教皇から有形無形に与えられていたと考えることはできよう。」

〔11〕ランスの大司教、ラ・トゥレムイユ La Trémouille 等々、またポワチエの教会にも相談するように申し出られた。

〔以下記録によれば「同女が嘗て査問を受けたポアティエの教会なら任せ、服従するのかと訊ねると、『そんなことで私を欺いて私の心を惹きつけられるとお考えですか』と答えた。」〕

〔PC〕

〔12〕「天使ガブリエルは私を力づけるために五月三日に私のところに来て下さいました。」（第三回目の訓戒、五月十一日）Lebrun, IV, 90, d'après les grosses latines du procès.〔なお五月三日とは「聖十字《サント・クロワ》の祝日」にあたる。」〕

〔13〕この奇妙な書状を Bulæus, *Hist. Univ. Paris*, V, 395-401 で参照せよ。〔なお「パリ大学からの回答」にあたる文書は高山一彦氏が訳出されているので、〔PC〕二七二―二八三頁を参照されたい。」〕

〔14〕公証人マンション Manchon および執達吏マシュー Massieu その他の証言を参照。*Notices des mss.*, III, 502, 505 et *passim*.

〔15〕「そのひとは嘘をついた、なぜなら裁判官が信仰を論じているときには、むしろ彼女の死よりも救いを求めるべきである。」《Mentiebatur, quia potius, quum judex esset in causa fidei,

deberet quærere ejus salutem quam mortem.》*Notices des mss.*, 485.
一言で言うなら、コーションはイギリス人の利益のためには前言取消しの方がその死よりずっと重要なのだとつけ加えるべきだった。

〔16〕「彼はイギリス人の枢機卿に何を行うべきかと訊ねた。」《Inquisivit a cardinali Angliæ quid agere deberet.》*Notices des mss.*, III, p. 484.

〔17〕「その袖から」《A manica sua.》同前、四八六頁。

〔18〕『タンプル騎士団に対する訴訟』*Processus contra Templarios* を見よ。御堂の守護者たちがどれほど熱心に「教会の手に預けられるように」《ut ponantur in manu Ecclesiæ》要求しているかを。教会牢はかつてたいへん不便で、殆んどつねにそこで長いあいだにやつれ果てたものだった。一三八四年にはある殺人犯に関して司教とパリ市長との二つの判事団が論争し、市民の判事団が異議をとなえて、司教区の役人によってよりは、むしろ国王の役人によって絞首刑になることを要求した。司教区の役人の手にかかればあらかじめ長く厳しい悔悛の秘蹟を受けさせていたはずである——「おのが日々を泣き、またおのが悔いをさまざまな欠乏とともに泣き、行動し、長時間ひきのばされて。」《Flere dies suos, et pœnitentiam, cum penuriis multimodis, agere, temporis longo tractu.》(*Archives du royaume*, registres du parlement, ann. 1384.)

〔19〕「心配しないで下さい、我々はまたうまく彼女を捕まえます。」《Non curetis, bene rehabebimus eam.》*Notices des mss.*, III, 486.

〔20〕「そのために王は加減が悪かった。」《Quod rex male stabat.》同前。

〔21〕「騎士的精神、趣味、教養、そして冒険等々の本当の典型」《A true pattern of the knigtly spirit, taste, accomplishments and adventures, etc.》彼はヘンリ五世がコンスタンツ公会議に送った使節のひとりだった。彼は同地である公爵の挑戦を受けたが、その男を決闘で殺した。ターナーは、ある手稿によれば彼のカレーにおける豪奢な騎乗槍試合の描写をしている。(Turner, II, 506.)

〔22〕我々はこれらの語を彼らに負っている。*mortification* という語は、なるほど禁欲的な言語のなかではいたるところで用いられていた。それは罪人が肉を抑えて神をなだめるために行う自発的な悔悛に適用されていた。思うに、イギリス的なのは、虚栄から生ずる非常に無意識な苦しみにそれを適用し、神の宗教から人間的な自己の宗教にそれを移行させたことである〔英語の mortification と仏語のそれは同じ綴りであり、ほぼ同義を示す〕。

〔23〕私はシェイクスピアの作品に神の名があるのを見た記憶がない。もし仮りにあったとしても、それはごく稀れであり、偶然に、しかもなんの宗教感情の影さえ宿さないものである。ミルトンの作品中における真の主人公はサタンである。バイロンについては、彼の敵対者たちが彼に与えたサタン派の頭首という名を彼はそれほど拒否はしなかった。この哀れな大人物は、自尊心によって残酷に苦しめられたのだが、自らサタンとみなされることに怒りをおぼえなかったように思われる（拙著『世界史序説』*Introduction à l'histoire universelle* の、イギリス文学の特徴について、参照）。

〔24〕この意味深い言葉の価値は十分理解されていなかったし、おそらく言った御当人にも理解されていないと思われるのだが、この言葉はハウァード Houard のものである（Préface des *Anciennes lois des Français conservées dans les coutumes anglaises de Littleton*, etc.）。

〔25〕次のことは言っておかねばならない、即ち、ベドフォード公は誠実で聡明な男として一般には評価されていたのだが、彼は「ある秘密の場所にいてそこでジャンヌがしらべられるのを見た」。《erat in quodam loco secreto ubi videbat Joannam visitari.》*Notices des mss.*, III, 372.

〔26〕彼女はブルゴーニュ公の妹〔アンヌ Anne〕であったが、イギリス風の習慣を取り入れていた。『パリの市民』はその夫の後をいつも馬を走らせている彼女の姿を捕写している……「彼と、夫の行く所なら何処へなりともゆき、夫につき従っていたその妻は」。『パリ市民の日記』一四二八年、一八二七年版、三七九頁。「そして、その時刻に摂政は立ち去り、その妻もサン・マルタン門より立ち去った。そして彼らは行列に行きあったがそれをほとんど意に介していなかった。彼らはすさまじい勢いで騎馬駆けしていたので、行列に加わっていた人々はそれをよけることができず、彼らの馬が前に後に飛び散らす泥をひどくかぶってしまったのだった。」同前、一四二七年、三六二頁。

〔27〕高貴な奥方たちも仕立屋どもに服を着させていたのかもしれない――「ジョアンニ・スィモン Joanny Simon とかいう衣服の修繕屋……。服を着させようと思ったので、彼女を手でやさしくうけとめた……、〔彼女は〕平手打ちを一つとばした。」《Cuidam Joanny Symon, sutori tunicarum...Quum induere vellet, eam accepit dulciter per manum..., tradidit unam alapam.》*Notices des mss.*, III, 372.

〔28〕「もしある女が習慣的に着るものを変え、またいつも着る女の衣服の代りに男を装うなら、呪われよ。」《*Εἴ τις γυνὴ διὰ νομιζομένην ἄσκησιν μεταβάλλοιτο ἀμφίασμα, καὶ ἀντὶ τοῦ εἰωθότος γυναικείου ἀμφιάσματος, ἀνδρῷον ἀναλάβοι, ἀνάθεμα ἔστω.*》パフラゴニー公会議、三二四年頃。tit. XIII, apud Concil. Labbe, II, 420.

〔29〕「より好ましく彼に思われてそれで行為することが考えられるように、つねに身を飾るよう心を配ることは許される。」《Licet ornarent se cultu solemniori, ut gratius placerent his cum quibus agere conceperunt.》(Gerson. Opera, éd Du Pin, IV, 859.)

Ⅵ　死

〔1〕素朴な〈乙女〉は彼にこう打ち明けた……「牢獄で、ひどく苦しめられ、迫害されたり、殴られたり、投げ倒されたりした。そうしてそれを強いたのはイギリスのある貴族である。」*Notices des mss.*, III, 497, d'après le ms. Soubise.――にもかかわらず、同じ証人がラテン文で要約されている第二回の証言の中で次のように言っている――「力で押しつけるように彼女を襲った。」《Eam *temptavit* vi opprimere.》(Lebrun, IV, 169.)――このことから、その暴行は遂行されなかった、と思われる。つまり最後の愁歎の言葉のなかで〈乙女〉はこう叫ん

でいる――「《これまで一度も汚されたことのない完全に清い》私の身体が、今日焼き尽くされて灰にされなければならないなんて。」*Notices des mss.*, III, 493.

〔2〕火刑にいたるまで彼女についていた獄吏マシューの供述。同前、五〇六頁。

〔3〕ランガード氏とターナー氏がこれほど本質的な詳細を省いておられること、また〈乙女〉が男の服を再び着用せざるをえなくさせられた原因を隠しておられるのは驚くべきことではないだろうか。カトリックもプロテスタントもともにここでは所詮イギリス人にすぎない。

〔4〕彼はシャルル七世によって〈乙女〉の救出に派遣されていたのだろうか。そんなことを示唆するものは一つもない。彼は彼女なしでやっていく方法を見つけ出したと信じた。サントゥライユはあるガスコーニュの羊飼いの少年に連れていかせた。だが遠征は失敗し、羊飼いの少年は捕えられてしまった。――アラン・シャルチエ『シャルル七世王年代記』Alain Chartier, *Chroniques du roi Charles VII*. 並びにジャン・シャルチエ Jean Chartier 一四三一年五月、ゴドフロワ Godefroy 版、四七頁。『パリ市民の日記』一八二七年版、四二七頁。

〔5〕公証人マンションの供述。*Notices des mss.*, III, 502.

〔6〕「安全な場所で」《In loco tuto》を調書は次のようにとりかえている。「居心地のよい牢獄」《Carcer graciosus.》(Lebrun, IV, 167.)

〔7〕「ファロネル、よろこべ、うまくいったよ。」(イザンバール Isambart の供述) *Notices des mss.*, III, 495.

〔8〕ジャン・トゥームイエ Jean Toutmouillé の供述。〔なおこの人物は、五月三十日(水曜日)

朝、マルタン・ラヴニュ Martin l'Advenu と共にジャンヌの牢を訪れている。〕*Notices des mss.*, t. III, 493.

〔9〕ジャン・ドゥ・ルヴォゾル Jean de Levozoles 修道士の供述。(Lebrun, IV, 183.)

〔10〕ジャン・トゥームイエの供述。*Notices des mss.*, III, 494.

〔11〕こうしたことは、結局《人伝え》(audivit dici...) でしかなく、庶民の伝統が多分根拠もなしに物語を作り上げた一つの劇的な状況なのである。*Notices des mss.*, III, 488.

〔12〕フランス語裁判記録、ビュション一八二七年版、七九、一一一頁——「しかし現在の牢から彼女が解放されるだろうという自分の考えを彼女に言ったのか。」——答えた——「私と話して《三カ月以内に》と。……私が解放されるのは一度だけでよいのです……」——「我らの主は彼女がそのように健康で来ることを許さない、どうして神からうまく、早くまた《奇蹟によって》救いがえられるのか。」《An suum consilium dixerit sibi quod erit liberata a præsenti carcere ? Respondet: Loquamini mecum *infra tres menses*... Oportebit semel quod ego sim liberata... —Dominus noster non permittet eam venire ita basse quin habeat succursum a Deo bene cito et *per miraculum*.》Procès latin ms. 一四三一年二月二十七日〔リュドゥレールによれば三月一日〕、三月十七日。

〔13〕「それは非常に遺憾なことであり、大層憐れみの情をさそうものであった。……」こうした詳細、並びにそれに続く大部分は、次にあげるような、現場で処刑を目撃した証人たち〔復権裁判のときの供述〕から引用するものである。即ちマルタン・ラヴニュ、イザンバール、

トゥームイエ、マンション、ボペール、マシューらである。*Notices des mss.*, III, 489-508 参看。

〔14〕『パリ市民の日記』一八二七年版、四二四頁。〔『乱世の日記』渡辺一夫氏訳（「渡辺一夫著作集」9、筑摩書房刊、一二五頁）より。「カクシテ、全群衆ニヨッテ、ソノ全裸体ノ姿ハ見ラレルコトニナリ、女性ノ身ニ具ワリ得ル或イハ具ワルベキ一切ノ秘密ガ悉ク明ルミニ出サレ、ソノタメ、人々ノ疑惑ハ除カレタノデアル。」〕

〔15〕「ボーヴェの司教は泣いた……」《Episcopus Belvacensis flevit...》——「英国枢機卿ならびに他のイギリス人の多くは思わず泣かされた。」*Notices des mss.*, III, 480〔リュドゥレールは四八九と訂正〕, 496.

〔16〕彼らがいわゆるジャンヌの前言取消宣言について集めさせた情報は、署名もなければ、それらがおきたときに居合わせた者たちの証言でもないのであり、裁判に関わりをもつ書記の手によるものでもないのである。——後に審問された者たちによるそれらのうちの三つの証言は、そのことについては何も言及してはおらず、そんなことさえ知らなかった、という風にも受けとれるのである。（L'Averdy 前掲書、一三〇、四四八頁）。

〔17〕「彼女の聞いた声は神から出た……その声でだまされたとは思わなかった。」《Quod voces quas habuerat, erant a Deo...nec credebat per easdem voces fuisse deceptam.》*Notices des mss.*, III, 489.

〔18〕『フランス史』《続く》〔と見出しにあり、《四一年のテキスト》と原註にある。あとがき

に書いた通り「結語」と仮りに訳した文章は『フランス史』第十書第四章の最後の部分であり、一八五三年の単行本『ジャンヌ・ダルク』出版のさい削除されていたが、リュドゥレールが一九二五年版で復活させたものである」。

〔19〕証拠書類の信憑性、種々雑多な写本類の価値等々については、ドゥ・ラヴェルディ氏および特に新進気鋭の学者ジュール・キシュラ氏の労作〔一八四一年から一八四九年にかけてフランス歴史学会 la Société de l'Histoire de France の五巻本として上梓された書 *Procès de réhabilitation et de condamnation de Jeanne d'Arc.* のことを指す。〕を参照されたい。我々はキシュラ氏のおかげで〈乙女〉の裁判に関する初めての完全な記録を公けにするであろう。

〔20〕その伝説の枠組はすっかり描けるかもしれない。それは英雄の生涯の形態そのものである。㈠森、《啓示》㈡オルレアン、《行動》㈢ランス、《栄誉》㈣パリならびにコンピエーニュ、《試練、裏切り》㈤ルーアン、《受難》――しかしそこに完全で絶対的な様々な類型を捜すことにもまさって、この物語をゆがめることは一つもない。この福音書を書きながら、歴史家の感動がいかなるものであったにせよ、彼は理想化しようとする誘惑に決して負けることなく、しっかりと現実に執着していたのである。

〔21〕私はアントニオ・アステツァーノ Antonio Astezano（オルレアン公の秘書、グルノーブル写本、一四三五年）の詩作品も、シャプラン Chapelain の諸作品も、詩とは呼ばない。にもかかわらず、後者はジラルダン・サン・マルク Girardin Saint-Marc 氏がいみじくも指摘しているように（『両世界誌』*Revue des Deux Mondes* 一八三八年九月号）、批評家によって厳し

すぎる扱いを受けてきたのである。滑稽に見えたその序文は、主題についての深い神学的な理解を示している。——シェイクスピアはそれをまったく理解しなかった。彼はその粗野さのなかで国民的な偏見を追い求めた〔ジャンヌを「魔女」「悪女」として描いた〕。——ヴォルテールは人も知るあの嘆かわしい冗談のなかで、ジャンヌ・ダルクの名誉をおとしめようなどという深い意図はもちあわせていなかった。彼はそのまじめな著作の中で最も輝かしい賞讃を彼女に送っている——「この女傑は……その判事たちに永遠に記憶するに価する返答をした……。彼らは男たちがその解放者たちのために祭壇をたてていた英雄的な時代において、自分の王を救ったため《祭壇を建てられてもいたはず》の女を火で焼き殺させたのだ。」(ヴォルテール『諸国民の風俗と精神に関するエッセー』Voltaire, *Essai sur les mœurs et l'esprit des nations*. 八十章)。ドイツ人たちは我々の聖女を養女にし、我々と同様、もしくはそれ以上に彼女をほめたたえた。シラー Schiller のジャンヌ・ダルク〔『オルレアンの乙女』*Die Jungfrau von Orleans*（一八〇一）のこと〕を論ずるまでもなく、このように美しい物語に関する写本類、伝承類、ほんのわずかな手がかり等を収集するためにギド・ゲール Guido Goerres 氏がヨーロッパ中の図書館をめぐり歩き、フランスの津々浦々にまで足をのばして成し遂げたその巡礼行に、どうして感動しないでいられようか。フランス人の一聖女の思い出に対する一ドイツ人の騎士道的な崇拝は、ドイツの、そして人類の名誉である。〔ヴォルテールはその著『哲学辞典』*Dictionnaire philosophique ou la Raison par alphabet* において、ジャンヌを不幸な馬鹿娘として描き、彼女をとりまく聖性のヴェールを意識的に排除して叙した。一方のシラーはその著『オルレアンの乙女』において、崇高な使命達成のために身も心も捧げきり、人間的欲望のすべてを祖国の勝利のために断念し華々しい死を遂げる英雄ジャンヌ像を描いた。」ドイツとフランスは姉妹である。とこしえに、そうでありますように！（一八四〇年十月）

〔22〕庶民の現実は永遠に哀悼すべきひとりの若い娘において、詩的な理想とじつに幸福に一致したように私には思われる！……庶民の現実は七月のあの無比な瞬間を啓示として受けとった。芸術家と、その作品である彫像は、両者とも、一八三〇年の娘たちであった。〔この年パリで七月革命がおきた。――国王シャルル十世に対してパリ市民が蜂起し同市をバリケード支配した。この結果シャルルは退位、ルイ・フィリップが即位した。――「七月の無比の瞬間」も当然一八三〇年の革命をさす。〕

〔23〕彼女がトロワ Troyes の町に入ったとき、彼女が本当の人間かあるいは悪魔の幻かを確めるために、聖職者たちが彼女に聖水をかけた。彼女は微笑してこう言った――「大胆に近づいていらっしゃい。私は舞い上ったりはしませんよ。」（一四三〇年三月三日の審問）

〔24〕ボーヴェの司教……「ならびにその仲間たちはカヤファ Cayphe とアンナ Anne〔新約聖書中、キリストを捕え、ローマ総督の手に渡した大祭司カヤパと、その岳父でイエスを訊問したアンナ（もしくはアンナス）のこと〕および律法学者たち、パリサイ人たちが我らの主を死なせようとやっきになったのに劣らず、〈乙女〉を死なせることにやっきになった。」（『〈乙女〉の年代記』一八二七年版、四〇頁）

〔25〕 フランスの男はつねに《良い子》でいた。〔《良い子》とは〕小さな言葉だが、大きなことである。こんにちでは誰ひとりとして《子》であることも《良い》ことも望まない。この最後の言葉〔《良い》〕は嘲弄の付加形容詞である。

〔26〕 これはフェヌロン Fénelon〔François de Pons de Salignac de la Mothe（一六五一―一七一五）〕の描いたピロクテテス Philoctète〔ポーアースとデーモーナッサの子で、トロイ戦争の折メートネーの兵を率いて船で参加、ギリシャ軍がテネドス島にあったとき、毒蛇に咬まれた――他の説あり――。なお彼の所持していた〈弓〉がトロイの陥落を可能ならしめるもの、とされ、その弓とピロクテテスをめぐる話が展開する〕の言葉である。（『テレマックの冒険』*Les Aventures de Télémaque*〔フェヌロンはフランスの聖職者、文学者、そして思想家であり、ルイ十四世の孫にあたるブルゴーニュ公の傅育官となり、王子の教育用に数編の作品を書くが、そのなかでも有名なものが一六九五年頃の作品『テレマックの冒険』（九九年刊）である。ギリシャ文芸に理解の深いフェヌロンが、ホメロス、ウェルギリウスに材をとり、オデュッセウスの子テレマコス（テレマック）が賢者マントール Mentor に導かれて父を探しにでかける物語で、教訓的な内容を多分に含んだ全十八部からなる作品〕巻十二）ギリシャ語の原典も同様のことを述べているが、その調子はかなり弱いものであり、その上、異なった意味合いにおいて表現している。ソフォクレス Sophocle 作『ピロクテテス』〔ソフォクレスの前四〇九年に上演された作品で、クリューセーの島の毒蛇に咬まれ、不治の傷を負ったピロクテテスとその〈弓〉が筋の中心となるもの〕四七六節。

〔27〕 聖フランソワ・ドゥ・サル Saint François de Sales〔一五六七―一六二二、フランスのカトリック神秘家、聖人。サヴォワの貴族の家に生まれ、パリおよびパドヴァの大学に学び、司教となり、サヴォワのカルヴァン主義者の改宗に務めた。後、シャンタルと相知り、彼女を援《たす》けて病者の看護に献身する〈訪問修道会（女子サレジオ会）〉を立案し、これをアヌシに設立させた。〕

訳註

序

（1）ジャンヌ・ダルクは一九二〇年五月六日に列聖されている。

（2）パリサイ人 des pharisiens　裁判でジャンヌを異端の罪に陥れようと訊問した神学者たちを指す。

（3）出エジプト記は神がモーゼに次のように言う——「見よ、わたしのかたわらに一つの所がある。あなたは岩の上に立ちなさい。わたしの栄光がそこを通り過ぎるとき、わたしはあなたを岩の裂け目に入れて、わたしが通り過ぎるまで、手であなたをおおうであろう。そしてわたしが手をのけるとき、あなたはわたしのうしろを見るが、わたしの顔は見ないであろう。」（三三・二一—二三）

（4）パリの市民 Le Bourgeois de Paris はおそらく大学関係の学僧と思われる十五世紀の無名の年代記作者。その日記は一四〇五年から一四四九年にいたるパリにおける公私の生活を最も正確に描いている。この人物はむしろブルゴーニュ派に好意的であったようである。「渡辺一夫著作集」9（筑摩書房刊）に『乱世の日記』と題して紹介されている。

（5）ボース la Beauce　パリの南西にあたり、中心にシャルトルがある。
（6）これらの言葉は、ジャンヌが実際に口にしたもの、とされるが、詳細は後述される。

I　ジャンヌの子供時代とその召命

（1）祝聖式とは、教会が国王に塗油の秘蹟を授けるもので、その儀式は王の戴冠式に相当する。
（2）ジャンヌ・アシェット Jeanne Hachette あるいは *Fourquet* 通称 Jeanne（一四五四年頃—？）。シャルル豪胆王がルイ十一世と戦った時、前者に包囲されたボーヴェの町をジャンヌ・アシェットは斧（hachette アシェット）をふるって救った。
（3）フス派 les hussites　チェコの教会改革家フス（一三七〇年頃—一四一五年）はウィクリフの影響を受け、教会の世俗化に救霊予定説をもって反対したため、ヨハネス二十三世によって破門され、異端を宣告され焚刑に処せられた。その徒はフス派（フッシーテン）と呼ばれ、一四一九年—三六年にかけてフス戦争がおきた。
（4）説教師リシャール Richard はパリのコルドリエ修道会所属の修道士。出生地、国籍等は不詳。彼は一四二八年に聖地からフランスにやって来てトロワで説教し驚くべき成功をおさめ、フランス人の愛国心を目覚めさせた。王太子シャルルの立場を公けに弁護したかどで脅迫され、オルレアンに退いて従軍司祭となり、ジャンヌ・ダルクを助けた。〔CL〕
（5）コネクタ Conecta　ブルターニュ地方のレンヌの生まれ。教皇庁に対するその激烈な攻撃

によってイタリアで名声を馳せ、一四三四年に異端者としてローマで焚刑に処せられた。〔CL〕

(6) アヴィニョンのマリー Marie d'Avignon はシャルル六世の時代に様々な予言をした女性。

(7) ラ・ロシェルのカトリーヌ Catherine de la Rochelle は異端的な行動をした女性とされ、ジャンヌ・ダルクはのちの裁判において、カトリーヌと会った、と供述している。(〔PC〕一〇一頁その他参照)

(8) サントゥライユ Saintrailles はガスコーニュの貴族でシャルル七世に仕えた勇敢なる武将。一四六一年に没す。〔CL〕

(9) 大ギュイーズ le grand Guise　ジョワンヴィル公フランソワ・ドゥ・ロレーヌ François Ier de Lorraine, Prince de Joinville（一五一九─一五六三）。ブラントーム師によって〈大ギュイーズ〉と呼ばれた彼は、一五六二年ヴァッスィの虐殺によってフランスを約三十年間混乱に陥れる因を作ったが、それ以前、神聖ローマ帝国との戦で大功をたててフランスの国を救った。

(10) カロ Jacques Callot　著名な画家また彫版師。一五九三年ナンシーに生まれ、一六三五年に没す。〔CL〕

(11) リュクスイユ Luxeuil　古代ローマ時代重要な温泉地だったが、四五〇年アッチラに滅ぼされた。五九〇年頃聖コロンバンはここに修道院を建て、それは七二五年頃サラセン人により、また九世紀にはノルマン人によって破壊されたが、その後も中世の知的中心の一つの役割を果した。

（12） ルミルモン Remiremont　聖コロンバンの弟子の手で六二〇年に男子修道院が建立され、そこにカロリング王家の別荘 Romarici Castellum が作られた。九一〇年その傍に尼修道院が建てられる。

（13） 以前より〈ダルク〉の表記には論争があり一定しない。Darc, Daix, Tarc, Dare, Day 等がある。本書の〈ダルク〉は d'Arc で、現在では Jacques d'Arc, Jeanne d'Arc と表記するのが通例となっている。この d'Arc は一五七六年、オルレアンの一詩人が記した綴りで、爾来〈ダルク〉は d'Arc と綴られるようになった、とジャンヌ・ダルク研究家レジーヌ・ペルヌー女史は述べている。（〔B〕一〇七頁）

（14） ジョワンヴィル Joinville　ジャン・ドゥ・ジョワンヴィル（一二二四―一三一七）。フランスの年代記作者。シャンパーニュ伯の家臣。彼はルイ九世とその治世、および個人的な回想の書として『聖王ルイ伝』（一三〇五―一三〇九）を執筆した。その歴史的記述はいきいきとしており、個性的な文体には作者の優雅な感性がにじみ出ている、とされる。

（15） ムーズ川対岸のマクセー Maxey 村のこと。

（16） ヌフシャトー Neufchâteau　ドンレミ村から約一〇キロ南方に位置する町。ジャンヌとその両親は、戦禍をのがれて同地に滞在したことがある。

（17） ゲーテのドロテア Dorothée de Goethe　ゲーテはその叙事詩『ヘルマンとドロテア』（一七九七）において、美しく雄々しい恋物語を通して、愛のためにみずからの生命を絶つウェルテル型人物像とは異なり、社会に奉仕し、労働を尊び、市民社会に新しい秩序を打ち立てようと努力する人物像（物語）を示した。

（18）イエススの十二使徒の内の一人。兄弟ヤコボス（ジャック）と共にイエスス・キリストと行を共にし、イエススの死後、原始キリスト教会における重要な人物となる。使徒パウロスは、ペトロス（ピエール）、ヤコボス、ヨハンネス（ジャン、女性形がジャンヌ）を教会の柱と呼んだが、ヨハンネスは〈イエススの最愛の弟子〉と呼ばれていた。

（19）イングランドとスコットランドの間の辺境地帯。

（20）ギデオン Gédéon　イスラエルの士師＝判事。ギデオンはカナンの土着民部族ミデアン人で、アラビア族であるメディア人の襲撃を数百人の手勢をもって撃破した紀元前十一世紀の偉大な士師の一人。なお、彼の攻撃は一種の奇襲作戦で、後にギデオン作戦＝奇襲作戦の意を示すようになった。

（21）ユディト Judith　旧約外典、ユディト書の女主人公。イスラエルのベツリア市の寡婦で、アッシリア軍に市が包囲されたとき、着飾って敵将ホロフェルネスの陣営に入り、その寝首をかいてもち帰り、イスラエルに勝利をもたらしたとされる。ただし、その歴史的根拠はない。

（22）「私はお前と女とのあいだ、お前の末裔と女の末裔とのあいだに怨みを置くだろう。女の末裔はお前の頭を踏みくだき、お前は女のかかとを傷つけるだろう。」（創世記三・一五）

（23）イザボー・ドゥ・バヴィエール Isabeau de Bavière を指す。シャルル六世の妃であるイザボーはその娘をイギリス王ヘンリ五世のもとにとつがせる。この結果として、彼はシャルル六世の継承者となり、当時シノンにいた王太子シャルルは実の母親からのけ者にされ、王位継承権を奪われたことになる。このことから王太子シャルルは自分が父シャルル六世の本当の子ではないのではないか、と疑い出したといわれる。一方エドワド三世の主張するフランス王位継承権を踏まえ、フランスに出兵（百年戦争の再開）、アザンクールの戦いでフランス軍を大敗に追いこみ、ブルゴーニュ派（ブルギニョン）と手を結び、ノルマンディ、ルーアン等を占領したヘンリ五世は、この結婚により、さらにフランスにその領土を拡大し、フランスにおける自己の立場を確固たるものとする。よって、当時のフランスは大きくその主権、領土権共に二分され、一方はヘンリ五世＝ブルゴーニュ派に、一方は王太子シャルル＝アルマニャック派に分かれることとなる。そうした時、本文中の予言が巷に流布していたことが、後の（ジャンヌの）復権裁判の折に確認されている。

（24）メルラン Merlin　魔法使い、という異名をもつメルランは、同時にケルト族の吟遊詩人、魔術師、学者、予言者であった。彼は円卓の騎士物語の中で重要な役割を演ずる。〔CL〕

（25）シャルル・ドゥ・ロレーヌ公の娘イザベル・ドゥ・ロレーヌはアンジュー（フランス西部、ロワール河下流に位置する）を本領とするアンジュー公ルネと結婚する。アンジュー公は王太子シャルルとは義兄弟にあたり、公の母ヨランド・ダンジューは王太子シャルルの妻の母親にあたる。つまりロレーヌ老公はその一人娘を王太子側の人物アンジュー公に娶《めと》らせたのであり、老公が根っからの反イギリスであることをうかがわせる。ということは、ヴォクルール（ロレーヌ）の人々にとって、その王太子シャルル（＝アルマニャック派）に属する立場上、その結婚は満足すべきものであったといえよう。

(26)「次いで同女は下記の事実を明らかにした。同女が十三歳の時、行ないを正すよう汝を助けようという神の声を聴いた。最初は非常に恐ろしく感じた。この声は真夏の正午頃、父の庭できこえた。被告ジャンヌはその前日断食していなかった。この声は右の方、教会の方角からきこえてきた。声がきこえる時は殆ど例外なく光が見えた。この光は声がきこえてくるのと同じ方角にあり、大抵は沢山の光だった。」二月二十二日（公開審理）。〔PC〕

(27) 聖女カトリーヌ Sainte Catherine　若い娘たちの守護者とされる。聖女マルグリートは既出。

(28)「同女に話しかけるのは天使の声か、聖者や聖女の声か、あるいは神からの声かと問うと、その声は聖女カトリーヌおよび聖女マルグリットの声であり、聖女達の頭上には立派な冠が豪華に気高く飾られていた、と答えた。」二月二十七日（公開審理）。〔PC〕

「聖ミシェル〔ミカエル〕や天使達を具体的な姿で実際に見たというのかと訊ねると、『あなたを見ているのと同じように、私のこの眼で見ました。天使達が私から離れてゆく時私は泣きました。私を一緒に連れて行ってしまって欲しかったからです』と答えた。」〔PC〕

(29)「結婚に関する訴訟で、ある男をトゥールの裁判所に召喚するように同女にしむけたのは誰かと訊ねると、『私がその男を呼び出したのではありません。その男の方が私を召喚させたのです。私はそこで裁判官の前に真実を述べることを誓いました』と答えた。最後に同女

はこの男と結婚の約束をしたことはなかった、と述べた。」三月十二日（牢内の審問）。〔PC〕

（30）彼女が〈伯父さん〉と呼んでいたデュラン・ラクサール Durand Laxart またはデュラン・ラソワ Durand Lassois のこと。但し〈伯父さん〉とはいえ、彼女よりも年長のいとこにあたる。

（31）マンジェットは、彼女の従姉妹にあたるマンジェット・ジョワヤール Mangette Joyart のこと。

オメット Homette は彼女の出発を知らず、それを数日後に知らされてひどく泣いた（本章原註39参照）。オメットは後にこう供述している。「ジャンヌは私の友達でした、そして私は彼女の善良さ故に、彼女をとても愛していました。」（リュシアン・ファーブル、一〇六頁）

（32）ミ・カレーム Mi-carême　キリストの断食苦行にならって斎戒する復活祭の前の四十日間を四旬節といい、その第三週目の木曜日をミ・カレームと呼ぶ。

（33）後にジャンヌ・ダルクの従騎士となるボードリクール配下のジャン・ドゥ・メッスのこと。彼は一四四八年、シャルル七世によって授爵される。

（34）ロレーヌ公は当時ナンシーに居り、バイエルン公家から迎えた公妃を遠ざけ、愛妾と共に過ごしていた。

（35）会戦とは、「鰊《にしん》の戦い」を指す。一四二九年二月におきたこの戦いはルーヴレの村のそばでフランス軍によって戦端がひらかれたもので、オルレアンを包囲していたイギリス軍に搬送する塩づけ鰊を中心とするその軍需品、食糧補給隊を襲撃しようとしたもの。フランス軍は、数々の有利な戦闘条件を有しながらも拙劣な攻めによって手痛い敗北を喫した。戦場に散乱した塩づけ鰊から「鰊の戦い」と言われる。この戦いに、後日ジャンヌが出会うオルレアンの王太子派将兵が参加していた（ルーヴレとはルーヴレ・サン・ドゥニのことでボース平野に位置する）。

(36)　シノン Chinon　ロワール河に合流するヴィエンヌ川のほとりに位置する。シノンの城はトゥールの南西約四〇キロ、崖の上にそびえていた。シノンは古代より要衝の地として重要視され、ゴール人の砦もある。イギリス王ヘンリ二世も、かつてこの地を訪れたことがあり、その子リチャード獅子心王はここで亡くなった（一一九九）。シャルル七世（当時はまだ王太子）はその不遇を託《かこ》ちつつ、一地方領主の態で同地の城にいた。シャルルはブールジュに会計院を設けていたので、一般からは「ブールジュの王」と少々嘲笑的に名指しされてもいた。シノン滞在中、ジャンヌが起居したのはこの城中「クードレーの塔」と呼ばれる天守とされる。なお、ジャンヌが発ったドンレミ村はパリの東方約二八〇キロの地点で、このシノンまでの距離を合計すると約五〇〇キロに及ぶ。またシノンの城は現在まったくの廃墟となっている。

(37)　様々に潤色されるこのエピソードは大概次のようなものであろうか。ジャンヌの一行はジェンでロワール河を目にするが、このあたりでジャンヌは伏兵に遭遇したらしい。この伏兵が何を目的とし、誰の指図によって動いたかは判然としないが、結局伏兵は戦闘行為に出ることもなく、ジャンヌ一行の通過をはばむことはなかった、とされる。（リュシアン・フ

ァーブル、一五九―一六〇頁）

(38) アランソン公ジャンのこと。反英派である公はオルレアン公の娘を妻とし、ジャンヌに大きな信頼を寄せた人物。

(39) 「鰊の戦い」（本章訳註35）のこと。

(40) デュノワ伯ジャンのことで、オルレアン公シャルルの腹違いの弟だが、オルレアン公ルイ（デュノワの父）の正妻ヴァランティーヌ・ヴィスコンティの手により育った。このため、人々は「オルレアンの私生児《バタール》」という意味をこめて「バタール・ドルレアン」または「バタール・ジャン」と呼んでいた。なお、シャルル・ドルレアン（オルレアン公シャルル）は当時ロンドンで捕囚の身であった。

(41) リムーザン（リモージュ）ではオック語が話されていた。

(42) スュフォール Suffort　サフォーク公ジャン Jean Suffolk のこと。クラシダス（Classidas または Clasdas。本書の綴りは前者）は、ウィリアム・グラスデール William Glasdall のこと。ラ・プール La Poule は、ギョーム・ドゥ・ラ・プール Guillaume de la Poule 即ちウィリアム・ポウル William Pole のこと。これらの者たちは、オルレアンのイギリス側包囲陣の各部署における指揮官の名前である。

(43) ジャン・パスクレル Jean Pasquerel　アウグスチヌス会の修道士でジャンヌ一行の付属司祭の任を兼ねる。当時同修道会は、ドミニコ会、フランチェスコ会等の修道会と共にいくつかの厳しい戒律を主軸に独得な放浪主義を通じて、真の福音主義的理念を実践し、一般に大きな支持、共感を得ていた。

(44)「同じく、同女はヴォークールールで手に入れた剣を身につけていた、と述べた。トゥールおよびシノンに滞留した時、同女はサント＝カトリーヌ・ド・フィエルボアの教会の祭壇の後ろにある剣を探しに人を送ったところ、間もなく錆びついた剣が発見されたと述べた。」二月二十七日（公開審理）。〔PC〕

(45) ソールズベリー Salisbury とは、ソールズベリー伯トーマス・オブ・モンタギュのこと。彼はオルレアン北方に位置するシャルトルに兵員を結集、ボース平野に散在する王太子派の拠点をしらみつぶしに攻め落としつつ南下し、オルレアンの町を包囲し、同町の包囲攻撃の指揮をとった人物。しかしオルレアン攻撃の初戦において不慮の事態にみまわれ戦死する。年代記作家アンゲラン・ドゥ・モンストゥルレは次のように記している。訳文は『ジャンヌ＝ダルク――百年戦争のうずの中に』（堀越孝一氏著、清水書院、一九七九年刊）より借用させていただく。

「そのとき、伯はくだんの窓際にいたのだが、突然、くだんの市街から大砲の石弾が飛来して窓を壊し、窓に寄っていた伯は、石弾の空を切る音に気付いて部屋の中に身をひいたのだが、にもかかわらず、弾に当たって致命的に傷つき、顔面の大部分がもぎとられたのであって、伯のそばにいたさる貴人は、この打撃で即死してしまったのである。」

伯の受けた〈石弾〉は味方の誤射によるものとされる。

(46) ブルゴーニュ公とは、フィリップ善良公《ル・ボン》（一三九六―一四六七）のこと。ブルゴーニュ公としての在位は一四一九―一四六七。ジャン無畏公《サン・プール》（モントローを流れるイヨンヌ川の上に架けられた橋の上で行われた王太子シャルルとの会見の場で殺害される）の子。イギリス王ヘンリ五世と結び（トロワ和約）、王太子派（＝アルマニャック派）と対立する。

(47) タルボット Talbot　オルレアン攻囲の指揮官のひとりジョン・タルボットのこと。カスティヨンの戦いで戦死（一四五三）。

(48) ラ・イール La Hire　オルレアンの攻囲でジャンヌ・ダルクに同行し、さらにルーアンの牢獄から彼女を救い出そうと試みた有名な指揮官。素姓は判然としかねるが、どうやら群盗の親分的存在として名を成していたらしく、記録に残る彼の評判はまったく芳しくない。ラ・イールとはその男につけられた異名で、〈憎たらしい奴〉とか〈怒り狂う人〉とかいうような意味をもっている。この時代の〈異名〉は、時としてそれが与えられた人物の一面を見事に、かつ残酷に言い当てている。だがジャンヌとの邂逅《かいこう》後の彼は彼女に従順この上なかった。一三九〇年ガスコーニュに生まれ、一四四三年に没す（本名はエティエンヌ・ドゥ・ヴィニョール Etienne de Vignolles）。

(49) ジル・ドゥ・レ（ジル・ドゥ・ラヴァル Gilles de Laval）　ジャンヌ・ダルクと共にオルレアンで戦い、その解放の栄に輝くレ元帥は、一方において小児の大量殺人者、男色家、魔術の信奉者等々、忌むべき烙印を押された男でもあった。その犯罪的行為の数々は、中世という西欧キリスト教世界の枠組の中で、ひときわその残忍性、異常性において注目に価する。と同時に、聖性を発揮したジャンヌと魔性を発揮するレ元帥が、共にオルレアンで戦ったという事実は興味深い。彼は一四四〇年、ナントにおいて絞首刑に処せられ、さらに火刑に処せられて葬られた。

(50) 武器 bâton　この時代、この「武器、棒《バトン》」という言葉はすべての武器を示すものであり、弩《おおゆみ》や様々な槍に加えて、いろいろな棍棒から大砲にいたるまでの総称。

II　ジャンヌ、オルレアンを解放し王をランスで祝聖させる

(1) 当時オルレアンでは、そこを流れるロワール河の北側、即ちボース平野寄りの右岸地域に主としてイギリス軍の砦が多かった。従って、イギリス軍と直接遭遇の危険をおかすなら北寄りのルートをとり、ロワール河を渡河せずに進めば、オルレアンの町に直接入れることになる。だがジャンヌたちは実際にはオルレアンの手前ブロワあたりでロワール河を渡り、ソローニュ方角から、つまりロワール河の左岸からオルレアンに接近した。ジャンヌの希望とは逆に、ジャンヌをとりまく武将たちは、イギリス軍との直接遭遇を事前に回避したのである。

(2) 聖王ルイ Saint Louis　ルイ九世（一二一四―一二七〇、在位一二二六―一二七〇）。ルイ八世（通称「獅子王」）の子で聖人。第六回十字軍（一二四八―一二五四）に参加し敗れて捕虜となり、さらにあらたな十字軍（一二六〇―一二七〇）を企てアフリカに向うがテュニスで没した。学問、芸術、慈善事業の振興、育成に寄与し、その治世は国民から信頼を受け

た。神政政治の理念を奉ずる、フランス、カペー王朝の代表的な王。

聖王シャルルマーニュ Saint Charlemagne 西ローマ皇帝、フランク王、カール一世（七四二—八一四）。フランク国王としての在位期間七六八—八一四。カロリング朝ピピン三世の子。弟カールマンと国土を分割統治、後に単独支配。その領土はスペインのエーブロ河から北は北海、南は中部イタリアに及び全ゲルマン民族を支配する。キリスト教に帰依し、ローマにおいて教皇レオ三世からローマ皇帝の帝冠を受けアーヘンで没した後、一一六五年列聖された。

（3）当時オルレアンの町はオルレアン公領に属し、当主のオルレアン公シャルルはアザンクールの戦い以来囚われの身となり、その御軀はイギリスにあった。公は一四一五年—一四四〇年にかけて同地で幽閉生活を送る。従って、オルレアンのイギリス人による攻囲作戦は、捕囚中の貴族に属する領地保全という当時の慣習を無視する行為であった。だから同地の住民がイギリス軍に対抗したのは、王太子シャルルのため、フランスのためというよりは、むしろ己が領主様の領地死守としての領民姿勢があったともいえよう。なお、オルレアン公シャルルの父はオルレアン公ルイで、その私生児がデュノワ（後のデュノワ伯、オルレアンの私生児《バタール》）であることは第I章訳註40で述べた。またオルレアン公シャルルは、フランス中世における宮廷風恋愛詩に最後の輝きを与えた大詩人の一人で、イギリスにおける獄中生活の合い間に「獄舎の歌」Livre de la prison を綴った。

（4）一四二九年四月二十九日のこと。少し世界に目を向けると、その前年、イタリアの画家マザッチョが亡くなっており、我が日本では同年（正長年間にあたる）義持の弟僧義円が足利家を嗣ぎ、近江、山城の郷民が徳政を要求して「正長の土一揆」といわれる土一揆がおこり、伊勢に挙兵した北畠満雅が敗北している。二九年には（永享）、前年にひきつづき播磨、丹波等で一揆がおき、我が国もまたスケールこそ違うが動揺の時代だった。

（5）　ジャンヌの手紙（全文）

「イエスス・マリア

イギリス王、並びにフランス王国の摂政を名乗るベドフォード公、ギョーム・ドゥ・ラ・プール、スュフォール（サフォーク）伯ジャン・タルボット閣下、そしてトマ（トーマス）・ベドフォード公の副官と名乗るスカル（スケールズ）閣下の皆々様に、天の王なる神の御名において命じます。天の王なる神からここに遣わされた〈乙女〉に、あなた方が手に入れ、あなた方がフランスでむりやり奪ったすべての良き町々の鍵をお返し下さいますように。彼女（ジャンヌのこと）はここに王家の血統を要求するため（オルレアン公シャルルの解放を意味する）神から遣わされてやって来たのです。もしあなた方が彼女の理を認められ、フランスをもとにもどされ、あなた方がフランスに負わせたものを清算なさいますなら、彼女はただちに平和をもたらす所存であります。オルレアンの町に立ちはだかっている射手たち、歩兵たち、高貴な方たち、そしてそうでない方たち、あなた方すべて、神の命においてあなた方の故国におもどりなさい。そうするおつもりがないのなら、〈乙女〉からの知らせをお待ち下さい。〈乙女〉はあなた方の前に束の間姿を見せ、あなた方に大損害を与えることになりましょう。イギリス王よ、故国におもどりにならないのなら、私は戦いの長《おさ》です、そして私はあなたの国の人々をフランスの何処まででも追いかけます、そして彼らが望もうが、望むまいが、私はそうさせますし、彼らが従わないなら皆殺しにいたします。私はここに、闘い合い、あなた方をフランスの外に追い払うために、天の王なる神より遣わされてやって来たのです。そして、もし彼らが従うなら、私は彼らを祝福いたします。他の考えを持ってはなりません。何故なら、あなた方は聖母マリアの御子、そして天の王なる神のものであるフランス王国をつなぎとめることはできないからです。しかし、王シャルルはそうすることができます。彼はフランス王国の真の継承者なのです。天の王なる神はそれを望まれ、そのことは彼に〈乙女〉を通じて伝えられています。彼シャルルは、パリにそのよき伴侶として入ることでありましょう。もし、あなた方が、神からの、そして〈乙女〉からの知らせを信じようとなさらず、私たちの理をくんで下さらないなら、あなた方をいかなる場所でも見つけ出し、あなた方を襲い、我がフランスに一千年来耳にしたことのないようなとてつもなく大きな勝どきの声を上げることでしょう。そして、天の王が、あなた方が彼女や彼女の良き兵士たちに全力をあげて攻撃をかけてもかなわぬほどの力を、彼女に授けられるであろうことをよく覚えておいて下さい。いずれ、戦場で天なる神がどちらに軍配を上げるかおわかりになられましょう。ベドフォード公様、〈乙女〉はあなたが御自分の首を絞めるようなまねをなさいませぬ様お願いし、かつ要求いたします。もし、あなたが彼女の理をくんで下さるのなら、あなたは彼女の仲間となられましょう。そこでは、キリスト教徒がまだ手をつけたことのない、最も美しい計画が遂行されようとしているのです。そして、もしあなたがオルレアンの町に平和を望まれるなら、どうか回答をよこしていただきたいのです。それをなさらぬ場合は、あなたはすぐにあなたの記憶に留めねばならないような一大損失をまねくことになりましょう。

聖なる週の火曜日に記す（一四二九年三月二十二日のこと）」

（訳出の対象としたフランス語文は、レジーヌ・ペルヌー〔B〕のフランス語訳およびリュシアン・ファーブルの同訳を参照した。なお（　）内の註はリュシアン・ファーブルおよび訳者のものである。）

（6）伝令使のひとり、ギュイエンヌ Guienne のこと。

（7）当時のパリは無論フランスの首都であったが、フランスの王位を欲求していたイギリス国王の支配下にあった。そして先の註でも示したブルゴーニュ公が、このイギリス国王と結託してパリをその手中におさめていた。

（8）伝令使のひとり、アンブルヴィル Ambleville のこと。

（9）王太子軍はブロワに兵員、物資を集結させていた。五月に入ってから、デュノワはブロワに行き物資と援軍をオルレアンに導く役割を果した。

（10）聖十字教会 Sainte-Croix　オルレアンに現存する巨大なカテドラル。着工は十三世紀にさかのぼり、幾多の変遷を経て十九世紀に完成した。

（11）大法官、ランスの大司教とは、ルニョー・ドゥ・シャルトゥル Regnault de Chartres のこと。なお先に示した「ジャンヌの手紙」は、このルニョー・ドゥ・シャルトゥルらが行ったポワチエにおけるジャンヌの審問期間に、ジャンヌが口述筆記させたもの。

(12) フォルスタッフ殿 sir John Falstoff(一三七八頃―一四五九) 百年戦争の時に活躍した高名なイギリス軍の指揮官。「鰊の戦い」等ではその中心的な役割を分担していた。なおこの人物はシェイクスピアの『ヘンリ四世』や『ウィンザーの陽気な女房たち』の中で、かなり戯画化されて(とりわけ後者では)描かれる。

(13) 小姓のミュギュオ Muguot のこと。

(14) 一四二九年五月四日に行われたサン・ルー砦 la Bastille de Saint-Loup 攻撃のこと。

(15) ゴデン Godden Goddam から変った言葉で、かつてフランスにおいてイギリス人につけられていた綽名《あだな》。

(16) ル・バスク Le Basque と呼ばれていたこの男は、その勇猛さで名の通った兵士の一人だったらしい。

(17) 正式には「イエルサレム洗者聖ヨハネ歓待騎士修道会」。イエルサレムにおける巡礼者病院および十一世紀なかばのアマルフィ出身イタリア商人等の創設にまで遡《さかのぼ》る。聖地喪失後サイプラス島やロドス島などで地中海における西洋の有力な軍事的根拠地となったが、のち本部がローマに移った。

(18) 「イギリス軍は、今やほんのすぐそばまできた危険を前にして正気に戻った。だが彼らは火薬も投槍も手にせず、もはや槍や鉤付《ギザルム》の槍や棍棒や石による闘いをさけることもできず、それらをうまく使いこなすこともできなかった。そこで彼らは塁道に勝ち誇ったその敵共を残して要塞の方角に退却した。殿《しんがり》にいたグラスデールは、ジャンヌがその旌旗をふりかざして地上にすっくと立ち現われた時、退路を確保していた。彼女は彼を見るやこう彼に向って叫んだ。

——クラシダス、クラシダス、天の王に降参しなさい、降参するのです！　あなたは私のことを〈淫売〉呼ばわりしました。私はあなたの魂を、あなた方の魂を哀れんであげます。

しかしグラスデールは降参するなど考えてはいなかった。そこで彼は、タルボットが救援にかけつけてくるまで何とかその場をもちこたえようと考えた。トゥーレル砦は攻略不可能の砦として有名だったので、彼はそこに逃げこめばことたりると思った。幸運なことに、その砦はトゥーレルと塁道の間に架けられた壊れたアーチの上に渡された小橋によって、要塞から隔てられているだけだった。だから彼は、今度は自分が指揮官たちから託されていた旌旗を高く掲げて、その小橋に走りこんだ。その旌旗はイギリス人にとっては伝説的なもので、彼らの司令長官チャンドスのものだった。彼チャンドスはアキテーヌの高名な高官で、ポワトゥーの裁判官であり、六十年前、勝利につぐ勝利のあとリュサークで没していた。グラスデールは、その時そうした数々の勝利を脳裡にうかべ、その勝利の幻をわずかでもあれ思い返す余裕があっただろうか。おそらくなかったに違いない。オルレアン側から飛来する火弓には松脂《まつやに》が、綿くずが、束柴《たばねしば》が、馬の骨が、古靴の芯が、硫黄が、樹脂が、九十八リーヴルものオリーヴ油が、そして他の成分をもつ何かがついており、ありとあらゆるものが投げこまれていた。そしてそれらは何人かの無名の英雄たちによって、小橋の下に無気味に射られ、おとされて、めらめらと炎をあげていた。橋桁《はしげた》はすでにドーロンが正確にねらいさだめて打ちこむ弩弓《どきゅう》の雨にあらわれており、酷熱の炎に包まれたそれは、逃走する者たちのいきおいこんだかけ足でゆらゆらと揺れていた。その橋が、突然崩壊した。その小橋がロワール河を漂いだしたとき、最後に残った何人かのイギリス軍将官たちが河に飛びこんだ。だが身につけた武具の重みで、一人として河からはい上るものはいなかった。（……）彼女は彼らのために泣いた。そして許しの十字をきりながら、彼女はひどくわいせつに自分に悪口雑言を浴びせかけたグラスデールの亡骸を水からひき上げさせた。そして彼女はその亡骸を彼の同郷人たちの手許に引き渡すよう命じたのだった。」（リュシアン・ファーブル、二五〇―二五一頁）

――トゥルネル砦は la Bastille de Tournelles で、ミシュレはこう綴っている。他の研究者、伝記作家たちはトゥーレル砦 la Bastille de Tourelles と綴ることが多い。

ジャンヌの戦法は当時の戦闘行為そのものを大胆に逸脱するものだった。当時の戦闘は戦闘の結果もさることながら騎士試合の延長線上にあったともいえ、戦場でその武勇を騎士道精神にそって披瀝《ひれき》することに関心がよせられ、事実オルレアンの包囲戦においてデュノワとタルボットは彼らの心根のやさしさを競い合って贈りものを交換したりしていた。また一般戦士には野武士団に属するものが多かったので戦場においては金目のものをより多く分捕ることがその目標であった。その第一は身代金をあてこんだ捕虜獲得であった。事実カレー平和条約（一三六〇）の前後に実施されたジャン二世の身代金の調達は一国家の財政基盤を根底からゆるがすほどのものだったのである。だから、戦闘において期待するほどの利益が得られないと判断されるとき、彼らは戦闘を中止することもあり、勝敗にこだわって血みどろになって戦うということは例外に属した。ところがジャンヌの戦法はこの例外のうちに成り立っている。彼女の攻撃は徹底的なものであり、敵を追いつめてゆくその激しさは当時の戦闘にあって無類である。

(19) サフォーク Suffolk（一三九六―一四五〇）はソールズベリーの後をうけてオルレアン攻囲陣の最高指揮官であった。〔CL〕

(20) ジャン・ドゥ・ジェルソン Jean de Gerson のこと。一三六三―一四二九。フランスの神学者。オッカムの理論を認め彼の哲学の系譜に属する。シャルル六世の宮廷に仕える。コンスタンツ宗教会議（一四一四―一四一八）に参加、教会の大分裂（一三七三―一四一七）の終結に貢献した。なおジェルソンに関しては、ヨーハン・ホイジンガ（ホイジンハ）の名著『中世の秋』（フランスとネーデルラントにおける十四、五世紀の生活と思考の諸形態についての研究。邦訳、世界の名著55、堀越孝一氏訳、中央公論社刊）の緒言で著者みずからが述べているように、その様々な引例が本論において多出するので参照されたい。

(21) クリスチーヌ・ドゥ・ピザン Christine de Pisan（一三六三頃―一四三一）ヴェネチア生まれ。フランスに渡りピカルディの貴族と結婚。夫の死（一三八八頃）後、詩、論説の創作に没頭。各種の形式の詩を残す。著書としては『愛の神への書簡』*Epître du dieu d'Amour*

『シャルル五世事蹟録』*Le livre des faits et bonnes moeurs du roi Charles V*『ジャンヌ・ダルク頌』*Ditié en l'honneur de Jeanne d'Arc* 等がある。彼女はジャン・ドゥ・マンの女性蔑視に抗議して「バラ物語（ジャン・ドゥ・マンの著書）論争」をおこした（このことに関しても『中世の秋』の中でホイジンガは詳細にこれを論じている）。その晩年の作品『ジャンヌ・ダルク頌』（一四二九）は強烈な女性讃美の書となっている。

(22) ヘンリ六世（一四二一—一四七一）　イギリス王、在位一四二二—一四六一、一四七〇—一四七一。ヘンリ五世（既出）の子。幼時に父が死に王位を継承。叔父グロスター公ハンフリー（次兄がベドフォード公ジョン——既出）が摂政となる。フランス王ジャン二世（既出）の死でフランス王位を継承、ジャンの子シャルル（のち七世）の政権と対立する。一四三七年親政を始める。一四五一年ノルマンディを、一四五三年ギュイエンヌを失って後期百年戦争が終る。一四五五年ヨーク公リチャードとの対立が激化、以後ヨーク派とランカスター派の内乱（ばら戦争）が勃発。一四六一年リチャードの子エドワド（四世）はランカスター派を破り王位につき、一四六五年ヘンリは捕えられ幽閉される。一四七〇年エドワドを追い一時王位を回復するが、一四七一年再びエドワドに捕えられ暗殺された。なおシェイクスピアはこの悲劇的人物『ヘンリ六世』を三部作として戯曲化（合作説、改作説等その創作過程は諸説紛々だが）している。この作品中には無論フランス出兵に関する様々なエピソードが描かれるが、我々にすでになじみぶかいベドフォード、サフォーク、グラスデールやタルボット等の人物が登場し、少女ジャンヌがオルレアンの「私生児《バタール》」その他と共に描かれているので、イギリス側から見たジャンヌ像を知るためにも参照をおすすめする。

(23) ラ・トゥレムイユ la Trémouille　ジョルジュ・ドゥ・ラ・トゥレムイユ（一三八二―一四四六）。シャルル六世の侍従長。なお本書では、ミシュレは Trémouille と綴るが Trémoille と綴られることもある。また Trémoille のこともある。

この人物は王太子シャルルの側近の一人として多大の影響力を有しており、終始その力の増大を計り、自分と王のあいだに入る者、過度の威光を得ようとする者に警戒の目を光らせていた。事実彼はジャンヌに協力的だったアルチュール・ドゥ・リシュモン（本章訳註26）を王から離そうと画策したりしている。レジーヌ・ペルヌーは、この人物は吝嗇《りんしょく》で愚鈍な男でそのブルゴーニュ派的根性はフィリップ善良公におもねることをよしとしている、と手きびしい（〔B〕八四、九七頁）。いずれにせよ、この人物はジャンヌの王太子（ランス以後は王）シャルルへの影響力を、王の傍にあって暗に牽制しようと様々な手を打った〈愚鈍〉どころか敏腕な策略家として、ジャンヌのその後に深くかかわった人物である。

(24) ジャルジョー Jargeau　オルレアンに近い町。ジャンヌは一四二九年六月にこの町をイギリス軍の手から奪取した。

(25) ボージャンシー Beaugency　ジャンヌ、六月十七日に同地奪取。

(26) リシュモンは、フランス筆頭元帥、アルチュール・ドゥ・リシュモン Arthur de Richemond 伯のこと。伯はブルターニュ公の兄弟にあたり、その妻はブルゴーニュ公家の出である。それ故はじめは反王太子派（ブルゴーニュ派）に与していた。王太子側の陣営に彼を引き入れようとしたのは王太子妃の母ヨランド（既出）と言われるが、彼と対立しシャルルへの接近をはばんだのがジョルジュ・ドゥ・ラ・トゥレムイユ（本章訳註23）である。伯の帰順は事実上シャルル側から拒否されたことになる。しかし、だからこそ彼は「王や〈乙女〉の思惑に反して」やって来たのである。

（27） コーヌ Cosne　コーヌ・スュール・ロワール。ロワール河沿岸の町名。
ラ・シャリテ la Charité　ラ・シャリテ・スュール・ロワール。ロワール河沿岸の町名。
コーヌおよびラ・シャリテは当時（百年戦争のとき）、何度もイギリス軍に攻囲された。

（28） 王太子シャルルはその時まで、不承不承ながらも単に〈ブールジュの王〉（第I章訳註36）であればよいと考え積極的に動こうとはしていなかった。

（29） 上っぱり（ジャック Jacque あるいは Jaque）は、短くてぴったりとした一種のきっちりとした《ジュストコール》上衣をあらわす古語。この単語がジャケット Jaquette に残っている。〔CL〕

（30） 首かき兵《クチリエ》。クチーユ La coutille とは柄のついた剣で、その先端は棒状になっており、片側だけに刃がついている。柄に近い所は鋭く広い刃渡りになっている〔CL〕。なおG・デュビィおよびR・マンドルー『フランス文化史』（邦訳、前川貞次郎、鳴岩宗三両氏訳、人文書院刊）巻一、二〇七頁によると「首かき兵は、鎧《よろい》のすき間をめがけて、地上にころんだ兵士を攻撃したり、ふり返ることができぬ相手の背後から不意をついたりするのだ」とある。

（31） オーセール Auxerre　この町は、町を牛耳る任を帯びた町議団を指名するブルゴーニュ公のものに属していた。年代記作者モンストゥルレ（この度々註に現われるアンゲラン・ドゥ・モンストゥルレは、ホイジンガの『中世の秋』にも多く用いられる資料『年代記』の作者で、何者であるかは、同『中世の秋』の翻訳者、堀越孝一氏が前掲邦訳版の「史料解題」に記しておられるので参照していただきたい）はこう書いている。

「ついに、両者の間に和議がなされた。そしてオーセールの町民たちは、トロワやシャロンやランスの町民たちがするのと同様の恭順の意を王に対して表わすこととなろう。かくして、王と共にやってきた人々には食糧が、同町の人々には、彼らの銭と引きかえに他の食糧が与えられ、町民たちは平和に暮し、王は今回は彼らを大目に見たのである。」（レジーヌ・ペルヌー［A］一四一―一四二頁）

(32)　マソン長官 le président Maçon　トレーヴの領主、ロベール・ドゥ・マソン Robert de Maçon のこと。

(33)　ジャンヌはここでもトロワの住民にあてて書状を送っている。

「イエスス・マリア

愛する良き友、トロワの町の殿様方、商人の方々、住民の方々へ。お許しいただければ、〈乙女〉ことジャンヌは、ジャンヌの正しき導き主であり、日々その王国のために身を粉にしておられる至上のお方、天の王の命により以下のことを皆々様に乞い願い、告げ知らせます。皆様は生まれ正しきフランス王に真の恭順と感謝をお示しにならなければなりません。王はまもなくランスに、パリに入られることでありましょう。たとい誰が反対しようとも、神の助けをかりて聖なる王国に属するその良き町々に入られましょう。*誠実なフランス人の皆様、シャルル王の面前にお出まし下さい。何の間違いもありませんように。皆様の身の安全も、財産も、申し上げたとおりにして下されば、御心配はいりません。もし申し上げた通りにして下さらないなら、私は皆様の命にかけて以下のことを約束し、保証いたします。私たちは聖なる王国に属すべきすべての町々に、神の助けをかりて入ってゆくでしょう。そして、そうした町々に良き平和を打ち立てるでしょう。たとい誰が反対しようともです。神の言うことをおききわけ下さい。神が皆様をお守り下さいますように。御返事を早急に願います。

トロワの町の前、サン・ファルにて記す。七月四日火曜日」

（訳出はリュシアン・ファーブルの仏文と、＊印以後はレジーヌ・ペルヌー［A］の仏文とをつきあわせて行った。リュシアン・ファーブル、三二四頁。レジーヌ・ペルヌー、一四二頁。）

(34) 後のジャンヌの「処刑裁判」（三月三日）で蝶云々が訊問の対象にされるが、この（白い）蝶に関することの真偽はさだかではない。

(35) トロワ和約（同盟） ポワチエの戦いでイギリス軍の捕虜となったジャン二世（在位一三五〇—一三六四——既出）がイギリスで没すると、太子がシャルル五世（在位一三六四—一三八〇）として即位し、フランスの失地回復につとめた。彼の死後フランスはシャルル六世（在位一三八〇—一四二二）の時代に入るが、王権は王家諸侯の党派争いの前に影がうすくなる。これがブルゴーニュ派対アルマニャック派の内乱であり、イギリス王ヘンリ五世はブルゴーニュ派と結び一四一五年カレーに上陸し、アザンクールの会戦でアルマニャック派を徹底的な敗北に追いこんだ。一四一九年、ブルゴーニュのジャンが王太子の家来に暗殺されるに及び、ブルゴーニュは決定的に反王太子、イングランド派となった。このときヘンリ五世はノルマンディを制圧しておりフランスは進退きわまった。こうしてセーヌ河上流に位置するトロワの町で、フランスにとって屈辱的な条件のもられた講和条約が結ばれた（一四二〇）。これがトロワ和約（同盟）である。この会議に出席しなかった王太子とその一派（アルマニャック派）はロワール河以南の地域を確保していたとはいえ、同和約の条約によりシャルル六世の遺産さえヘンリ五世に譲渡され、さらにフランス王女カトリーヌとの結婚によりフランス王位の継承権をも得たヘンリ五世の強力な力にじりじりと追いつめられることとなる。ヘンリ五世、シャルル六世があいついで没すると、幼王ヘンリ六世が英仏両国の王を兼ねた。

（36）　ジャンヌの手紙（抄）

「いと高き、畏れ多き君ブルゴーニュ公殿、〈乙女〉ことジュアンヌは導きの主、至上の主なる天の王の命により、あなた様に以下のことをお伝え申し上げます。フランス王とあなた様は良き、そして堅き平和を打ち立てられました。その平和は末長く続くのです。お互いに心の底から許し合おうではありませんか。神に忠実なキリスト者がそうしなければならないように。（……）わたしは伝令使に、七月十七日、本日、日曜日にここランスの町で王の祝聖式が挙行される旨の書状をあなた様の許にもたせました。私はそれらの手紙に対する御返事を頂いてはおりません。また、以来私は前述の伝令使より何らお便りを手にしておりません。私はあなた様へのお恵みを神に祈ります。神があなた様をお守りになられますように、良き平和の訪れを祈ります。

ランスにて記す。七月十七日　無署名」

（エマニュエル・ブラサン、一五二頁、書中の当該部分を訳出した。）

(37) 大司教とはルニョー・ドゥ・シャルトゥル Regnault de Chartres のこと。また聖油入れ（saint ampoule）とは、サン・レミの修道院付属教会に保管されてあった聖油を入れるためのビンのこと。その（聖）油は、フランス歴代の王たちのランスにおける祝聖に用いられた。〔CL〕

(38) フランス人はフランスの王に次のような奇蹟の力を付与していたのである。即ち、王がるいれき患者の手に触れ、その手に聖油入れに入っている（聖）油を塗るとるいれきの病が治るというものである。王たる者が初めてるいれき患者に触れるのは、儀式が終了した祝聖式の日のことである。〔CL〕

(39) イギリス軍は、当時母国イングランドにいた幼王ヘンリ（六世）を後にフランスに渡らせ（一四三〇年四月二十三日）、ランスではなくパリで祝聖式を挙行しようとした（一四三一年十二月十六日）。

Ⅲ　ジャンヌ、裏切られ売り渡される

（1）ソワソン Soissons　エーヌ県（フランス北部、パリに近い）の町。サン・メダール Saint-Médard 修道院がある。そのクリプトは九世紀のものとされる。

（2）ラン Laon　前註エーヌ県の現県庁所在地。丘の上にひらけた町。ランのノートル・ダムは十二世紀から十三世紀にかけて建造されたゴチック様式のもの。

（3）シャトー・チエリ Château-Thierry　エーヌ県に位置する町。ラ・フォンテーヌ（一六二一――一六九五）が生まれた町。

（4）プロヴァン Provins　セーヌ・エ・マルヌ県に位置する町。セザールの塔をはじめとする多くの歴史的遺跡が残っている。

（5）ピカルディ Picardie　パリの北、ノルマンディ地方の東にひろがる一帯で、アミアンがその中心都市。

（6）ウィンチェスター枢機卿 cardinal de Winchester（一三七七頃―一四四七頃）ウィンチェスター司教ボーフォート、即ちヘンリ・ボーフォートのこと。ヘンリ四世の兄弟で一四〇五年にウィンチェスターの司教となり、一四二六年に枢機卿となる。コンスタンツの会議に出席しマルチヌス五世を選出。ヘンリ六世を英仏両王に仕立てる（一四三一）。

（7）モー Meaux　セーヌ・エ・マルヌ県に位置する町。マルヌ川沿いにひらけている。

（8）（護国官）グロスター Glocester　グロスター公ハンフリーのこと。一三九一―一四四七。イギリスの貴族。ヘンリ四世の末子。甥ヘンリ六世の摂政となる（一四二二）。貪欲で叔父にあたる枢機卿ボーフォート（ウィンチェスター）の職を奪おうとしたが（一四三二）失敗した。また文学者の保護者としても知られた。なおその次兄ベドフォード公ジョン（一三八九―一四三五）はイギリス王ヘンリ四世の三男で、ヘンリ五世によって、アザンクールの戦いのあと、フランスの摂政（幼王ヘンリ六世のフランス摂政として）に任命された。なおミシュレは本文中 Gloucester を Glocester と綴っている。

（9）カンタベリー Cantorbéry（Canterbury）　イングランド、ケント州の都市。

（10）ヨーク York　イングランド、ヨークシャー州の都市。

（11）イーリー Ely　イングランド東部のザ・イーリー・オブ・イーリー州の町。

（12）バース Bath　イングランド、サマセットシャー州の町。

（13）ここまでのイギリスにおける政治状勢をまとめるとこうなる。引用は富沢霊岸氏著『イギリス中世史概説』（ミネルヴァ書房、人文科学選書四、一九七〇年刊、二二四―二二六頁）である。

「一四二二年八月、ヘンリー五世は生後九カ月の赤子ヘンリーを遺して死んだが、その後は、ノルマンディーについてはベッドフォード公ジョン・オブ・ランカスター、フランスについてはブルグンド公フィリップに委託した。しかしイギリスについては、ヘンリー六世の養育はイグゼター公トーマス・ボーフォール〔ボーフォート――引用者〕に委託したけれども、イギリスの政治をグロースター公ハンフリー・オブ・ランカスターに委託したかどうかがはっきりしなかった。一四二二年一一月議会でグロースター公ハンフリーの権限が問題となり、グロースター公は摂政権を主張したが、ウィンチェスター司教ボーフォールが指導する諮問会議としては、公の権限を王領地の後見権のみと解釈し、しかもベッドフォード公ジョンが大陸にいる間だけの諮問会議の主宰権のみに限ろうとした。

しかも外交政策についても、グロースター公が強硬派であるのに対し、ボーフォール司教はブルグンド公フィリップと同盟し、一四二四年のロンドンにおけるフランドル人排斥運動の取締りを厳にし、輸出先きのフランドルとの友好路線を強調していた。またグロースター公が、ブルグンド公と対立していたエノー侯の娘との縁談を結ぼうとした時、ボーフォール司教らはブルグンド公との協調をまもるためにその縁談に反対し、さらにグロースター公を諮問会議より追放しようとした。ボーフォール司教は、政府に多額の貸付けをおこなって諮問会議に恩義を売ろうとしていたが、実は司教の貸付けは通常の利息の一倍半に当る三割の高利息を伴うもので、これがまたグロースター公を刺戟しており、両者は事毎に対立し、ついに一四二五年一〇月ボーフォール司教は軍隊を率いてロンドンに進撃し、グロースター公軍と対峙することとなった。こうした諮問会議内部の対立を憂えたベッドフォード公は帰国して、一四二六年三月やっと両者を仲直りさせたが、ボーフォール司教の威信は落ち、司教は大法官を辞してローマへ逃れた。

その後もグロースター公ハンフリーの摂政職への野心はくすぶりつづけ、今度は僧職叙任権をめぐって、ローマに逃れたボーフォール司教と対立し続けた。しかも一四二八年、ボヘミアのフスの問題で十字軍が計画され、ボーフォール司教がボヘミア十字軍への参加要請をもってイギリスに帰国してきた。グロースター公は、司教の十字軍要請の説教を妨害する態度に出たが、しかし丁度そのころ大陸の戦況が悪化してきたため、ボーフォール司教が集めた十字軍費は、ローマ法王の許可を得た上で、一四二九年六月に対フランス戦争にふり向けられることとなったのである。」

（14）カボッシュ党 Cabochiens　当時、食肉供給の職に関係する者たち、屠畜職人や臓物を扱う者、皮剝ぎ職人やなめし職人は同業組合によって管理統制され、王政の権限外に置かれていた。と同時にこの肉屋の同業組合はその財政的な豊かさ、その性格上の荒々しさから他の同業組合を圧しており、なかでも肉屋のルジョワ、皮剝ぎ職人ガボッシュ（またはカボッシュ）らは相当な力（武力的にも）を持っていた。彼らはブルゴーニュ派に属しており、シャルル六世下のパリでアルマニャック派に対抗して暴動をおこした。その先頭に立った人物が前述のパリの「肉屋」ガボッシュ Caboche またはカボッシュ Caboche だったので、彼ら一味を総称してガボッシュ党またはカボッシュ党という。

（15）パリの町を指す。

（16）ついでに『乱世の日記』（「渡辺一夫著作集」9、筑摩書房刊、一一三—一一四頁）の当該部分を引用すると——「……生娘《ラ・ピュセル》ト呼バレタ女ラシキ者ガイテ、——ソノ正体ハ、神ゾ知リ給ウ！——彼ラ（＝アルマニャック軍）ヲ口車ニ乗セ、聖母御生誕ノコノ日ヲ期シテ、ソノ日ノウチニ、パリヲ攻メ落ソウト、謀《ハカリゴト》ヲ運《メグラ》シテ衆議一決シタガ、集マッタモノハ、正ニ一万二千人以上ニモ及ンダ。大弥撒《ミサ》ノ時刻、十一時ト十二時トノ間ニ、奴原《ヤツバラ》ヲ率イタ生娘《ラ・ピュセル》ハ、パリノ濠割ヲ埋メヨウトシテ、三筋ノ枝蔓デ締メククッタ雑木ノ枝ノ大束ヲ、山ノゴトク積ンダ夥シイ数ノ手押車、荷車、馬匹ヲ伴ッテ推シ寄セテ来タ。カクシテ、サン・ドニ門トサン・トノレ門トノ間ニ攻撃ヲシカケ始メ、極メテ苛烈ナ攻メ立テ方ヲシタ。攻メ寄リナガラ、彼ラハ、パリノ人々ニ対シテ、悪口雑言ノ限リヲ尽シタ。シカモ、ソノ場ニハ、奴原《ヤツバラ》ノ生娘《ラ・ピュセル》ノ姿ガアッテ旌旗ヲ守リ、濠割ノ土手ノ上ニ控エ、パリノ人々ニカク呼バワッタ。『イエズスニカケテ、直チニ我ガ軍ニ降参セヨ。ナントナラバ、夕刻トナル前ニ降参シナイ時ニハ、我ラハ力ズクデ、好ムト好マザルトニ拘ラズ、城内ヘ討チ入リ、汝ラヲ悉ク容赦ナシニ殺戮イタスゾ』ト。——『左様カナ！　コノ助平女《バイヤルド》メ！　淫売《リボード》メ！』ト、誰カガ答エタ。ソシテ、ソノ持テル弩ノ矢ハ、真一文字ニ、カノ娘ニ向イ、ソノ脚ヲ貫イタノデ、娘ハ逃レ去ッタ。」

ブルゴーニュ派の立場から見たジャンヌ像はこのように変化する。これはまさしく歓迎されざる〈パリ〉への闖入《ちんにゅう》者の姿である。

(17)　文字（儀文）littera と霊 spiritus は西洋では古来しばしば対立関係でとらえられ（例えば第二コリント、三・六）、律法、法則、文章などのもつ客観的な価値とまた空洞化、無力化の可能性、それを活かす霊の力と同時に主観的幻想に陥りかねない霊の危険性が、兼ねあいの関係で論じ続けられている。

(18)　サン・ピエール・ル・ムーチエ Saint-Pierre-le-Moutier　ニエーヴル県（フランス中部）

に位置する町。ジャンヌはこの町を一四二九年十一月に攻略した。当時、当地には国王裁判所があった。コンピエーニュに近い。

(19) ラ・シャリテ la Charité (-sur-Loire)　ニエーヴル県に位置する。

(20) この付近、とりわけラ・シャリテは、ペリネ・グレサール Perrinet Gressart なる人物が部隊を率いてイギリス側に協力していた。このグレサールが何らかの計略を練ったのだろうが、記録に残るこのパ、ニ、ッ、ク、が一体どのようなものだったのかはっきりしない（例えばエマニュエル・ブラサン、一八三頁参看）。

(21) ルーヴィエ Louviers　ユール県に位置する町。このルーヴィエ攻撃はラ・イールが行い、一四二九年十二月、同町を奪取した。

(22) ブルゴーニュ公（フィリップ・ル・ボン——フィリップ善良公）のこと。イザベル・ドゥ・ポルチュガルとの結婚に際し、その婚儀は世人の目を驚かすに足るほどの華やかさであり、さらに金羊毛騎士団の創設など、公の財力、権力は当時実に大きかった。

(23) ソワソンの司令官とは、ギシャール・ブルネル Guichard Bournel のこと。彼はジャンヌたちが同市を訪れたとき、これを受け入れたが、ジャンヌ出立のあと、ブルゴーニュ派であるジャン・ドゥ・リュクサンブールにねがえった。

(24) コンピエーニュ Compiègne　パリの北西約八〇キロの地点に位置する。現在パリ北駅から一時間、急行なら四十分と少しで行くことができる。駅から川に沿って旧市街に向うと軍旗をかざしたジャンヌの騎馬像がある。オワーズ川にかかる橋をわたり市庁舎に向うと、ジャンヌ像が広場にも、庁舎の入口にもある。当時コンピエーニュはピカルディの要地であり、フィリップ・ル・ボン（ブルゴーニュ公）はこの地の奪取に固執していた。また一九一四年から四年三カ月にわたって戦われた第一次大戦において、ドイツと連合国との休戦協定が成立したのがこのコンピエーニュ（の森）であり、加えて第二次大戦の折り、ドイツ軍のパリ占領にともないボルドーに避難した政府がアンリ・フィリップ・ペタン首相をしてドイツ軍と休戦協定を結ばしめた（一九四〇年六月二十二日）のがこの地であり、前後二回の休戦協定はいずれも運命的な客車においてなされたことは有名。

(25)　その町の司令官とは、コンピエーニュの守備隊長ギヨーム・ドゥ・フラヴィ Guillaume de Flavy のこと。このギヨームはショワジイの隊長（ショワジイはコンピエーニュの森の北に位置するショワジイ・オ・バック Choisy-au-Bac のことで、ブルゴーニュ派の軍団がそこを攻囲したとき、同町の隊長はそこを逃げ出した）の兄にあたる人物だが、後年歴史家の間で、ジャンヌ捕縛の一件に関して、この人物が故意に跳ね橋を上げて彼女の退路を妨害し、敵方に彼女が捕えられるよう仕向けたのでないか（レジーヌ・ペルヌー〔A〕一七七―一七八頁参看）という疑問（非難）がおきた。事実は厳密には不明、推測の域を出ず、各歴史家の主観にゆだねられている。

(26)　ブルゴーニュ公の年代記作家であるジョルジュ・シャトゥラン Georges Châtellain は次のようにジャンヌのいでたちを叙している（訳出はリュシアン・ファーブルの書中の引用文、三九七―三九八頁による）。

「馬にうちまたがった彼女は、男のように武具を身につけ、鮮紅色の地に金糸を織りこんだ素晴らしいラシャ地の上衣でその甲冑を飾っていた。彼女は大層美しく、堂々としている葦毛の駿馬を駆馳《くち》させ、甲冑に身を包み、まるで大軍団を率いる大将のように凜々しかった。このようにして、彼女はその旌旗を高くかかげ、風になびかせながら、あまたの貴人をひきつれて、およそ午後の四時あたり、一日中閉じこめられていた町の城門の外に打って出た。」

言うまでもなく、この叙景内容は著しく誇張されている。

(27) 同じくジョルジュ・シャトゥランの『年代記』から引用訳出する（訳出はレジーヌ・ペルヌーの書〔A〕の引用文、一七八―一七九頁による）。

「フランス軍は〈乙女〉と共に、ゆっくりと退却を始めた。それはまるで敵共に対してもはや勝ち目がなく、むしろ危険と損害を招くばかりと判断したかのようであった。かくして、それを目にし、血に飢えたブルゴーニュ派たちは、味方の攻勢に押されてひく彼らを見ているだけでは満足できず、さらに近くまで攻めよせれば彼らに甚大なる損害をあたえられんとばかりに、徒《かち》にて、また馬にて彼らの中に打ちかかり、フランス軍に多大の損害をあたえたのである。〈乙女〉は、女の身にもかかわらず、よくその任を果し、己が仲間を救うべく獅子奮迅の力を発揮し、部隊の長《おさ》のごとく、かつまた部隊の勇猛果敢なる者のごとくその殿《しんがり》にとどまっていた。そこで、天運が幸いした。その栄光の最後にして、もはや彼女は武器を手にすることはない。几帳面で、ひどく勘のするどい一人の弓兵が、人の口端にしばしばのぼるかの女が、あまたの勇敢なる男たちに追いつめられたのをこれ幸いとばかりに、彼女の甲冑の上なる金糸を織りこんだ上衣の端を引っつかみ、その女を馬上からひきずり降ろし、地面に組み伏せた。彼女を助けにやってくる仲間はいなかったので、彼女はひきおこされた。だが、ヴァンドームの私生児、と呼ばれる一人の兵士が、彼女が馬から落ちたときに通りがかっており、その男が彼女のすぐそばにいたので、彼女はその彼に向って誓いの言葉〔「私はあなたの捕虜です」という言葉——訳者〕を述べた。彼が、自分は貴人であると告げたからである。王を手中にするよりずっと喜んだ彼は、早速彼女をマルニィの陣営に連れてゆき、その任の終るまで彼女を警護した。彼女と共に捕縛された者たち、フランス軍の騎士ポトン・ル・ブルギニョン、〈乙女〉の兄（ピエール）、給仕頭ジャン・ドーロン、そして他数人の者どももまた、マルニィの陣営に引き立てられ、そこに留め置かれたのであった。」

(28)　ヴァンドームの私生児 le bâtard de Wandomme ジャン・ドゥ・リュクサンブール Jean de Luxembourg 配下の騎士。

(29)　ジャンヌ捕わる、に関して『パリ市民の日記』は次のようにしたためている。訳文は渡辺一夫氏のもの（『乱世の日記』）。

「同ジク《イテム》、五月二十三日、アルマニャック方ノ生娘《ラ・ピュセル》タルジャンヌ殿 dame Jehanne, la Pucelle aux Armagnacs ハ、コンピエーニュ城前デ、ジャン・ド・リュクサンブゥール殿及ビソノ配下ノ軍兵、及ビパリニ来タ千有余ノイギリス兵トノタメニ捕エラレタ。ソシテ、生娘《ラ・ピュセル》ノ部下デアル軍兵ノ四百人アマリハ、殺傷サレ或イハ溺死セシメラレタ。」

なお、同様にして、ジャンヌ捕わる、の報を耳にしたフィリップ善良公（ブルゴーニュ公）

はクーダン Coudun からマルニィ Margny に、囚われの〈乙女〉に会うため駆けつけた、とされるのだが、我々にとって興味津々たるこの〈会見〉の様子を、その忠実な記録係であるモンストゥルレが何らかの理由で、叙していないのは残念である。

(30) なお同日の記録を他から引用すると、

「同じく、ラニー〔パリの東、マルヌ河畔に位置する町、ラニー・シュール・マルヌのこと〕ではその剣を持っていたが、ラニーからコンピエーニュに進む間はブルゴーニュ派の兵士の剣を身につけていた。これは戦闘には優れた剣で、突いたり打ち振ったりするのに便利なものだった、と述べた。」一四三一年二月二十七日(公開審理)。〔PC〕

(31) その訊問の様子を『裁判記録』より引用する。

「ラニーで死に至らしめたフランケ・ダラス〔Franquet d'Arras 但しミシュレは François d'Arras と綴っている〕という名の男について訊ねると、死に値するのなら殺してもよいと同意した事は認めるが、その男は殺人を犯し、盗みを働き、裏切りをした人物だったからであり、且つその男の裁判は十五日間にわたって行なわれ、サンリスの王の代官《バイイ》とラニー裁判所の判事が裁判官だった、と述べた。さらに、自分はこのフランケという捕虜とパリの住人で牡熊《ウールス》という名の宿屋の主人を交換しようと要求したが、宿屋の主人が死亡したと聞き、代官からもフランケを釈放することは誤った裁判をすることになると言われたので、自分は代官に『私の取り返そうとした人は死亡してしまっているので、この男は裁判で決まった通りにして下さい』と言ったのだ、と述べた。」三月十四日(牢内の審問)。〔PC〕

(32)「ラニーで蘇生させた幼児は何歳だったかと問うと、次のように答えた。その子は生後三日目で、ラニーの教会の聖母像の前に連れてこられたものであった。自分は町の娘達が聖母像の前に集まっていると聞いたので、子供を甦らせるよう神と聖母に祈りに行こうと思った。そして実際そこに赴き他の娘達と一緒に祈った。遂に子供は生命を取り戻し三度大きな呼吸をした。」三月三日（公開審理）。〔PC〕

(33) 百年戦争が勃発したとき、教皇ならびに教皇庁はローマにはなく、フランスのアヴィニョンにあった。教皇クレメンス五世はガスコーニュ出身でボルドーの大司教をつとめた人物だが、フランスで教皇に選出されたあとイタリアには赴かず、一三〇九年より教皇座を南仏のアヴィニョンに定めた。このクレメンス五世から始まる諸教皇六名は約七十年間アヴィニョンに住み、ローマ教会を支配した。この時代を〈教皇のアヴィニョン捕囚時代〉とか〈アヴィニョン教皇時代〉とかいう。この時代、アヴィニョンに居を定めた六名の教皇たちはフランスに依存し、フランス国家の権威を尊重したのは当然で、フランスと交戦していたイングランド人は彼らを嫌い、イタリア人もまた当時内戦の渦中にありながらもこのことを快く思ってはいなかった。

グレゴリウス十一世（一三七〇―一三七八）は一三七六年九月、フランスの強い反対の中でアヴィニョンを去って、ローマに入りそこで死んだ。彼の死後フランス人枢機卿およびその他の枢機卿、そしてローマ市民のそれぞれの思惑の中で開かれた教皇選挙会において選出された新教皇はアプーリアのバリの大司教バルトロメオで彼はウルバヌス六世（一三七八―

一三八九）と名乗った。イタリア人の教皇が出現した。だがフランス人枢機卿たちはこのことを認めず、ウルバヌスの選挙の無効をとなえてフランス人であるジュネーヴの枢機卿ロベールを教皇に選出した。彼はクレメンス七世（一三七八—一三九四）と名乗った。ここにおいて二人の教皇が出現し、ウルバヌスはローマに教皇座を置き、一方クレメンスはアヴィニョンにそれを定め、それぞれ後継者を残した。つまり西欧のキリスト教はアヴィニョン教皇庁とローマ教皇庁に分裂したのであり、以後約四十年間、〈教会の大分裂（大離教）〉といわれる時代に突入することとなる。この大分裂が事実上終息するのはバーゼル公会議であった。（以上 Maurice Keen, *A History of Medieval Europe.* 邦訳『ヨーロッパ中世史』モーリス・キーン著、橋本八男氏訳、芸立出版を参照した。）

このようにして存在した二人の教皇のうち、どちらの教皇に従うべきかという問題は当時の西欧キリスト教世界においては深刻な問題であった。アルマニャック伯はこのことについてジャンヌに問うたのであり、伯の質問状（書翰）を受けとらなかったか、受けとったなら何と答えたか、という問いに対し、三月一日（公開審理）の場で、ジャンヌは、たしかに伯からの書翰は受けとり、自分はローマにいる我らの聖なる父、教皇を信じている、と答えた、と記録されている。

（34）ランスの祝聖式のとき、ジャンヌの父、〈伯父さん〉のデュラン・ラクサール（またはラソワ。第Ⅰ章訳註30参照）、そしてドンレミの彼女の友人たちがランスにやって来たので、ジャンヌは大変感激している。

（35）ジャン・ドゥ・リニー Jean de Ligny　リニー伯ジャン・ドゥ・リュクサンブール Jean de Luxembourg のこと。

（36）ブルゴーニュ公のこと。ブルゴーニュ公はフィリップ・ル・ボン Philippe le bon 即ちフィリップ善良公《ル・ボン》と呼ばれていた。

（37）ブスィコー元帥 le maréchal Boucicaut（ジャン・ル・マングル Jean Le Meingre）のこと。ジャン無畏公《サン・プール》と共にニコポリスに出陣したり捕虜になったり、アザンクールの戦いに参加したり、また捕虜になったりと、めまぐるしくも誠実に戦ったこの人の人となりはその『武勲の書』に詳しい。ホイジンガはその書『中世の秋』において、このブスィコー（訳文ではブシコー）をこう叙している。

「ブシコーの敬虔ぶりは、清教徒《ピューリタン》を想わせる。朝は早く起き、たっぷり三時間、お祈りをする。どんなに急いでいても、どんなに忙しくとも、かれはかならず毎日二度、ひざまずいてミサにあずかったという。（……）かれは、女性に対するけだかく誠実なサーヴィスの、熱心な擁護者であった。かれは、ひとりの女性のために女性すべてを敬い、女性を守るためとして、『緑の楯の白い貴婦人』騎士団を創設して、クリスチーヌ・ド・ピザンにほめられている。（……）あるとき、かれは、路上で出会ったふたりの女性の会釈にこたえて、丁重に挨拶を返した。『殿』と、従者がたずねた、『殿がたいそう丁重に挨拶された、あのふたりのご婦人はどなたですか』。『ウーグナン』と、かれはいった、『わたしは知らぬ』。そこで従者はいった、『殿、あれは娼婦ですよ』。『娼婦だと』。かれはいった、『ウーグナン、わたしは素姓正しい婦人ひとりに礼を失するよりは、むしろ十人の娼婦に礼をつくしたほうがよいと思うのだ』」（『中世の秋』堀越孝一氏訳より）

また Johanna Maria van Winter の名著 *RIDDERSCHAP: ideaal en werkelijkheid*（邦訳『騎士――その理想と現実』佐藤牧夫、渡部治雄両氏訳、東京書籍刊）は、実に興味深く〈騎士〉像を分析、紹介しているので御参照いただきたい。

（38）こうした聖母崇拝（マリア信仰）の思潮は西欧キリスト教世界のなかで異端視されながらも広く民衆の精神を支配したものであった。ドニ・ドゥ・ルージュモン Denis de Rougemont, *L'Amour et l'Occident*（邦訳『愛について――エロスとアガペ』鈴木健郎、川村克己両氏訳、岩波書店刊）はこの問題について詳しく論じており、またホイジンガの『中世の秋』では、同書中「V　恋する英雄の夢」において、騎士と女性、騎士（男）と処女（女）についての当時の理念がよく描かれている。J・M・ファン・ウィンターの書ではその第三節「婦人に対する奉仕」が興味深いので御参照いただきたい（タイトル名はそれぞれの訳書のもの）。

（39）アンジュー家に王子の教育係として仕えたフランスの作家、アントワーヌ・ドゥ・ラ・サル Antoine De La Salle（一三八六―一四六〇頃）は、晩年には中世末期の外面化した騎士道の姿を、現実主義的な目で皮肉にながめて描いた作品『小姓ジャン・ドゥ・サントゥレ』*Petit Jehan de Saintré*（一四五六年作）を書いた。

小姓ジャンは愛する貴婦人のすすめで修業の旅に出るのだが、その間に貴婦人は低俗な修道院長と恋仲になり、怒った小姓ジャンは貴婦人に復讐するが彼の恋と忠誠の心は踏みにじられてしまう。騎士道の理想と現実のギャップが描かれる。なおこの書の題名は実に長く、*L'Histoire et Plaisante Chronique du petit Jehan de Saintré et de la belle dame des Belles Cousines* である。

(40) アニェス Agnès　アニェス・ソレル Agnès Sorel のこと。シャルル七世の愛妾。

(41) フィリップ・ル・ボン（善良公）のこと。第I章訳註46参照。

(42) ブリュージュ Bruges　ベルギーの古都。西フランドルの中心で北のベニスの異名をもつ町。なおブリュージュとはフラマン語の Brugge「橋」を意味する言葉。

(43) ルーベンス Rubens（一五七七―一六四〇）　フランドルの画家で身近な人々をモデルにして絵を描くことをよくした。〈十字架降下〉は十字架上で死を迎えたキリストがそこから引き降ろされる情景を描いたもので、マグダラのマリアは十字架上のイエススにまつわるすべてを目にした女性。

ルーベンスの描いた有名な〈十字架降下〉はアントワープ（ブリュッセルの北に位置する港町）のノートル・ダム大寺院にある。

(44) イアソン Jason　イオルコス王アイソンの子。成人後、父の王位を奪っていた叔父に王国の返還を求める。叔父は金毛の羊皮の持参を条件としたので、アルゴー船で黒海沿岸のコルキスに着き、メディアの助けで、彼女の父王の羊皮を手に入れて帰国。その間に父は自殺させられていたので、叔父の娘たちをだまして叔父を殺させ、コリントに逃れたが、十年後にメディアを裏切って離婚。のち、落下してきたアルゴー船材に打たれて死ぬ。

金羊毛騎士団　フィリップ善良公（ブルゴーニュ公）の創設したこの騎士団は先に示したギリシャ神話中のイアソンの金羊毛からその名をとっている。この騎士団の性格は、無論他の諸々の騎士団と同様宗教的意味合いが強くはあったが、ブルゴーニュ公への忠誠を誓う選りすぐりの者たちの集団ともいえ、公の財力をバックに当時他の騎士団を圧倒していたことは事実である。有名なガーター勲章がガーター騎士団（イギリス）のものであるように、この騎士団は金羊毛勲章をもち、この勲章は今もなおオーストリア、スペインにおいて重要な、そして高い価値を有する勲章として残っている。

なお中世ヨーロッパにおけるこうした騎士団の詳細は、例えばホイジンガの『中世の秋』の「Ⅵ　騎士団と騎士誓約」（中央公論社刊）、Philippe du Puy de Clinchamps, *La Chevalerie* (Coll. Que sais-je ? N° 972), Régine Pernoud, *Les Templiers*（Coll. Que sais-je ? N° 1557）（いずれも邦訳あり）等を御参照いただきたい。

（45）ヴァン・アイク Van-Uyck　アイク兄弟の弟ヤン（一三九〇頃—一四四一）のこと。彼は一三九〇年頃リエージュで生まれ、一四二五年フィリップ善良公に召された。なお金羊毛騎士団の銘の変更の経緯は、様々なエピソードと共にホイジンガの『中世の秋』に詳しい。

（46）ケルメス祭 Kermesse　ケルメスはフラマン語で「教会のミサ」の意味で、オランダやフランドルで行われる教区の祭り、または年毎の市の祭りのこと。

（47）ナミュール Namur　ベルギーの都市。

ペロンヌ Péronne　フランス、ソンム県に位置する町。

バール・スュール・セーヌ Bar-sur-Seine　フランス、オーブ県に位置する町。

モー Meaux　フランス、セーヌ・エ・マルヌ県に位置する町。

（48）フィリップ善良公の父ジャン無畏公はモントローにおいて王太子派の手により殺された。

（49）サテュロス（劇）「その姿は通例山羊の角や耳、長い尾に、蹄のついた脚をもち（……）毛ぶかく、鼻は低く、口は大きく、しばしば興奮した男性器をもつ、ふつうは若い成年男性の精霊である。（……）彼らは群れて、あるいはディオニューソスやその他の山野の神に伴って、跳ねまわり踊り狂う、そして笛や笙《しょう》をこのんで奏《かな》でる。このような姿と性徴とをもって、彼らは春ごとに悲劇と併せて上演される、サテュロス劇に舞唱団《コロス》となって現われた。」（『ギリシア神話』呉茂一氏著、新潮社刊、一七九頁参看）

（50）アンリ七世　アンリ（ハインリヒ）七世 Henri de Luxembourg（一二七五―一三一三）のこと。

（ボヘミアの）ジャン（ヨーハン）王　ジャン・ドゥ・リュクサンブール（ジャン一世、一三一〇―一三六四）のこと。アンリ七世の息子。

（51）長兄とはイギリス王に仕えるフランスにおける大法官ルイのこと。

（52）カレー Calais　パリから二七四キロの地点。英仏海峡連絡の要衝で、現在では英国に向う国際列車の中継地。また当時は、イギリス軍が同地をしっかり確保していた。

（53）ドミニコ会の一修道士とは、マルタン・ベロルム Bellorme（あるいは Bellorini か

Billorin）のこと。彼はドミニコ会修道士で〈フランス王国異端審問官〉le Grand Inquisiteur de France ジャン・グラヴラン Jean Graverent の代理人であった。以下に抄訳する書翰は本文中〈二十六日〉（五月二十六日）付の〈通達〉である。

「いと高き、いと強き君、我らがいと高き、畏くも我らが君、ブルゴーニュ公フィリップ殿

（……）

すべての忠実なるキリスト教徒たる君主、そして他のすべての真のカトリック教徒は、信仰に背く過誤（……）を根絶することを義務づけられております。（……）我々は、我らが法廷の権利、およびローマの聖なる教皇座より委託されし権威にもとづき、（あなた様は）カトリックの信仰のために、また、果さねばならない任務にもとづき、早急に、ジャンヌと申せし者我らに送り、我らのもとに引き立てるよう、下知、厳命なさりませ。ジャンヌと申せし者、異端くさい諸々の科《とが》を強く疑われし者なれば……」（エマニュエル・ブラサン、二〇五—二〇六頁）

（54）「カボシャン」（本章訳註14参照）という結社（ブルゴーニュ派寄りの立場をとる）が一四一三年にパリにおいて反国政改革と反アルマニャック（派）を唱えて一種の反乱をおこし（この年までその反乱は数回を数えるのだが）、対立する人々を多数処刑するに到る。この乱の鎮圧にはパリ大学が介入したとされる。この時、ピエール・コーションは処刑にかなり助力したらしい。この乱は長くは続かず、鎮圧されたカボシャンたちは失墜の憂き目を見ることとなる。パリは一時的にもせよアルマニャック（派）色が濃厚になりブルゴーニュ（派）

はパリから一掃されたのである。

(55) ボーヴェ Beauvais　パリの北北東七七キロに位置する町。その町の巨大なサン・ピエール大聖堂はゴチック様式の偉容で有名。このボーヴェからコーションは一四二九年フランス軍の手で追放されている。なおルーアン Rouen（司教区）は独立したものであり、本来ボーヴェ（司教区）とは関係がない。

(56) ジャン・ドゥ・リニー Jean de Ligny の妻　ジャンヌ・ドゥ・ベテューヌ Jeanne de Béthune のこと。彼女とその伯母（la vieille Demoiselle de Luxembourg）はジャンヌ・ダルクに対してことのほか優しかった。ジャンヌ・ダルクはこの二人の好意を法廷で次のように述べている。

「（……）私は主のお許しなしに衣服をかえるつもりはありません、と答えました。ドゥモワゼル・ドゥ・リュクサンブールとボールヴォワールの城主夫人が服を下さり、何か作りなさいと言って布地を下さいました。（……）リュクサンブールの奥方様は、リュクサンブールの殿様に、私を絶対にイギリス軍に引き渡さないで下さい、とお願いして下さいました。」三月三日（公開審理）。レジーヌ・ペルヌー〔A〕一八三―一八四頁参看（訳出は同書の引用文より）。

Ⅳ　裁判――ジャンヌ、教会に従うことを拒絶

（1）　ボーリュー Beaulieu　アンドル・エ・ロワール県に位置し、ここにある城にコンピエーニュで捕まったジャンヌは入れられた。

「同じく、いかなる理由でボーリューの城を二本の格子の間から脱出しようと考えたのか、同女の行なった宣誓にかけて真実を答えるよう要求・訊問した。同女は、どんな場合であろうと逃げようと思わない捕虜はいないだろうが、この城にいた時も偶々出会った門番がいなかったなら、番人達を塔の中に閉じこめていたであろう、と答えた。」三月十五日（牢内の審問）。〔PC〕

（2）「飛び降りたのは声の、お告げで行なわれたものかと問うと、聖女カトリーヌは毎日のように、飛び降りてはならない、神は自分とコンピエーニュの市民を救い給うであろうと告げていた、と答えた。被告ジャンヌは聖女カトリーヌにむかい、神がコンピエーニュ市民を助け給うのなら自分もそこに赴きたいと話した。すると聖女カトリーヌは『間違いなく聴き届けてあげなければならぬことです。けれどもお前はイギリス王に会わない限り解放されません』と同女に告げた。（……）聖女カトリーヌ及びマルグリットにむかって、『神はコンピエーニュの善良な市民達を死なせるようなひどい意地悪をなさるのか……』と言ったことがあるか、と訊ねると（……）聖女達には次のように話したのだと答えた。『わが主に対してあれほど

忠実であったコンピエーニュの市民達を、どうして神は死ぬままにしてしまわれるのですか』と。」三月十四日（牢内の審問）。〔PC〕

(3)「第三にボールヴォアールの塔の件に関しては、『私がそれを敢えてしたのは絶望のあまりではなく、自分の肉体を救い、窮状におかれた善良な市民達を救出に赴こうとする希望からでした。飛び降りたあと私は告解をしてわが主にお許しを求めました』と答え……」三月十四日（牢内の審問）。〔PC〕

(4)「同じく、次のように述べた。塔から落ちたあと同女は、二、三日の間食欲がなくなり、またこの墜落で飲み喰いのできなくなる程の傷を受けた。」三月十四日（牢内の審問）。〔PC〕

(5) アラス Arras　パ・ドゥ・カレー県の中心都市。

クロトワ Crotoy　ソンム県に位置する港町ル・クロトワのこと。百年戦争の期間中、同地はイギリスとフランスをつなぐ港として使用されていた。

(6)「どのような方法でオルレアン公を救出するつもりだったのかと問うと、同公を取り戻すためには大陸側にいるイギリス兵を大勢捕えたいと思った。もしこちら側で充分な捕虜がえられないなら、海を押し渡って同公をイングランドに取り戻しにゆくつもりだった、と答えた。」三月十二日（牢内の審問）。〔PC〕

(7) サントゥライユ Saintrailles, Xaintrailles、ラ・イール La Hire、シャバンヌ Chabannes、ブサック司令 le maréchal de Boussac 等は、一四三〇年十月二十四日同市の防備壁に到り、ジャン・ドゥ・リュクサンブールが構築した壁を打ち破った。翌二十五日にはブルゴーニュ派は総くずれとなり、解放に到る。まさにジャンヌの言葉通り神は同市を見捨てなかったのである。なお同市の解放の日付は、その戦闘の経緯からも十月二十八日と考えるのが妥当か。

(8) ノワイヨン Noyon　オワーズ県に位置し、コンピエーニュに近い。

(9) ジェルミニー Germigny はロワレ県に位置する。ロワレ県はオルレアンを含む。サントゥライユはここで大活躍し、再編成されたブルゴーニュ派軍団に手痛い敗北を与えた。

(10) ルーヴィエ Louviers　第Ⅲ章訳註21参照。

シャトーガイヤール Châteaugaillard（一般には Château-Gaillard）ユール県、レザンドリスの町にあるこの城は、十二世紀にリチャード獅子心王（一世）によって再建されたものである。

(11) バルバザン Barbazan, Arnaud Guilhem, seigneur de　貴族、アジュネの元帥、ついでシャンパーニュにおける国王の代官となる。忠義、寛容、勇敢で、「非難すべき点のない騎士」と綽名された。ビュルニヴィルの戦いで瀕死の傷を負い捕虜となる。

(12) 国王顧問官および秘書官ジャン・ドゥ・リネル署名による問題の書翰は、高山一彦氏訳の〔PC〕によって読むことができる。なおミシュレの引用はかなり自由なものである。

(13) 代官は、修道士ジャン・ル・メートゥル Jean Le Maistre（または Lemaître）を指すと思われる。

(14) ジャン・ドゥ・ラ・フォンテーヌ Jean de La Fontaine　彼は比較的ジャンヌに対して好意的な人物だった。

(15) ジャン・デスティヴェ Jean d'Estivet のこと。後に七十箇条に及ぶ論告を展開する人物で、コーション寄りの立場をとる人物であった。

(16) 二月二十七日に行われる。

(17) 小アジアの都市ゴルディオンの王ゴルディアスの宮殿に複雑にもつれた綱があり、その結び目を解いて王の車の轅《ながえ》に軛《くびき》を結びつけた者はアジアの支配者になる、と神託は語っていた。アレクサンドル大王はこの誰も解くことのできなかった〈ゴルディアスの結び目〉を一刀両断に断ち切った。

(18) 三月一日（木曜日）に行われた。

(19) この導入の審問とジャンヌの応答は第四回審理冒頭のものである。

(20) 三月三日の審理とは第六回審理を指す。

(21) ここでいう旌旗とは、兵士が槍につける小旗のことを指す。ミシュレは旌旗と小旗をともに étendard としている。

(22) 三月十二日、司教館（コーションの館）における会議において、ドミニコ会修道士ジャン・ル・メートゥルに対し、コーションは裁判への参加を要請している。この要請の根拠は次に示すフランス王国異端審問総官ジャン・グラヴランからの委任状にある。

「異端検察官の委任状

キリストにおいて親愛なる子、ドメニコ会ジャン・ル・メートル修道士に、信仰を創始・完成せるわが主イエズス・キリストにおいて幸あれ。教皇の任命によりフランス王国内の異端検察官〔総監〕である神学博士、ドメニコ会修道士ジャン・グラヴランより。
キリストにおいて尊敬すべき神父ボーヴェー司教閣下は、俗称〝乙女《ラ・ピュセル》〟という女ジャンヌの件に関し、次のような文で始まる依頼状で報告を寄せた。『主の恵みによりボーヴェー司教であるピエールより。尊敬すべき修道士ジャン・グラヴラン師へ……』然るべき理由により本官は現在みずからルーアンに出向することができぬため、本官は本官の任務に関するすべて、ならびに前記ジャンヌの件を最終判決をふくめて貴下の熱意と深い配慮に託することとし、ここに本委任状により特に貴下に余の代理を命ずるものである。神を讃えるため、ならびに信仰の発展と人々の教化のために、貴下が本任務を忠実に励まれんことを。
以上の委任の証として本官の使用する印璽をここに捺印する。クータンスにおいて、キリスト降誕より千四百三十一年三月第四日。

N・オジエー署名」

（訳文は高山一彦氏のもの。〔PC〕一一三―一一四頁）

(23) 聖ヨハネの祝日は六月二十四日（誕生）と八月二十九日（死去）であるが、ジャンヌが捕えられるのは五月二十三日である。
(24) 三月十日、牢内での審問による。
(25) この部分は三月十二日、牢内での審問に対するジャンヌの答弁である。
(26) 出エジプト記二〇・一二およびマタイオス一九・一九。
(27) 三月十二日、牢内における審問。

(28)　聖母の祝日　生誕の祝日は九月八日。その他、お告げの祝日三月二十五日、被昇天（の祝日）八月十五日、無原罪の御やどり（の祝日）十二月八日。
(29)　三月十三日の牢内における審問。
(30)　言うまでもなく、「自殺」はキリスト教では禁じられた行為である。
(31)　ジャン無畏公が王太子シャルル側の手によって、モントローの橋上で暗殺された事件（第Ⅰ章訳註46）。この一件によってフィリップ善良公は対（王太子）シャルル色を鮮明に打ち出す。
(32)　バーゼル公会議は一四三一年に開催された。
(33)　ジャン・ル・メートゥル Jean Le Maistre（または Lemaître）を指す。本章訳註22参看。
(34)　パピニアヌス Papinien　一四〇頃―二一二。ローマの古典法学者。（Q・）スカエヴォラの弟子。近衛総督となる（二〇三）。カラカラ帝が弟ゲタを殺したのを非としたため、帝の命で殺された。当時最大の法学者として、パピニアヌス派の創始者となった。
(35)　枝の主日とは復活祭直前の日曜のこと。
(36)　この日（三月二十七日、枝の主日の後の火曜日）、ルーアンの城内において、ジャンヌは告訴状に対する答弁をうながす要請文を読み聞かされ、これよりボーヴェ教会参事会員ジャン・デスティヴェ（本章訳註15）による七十箇条に及ぶ論告が展開される。なお前出十二箇条の告発文（命題）は、ジャンヌの供述だけによって作成されたのに対し、本論告はその供述外のさまざまな情報、記録等も加味されて作成されている。

（37）第十五条の論告に対するジャンヌの答弁。
（38）聖金曜日とは復活祭の前々日を指し、キリスト処刑の日を記念する日。

V 誘惑

（1）一四三一年四月十八日。この日の様子を裁判記録によるとこうなる。

「（……）被告ジャンヌの答弁ならびに告発をうけた被告の言動に重大な過誤が認められるため、被告がこれを改めぬ限り被告は非常な危険にさらされることを知り、誠実且つ学識に富む人々によって被告に慈悲深い訓戒を与えて真理の道に連れ戻すため、誠意ある信仰の告白を被告に行なわせることを決定した。このため本日、我等はジャンヌの牢に出向くこととなった。（……）余、司教はこの時病気と称したジャンヌに語りかけ、右の諸博士が親しく且つ慈愛をこめて被告を訪れたのは、被告の病床を見舞い、慰め励ますためであることを明らかにした。次いで余は被告に、長期にわたり、多くの学識ある人々の前で信仰に関する重大な審問がおこなわれ、被告が様々な答弁を行なった次第を想起させ（……）被告の答弁の中には信仰にとって危険なものがあることを指摘し、被告が知識も乏しく字も読めぬ故、被告を然るべく教化するため、被告に学識・経験に富む慈悲深い人々を余が差し向けたものであると説明した。（……）最後に余は被告ジャンヌにむかって、ここに行なわれる訓戒を充分考慮してそれに報いるよう命令した。」〔PC〕

（2）　ミサに与って聖体を拝領すること。

（3）　四月十八日、ジャンヌに対する勧告（訓戒）におけるニコラ・ミディ Nicolas Midy 師とジャンヌとの対話の一部。

（4）　「（……）諸士の陪席すること、並びに多くの人々から訓戒を受けることにより、被告に謙虚と服従の心を取り戻させ、被告が己れの判断に過大な信頼を置かず、学識ある適切な人物の忠告に耳を傾けて、神と人の掟を認めることとなり、被告の霊魂と肉体を危機に陥れている重大な危険から被告を脱《のが》れさせることとなるであろう。この訓戒を行なうに当り、余は博学で経験に富み、かかる任務に理解ある神学博士、エヴルー副司教ジャン・ド・シャティヨン師にこの任を委嘱した。」五月二日「〈乙女〉に対する公開の訓戒」冒頭部分。〔PC〕

（5）　ミシュレは五月十一日と記しているが、内容から判断すると五月九日水曜日と思われる。レジーヌ・ペルヌー、エマニュエル・ブラサン他、この日を「ジャンヌが拷問のおどしを受けた日」としている。また記録によればこうなる。

「（……）万一同女が右の諸点について真実を告白せぬ場合は拷問にかける旨を告げ、既に櫓《やぐら》の中に準備した拷問の用具を同女に示した。その場所には余の命令によりわが裁判の係りが控えていて、同女を真理の道と真理の認識に連れ戻し、同女が虚偽の作り事によって非常な危険にさらすに至った霊魂と肉体の救済を得させるために、同女を拷問にかける準備を整えていた。」五月九日の記録冒頭部〔PC〕。そしてこの拷問の実施は十二日の会議（既出）で否決されるのである。

なお後のミシュレの記述内容を補足することにもなるので Guy Testas et Jean Testas, *L'Inquisition* (Coll. Que sais-je ? N° 1237)（邦訳『異端審問』ギー・テスタス、ジャン・テスタス共著、安斎和雄氏訳、文庫クセジュ、白水社刊）から引用する。四五―四八頁。

「教会は、証拠物件よりも自白のほうを好み、このほうが上だと考えた。被告がもし頑強に否認しつづけるなら、審問官たちはさまざまな強制手段を用いることができた。（……）

容疑者がなおも抵抗をつづけるような場合はどうなるか。ここで拷問 torture にかけられることになる。教会は長いこと『拷問』question には反対であった。ところが一三世紀以降になると、これを用いたし、ときには乱用することにさえなる。まずインノケンチウス四世が、一二五二年五月一五日の大勅書『アド エクスティルパンダ』*Ad extirpanda* によって、その使用を許した。一二五九年一一月三〇日、アレキサンデル四世がこの決定を批准し、その数年後には、クレメンス四世〔フランス人。在位一二六五・二・五―一二六八・一一・二九〕が同様にこれを再確認する。

これにはひとつだけ制限条項があった。つまり、手足を切断したり、死ぬおそれのあることは避けよ――《citra membri diminutionem et mortis periculum》――というのである。

（……）

原則として裁判官は、四種の体刑のうちから、すきなものを選ぶことができた。すなわち、(1)笞打ち――これはもっとも軽い刑とみなされていた (2)拷問台 (3)吊し落し (4)炭火の刑である。のちにはこれに加えて足枷と水責めも使われるようになる。これらの刑にはいずれも、いかめしくはなばなしい準備が伴い、見た目にも恐ろしい刑具が用いられるので、これを受ける者はますます不安になるわけである。（……）

初期においては、審問官は拷問に立ち会うことができなかった。（……）一二六四年以来、異端審問所の判事はみずから拷問を指揮するだけでなく、手を下して刑を執行することさえした。（……）一三一一年の教皇令『ムルトールム　クェレラ』*Multorum querela* において、審問官が被告を拷問にかけるにはその地の司教の意見を徴した上でなければならず、司教のほうも審問官の同意なしに行動してはならぬ、と命じた。（……）『拷問』を受けたにもかかわらず被告が自白をしなかったときには、裁判所は彼を無罪としなければならない。（……）被告が苦痛をのがれるために前言をひるがえした場合には、証人の供述がいっそう重要性をもってくる。事実、自白なしで有罪の判決を下すには、絶対確実な証拠が必要であった。また、そのような証拠が提出されたとしても、なお被告には、宣誓して過去の過ちを捨てる可能性が残されていた。」（傍線は引用者）

（6）パリ大学に限れば、当時（中世）の学部は十三世紀半ばにその基礎が出来上ったもので、自由七科の学部（文法、修辞学、弁証法、算術、幾何、音楽、天文）と神学、医学、法学があり、自由七科が基礎課程で、それを修了した者が神学部その他に入ることができた。

学生はその同郷の者たちの間における連帯が強く、フランス、ノルマンディ、イングランド等一種の国民団《ナシオン》を成しており、これらをまとめ、代表するのが「パリ大学総長」で、十二箇条の告発文に対する回答をボーヴェ司教（コーション）に送りつけた主はパリ大学総長ピエール・ドゥ・グダ Pierre de Gouda であった。

諮問を受けたパリ大学は、十二箇条の告発文を検討、それぞれの条項に神学部と法学部がそれぞれの立場にもとづきその意見をコメントの形で添え、公文書の体裁を整え、グダの書翰とともにコーションに宛てて送付した。

(7)「以上のような判断を、パリ大学の下した判定と共にジャンヌに通告・説明した上で、余は同じピエール・モーリス師に、ジャンヌがその言動、とりわけ最後の箇条について熟慮反省するよう、フランス語で最後の訓戒を行なわせた。『(……) あらゆる学問の先達であり、過誤の根絶者であるパリ大学に、汝の供述を送ってその審査を乞うこととした。右大学の決議を受けた前記判事諸閣下は、この決議にもとづき汝が再度訓戒を受けること、汝が犯した過誤、汚辱、および罪を指摘し、人類の救済のために死の苦難を耐え給うたわが主イエズス・キリストの愛情にもとづき、汝がその供述を改め、あらゆる忠実な信徒が義務として果たしているように、教会の判断に服するよう汝に諭し、勧告し、命令することとなった。(……)』」五月二十三日。〔PC〕

(8) ミシュレは「五月二十三日」と記すが「五月二十四日(聖霊降誕祭の後の木曜日)」のことと思われる(レジーヌ・ペルヌー〔B〕の年表一八五頁参照)。なお高山一彦氏の『処刑裁判』によれば、前日(二十三日——および本章原註13参照)の記載文結尾は次のようなものである。

「当裁判に権限を持つ我等判事は、その権限に従って汝を破門に付し、汝を破門されたものと宣言し、以て当審理の結論とする。審理は終了した。我等はさらに判決を宣告し、法と理

性に従って爾後の措置をおこなうための日を明日と指定する。」〔PC〕

(9)「同じく。同年、聖霊降誕祭後の木曜、五月二十四日。我等前記判事はこの日の朝、ルーアン市サン＝トゥーアン修道院付属墓地の公示された場に臨席した。被告ジャンヌは我等の前にしつらえられた台乃至読経台の上に立たされた。我等は先ず、被告ジャンヌおよびそこに集まった多数の信者達に有益な訓戒を与えるため、すぐれた神学博士ギヨーム・エラール師に厳粛な説教を行なわせることとした。」〔PC〕

(10) このサイン（署名）については多くの議論があり疑惑がからまる。ミシュレも述べているようにジャンヌは「読み書き」ができなかったのであり、同時に自分の名のサインすらできなかった、とすればこの場におけるジャンヌの姿はまことに痛ましい。だがジャンヌは自分の名のサインぐらいはできた、とすれば見方はまたおのずと異なってくる——ただし、ジャンヌのサインといわれるものは残ってはいるのだが——。さらに問題になるのは現在我々が目にするジャンヌの信仰回復の宣誓書——ジャンヌはこれにサインした、もしくはサインさせられた——の内容である（これは高山一彦氏訳『処刑裁判』〔PC〕において〈ジャンヌの改宗の誓い〉として読むことができる）。ジャンヌの再審裁判の際、証人たちが述べたように、訴訟記録に記載されたものは、ジャンヌが実際に見た（もしくは聞かされた）ものとは異なるものらしいのである——ミシュレもそのことに触れている——。訴訟記録に載せられている問題の誓約書（言わば悔い改めの誓い）の内容は、まさにジャンヌがこのときまで一歩もゆずらず堂々と主張しつづけてきたことの全否定なのである。以下高山一彦氏の訳文でそれを示す。

「（……）よって憐れな罪人《つみびと》であった私こと俗称〝乙女《ラ・ピュセル》〟ジャンヌは、神の恩寵により今日まで陥っていた誤りに気付き、我等の母である聖なる教会に立ち帰った上は、見せかけではなく、心から、正しい意志をもって教会に戻ったことを明らかに示すために、次の点で重大な誤ちを犯していたことを告白いたします。私は偽って神、天使、聖女カトリーヌ及びマルグリットの名による幻視と啓示を受けたと申し立てました。私は愚かにも軽薄な信仰をひけらかし、迷信的予言を行ない、神並びに諸聖者・諸聖女を冒瀆して他の信者達を堕落させました。神の掟、聖書、および教皇の諸法規に違背いたしました。不謹慎にも下品で不格好且つ破廉恥な男の服を着けて女性の礼節に背き、男性と同様に頭髪を丸く刈りこんで女性の貞淑さに背きました。また僭越至極にも甲冑を身につけ、残虐にも人の血の流されることを望みました。（……）悪霊を崇拝し祈禱することによって謀反を企て、偶像崇拝を行ないました。（……）以上を私は、全能の神と聖福音書にかけて確認・宣誓いたします。以上の証拠として、私は本書状に私の署名をいたします。

ジャンヌ署名」

誓約書のすり替え、改竄の可能性は高い。またジャンヌがその裁判において、彼女が口述筆記させた書状の末尾に十字架のしるしをつけた意味を問われたとき、それは否定の意味だ、と述べていることを想起すると、この書状の十字架印もその否定の意味でつけられたものかもしれない。さらにレジーヌ・ペルヌーはその書〔A〕のなかで、P・ドンクール Doncœur

が発見したとする十字架印のある文書が、行数からしてもジャンヌに読み聞かされたもとの書状であることを無視してはならないと説くが（二五六頁）、やはり謎は残るのである（なおP・ドンクールは *La minute française des interrogatoires de Jeanne dite la Pucelle* の刊行者）。

(11)『フランス史』のなかではミシュレはもっと厳しくイギリス人を酷評し、『イエスの模倣』（イミタチオ・クリスティのこと）のような本はフランス人やドイツ人には書けるけれどイギリス人には絶対に書けない、といい、英文学は所詮アンチ・クリスト的だとまで書いていた。ミシュレの反英感情は時とともにやわらいでおり、『フランス史』をもとにした単行本『ジャンヌ・ダルク』でミシュレがいちばん大きく手を加えたのはこの辺りである。

(12) ポンテオ・ピラト Ponce Pilate（仏語綴）はローマ帝国のユダヤ総督（在位二六—三六、第五代総督）で、イエスの裁判とその処刑は彼の統治下において行われた。

(13) エステル Esther　ユダヤ人であるペルシャ王妃エステルのこと。美貌の持主で、ペルシャ領内のユダヤ人をその迫害から守った（なおユディトについては第I章訳註21に既出）。

VI　死

(1) ジャンヌの〈悔い改め宣誓〉、〈前言取消宣言〉がなされ、第一回判決が下ったのが五月二十四日（木曜日）であり、「金曜日と土曜日」とは五月二十五日と二十六日を指すのであろう。

（2）記録によれば、この「八名」とは以下の諸士である。ニコラ・ドゥ・ヴァンドゥレ Nicolas de Venderès 師、トマ・ドゥ・クールセル Thomas de Courcelles 師、イザンバール・ドゥ・ラ・ピエール Isambart de la Pierre 修道士、ギヨーム・エトン Guillaume Haiton 修道士、ジャック・カミュ Jacques Camus 修道士、ニコラ・ベルタン Nicolas Bertin 修道士、ジュリアン・フロケ Julien Floquet 修道士、ジョン・グレ John Gray 修道士の計八名。

（3）訊問の場におけるやりとりは大概次の通りである（レジーヌ・ペルヌーの書〔A〕中当該引用部の訳、二六二頁）。

「P・コーション――何故お前は男物の服を着用し、誰がその服をお前に着用させたのか。

ジャンヌ――私の意思で着ました。私は男の人たちと一緒なので、女物の服を着るより、男物の服を着る方が合っておりますし、都合が良いのです。私が男物の服を着ましたわけは約束して下さったことが果されなかったからです。つまり、私がミサに与りに行けるように、キリスト様の御聖体を拝受できますように、そしてこの鉄のいましめを外して下さるというお約束のことです。

P・コーション――お前は悔い改めたのではなかったか。そして、とりわけ男物の服は二度と着用せぬと約束したのではなかったか。

ジャンヌ――鉄のいましめに苦しみ続けるなら、いっそ死んでしまった方がよいのでございます。でもミサに行くこと、この鉄のいましめを外して下さること、そして私を居心地の良い牢にお移し下さること、女の方々にお世話いただくことをお約束下さるなら、私は良い子になりましょうし、教会の望まれることとなら何なりといたすことでございましょう。
P・コーション――この木曜日以来、お前は聖女カトリーヌや聖女マルグリートの声を耳にしたことがあるか。
ジャンヌ――ございます。
P・コーション――何と言っておった。
ジャンヌ――神は、聖女カトリーヌ様、聖女マルグリート様を通じて、私にこうお伝えになられました。自分の命を救うために悔い改めの行為をし、前言取消宣言などして私が重大な裏切りを犯してしまったこと、そして自分の命を救うために我が身を地獄落ちにしてしまったことは大いになげかわしいことだ、と。（中略）あの木曜日に、私が申し上げましたことのすべて、取り消しましたことのすべては、ただただ火刑がこわかったからそう申したまでです。」（傍線は引用者）
レジーヌ・ペルヌーはじめ、大多数の研究者たちはこの異装問題がジャンヌの異端再犯として彼女を死に到らしめる引き金になったと考えている。ミシュレが憤慨しているように、まさに時代遅れともいえる異装の問題、異教がキリスト教にとって脅威だった頃の戒めが――女性が男装することは確かに聖書や公会議で厳しく禁じられていたのだが――ジャンヌの首をしめることとなったのである。と同時にジャンヌは前訳文中の傍線部分において――記録を信用するなら――先の前言取消宣言をここでいま一度否定しているのである。
（4）ピエール・モリス Pierre Morice は、ルーアン司教座聖堂参事会員で神学博士。彼は五月十九日の会議において、ジャンヌに訓戒を与えるべきこと、彼女が受ける罰について彼女に説明すること、等を提案し、五月二十九日の会議では、ジャンヌを異端再犯者と断定する旨の発言をしている。

（5）「（……）とりわけこの時被告の傍に付き添った二人の尊敬すべきドメニコ会修道士の忠告に従うよう訓戒した〔イザンバール・ドゥ・ラ・ピエールとマルタン・ラヴニュを指す〕。同修道士達はその熱意によって被告に有効な訓戒と忠告を休みなく且つ惜しみなく与えるために、同女に付添うことを我等が委任したものである。」〔PC〕 なおイザンバール修道士は、バーゼル公会議に列席するフランス人聖職者と直接ジャンヌを接触させるよう発言し、コーションの怒りを買った人物。

（6）ルーアンの司教座聖堂参事会員ニコラ・ロワズルール Nicolas Loiseleur（ミシュレは Loyseleur と綴る）は、ジャンヌの裁判記録を編集したギョーム・マンション Guillaume Manchon によれば、ボーヴェの司教（コーション）に親しく、完全にイギリス側の立場をとる人物であり、ミシュレが第Ⅳ章で叙したように、ジャンヌに近づき、ジャンヌの告解内容をイギリス側に流した。

（7）この戦闘については本訳書七三頁を参照されたい。

（8）代官（le bailli）とはルーアンの代官《バイイ》ラウル・ドゥ・ブテイエ Raoul de Bouteiller のこと。彼はジャンヌの身柄を引き受ける役目を負っており、このとき数名の配下を従えてこの場に居合わせたことがその配下の一人ロラン・ゲドン Laurent Guesdon によって確認、供述されている。なお刑の執行はこの代官の命令によって開始される。

「判決を宣言するには、審問官のいる土地の教区司教の協力が必要であった。（……）判決は、公開裁判の席上でおごそかに決定された。これは『判決の宣告《セルモ・ゲネラリス》』と呼ばれ、スペイン人の『アウトダフェ』に当たる。（……）判決宣告の儀式は、多くの場合、日曜日に行なわれたが、これには法官たちをはじめとして、王家の役人たち、聖職者、キリスト教徒の全体が立ち会った。被告一同の姿が皆によく見えるように、町の中央広場か教会の前に、ひな段が設けられた。大審問官が朝のうちに説教を行ない、ときどき言葉を切っては会衆に信仰宣言をするよう求めた。ついで恩赦の発表があり、罪人はひざまずいて、異端を捨てる旨宣誓し、祈禱した。これにより、そのときまで彼らに課されてきた破門の刑が取り除かれるのである。次に、異端者に対する処罰の宣告が、一番軽いものからもっとも厳しいものへと順を追って発表された。」（Guy Testas et Jean Testas, *L'Inquisition*, Coll. Que sais-je ? N° 1237. 邦訳『異端審問』安斎和雄氏訳、文庫クセジュ、白水社刊、四八—四九頁より）

（9）「火刑の仕方は受刑者の下に薪を積みあげ火をつける最も単純な形から、後には穴を掘ってそのなかに薪を入れたり、あるいは高い舞台の上に薪を積むような形に変っていった。（……）これらの薪は小枝で編んだ格子形の台の上におかれ、受刑者はその上で支柱に身体を縛られる。火刑の手続きは受刑者の死によって終わるのではない。その身体が炎に呑みつくされたときにはじめて終わる。肉体は灰にならねばならず、その灰はやがて風にとばされるか川にふるいおとされるのである。〔ジャンヌの場合は後者で、セーヌ河に捨てられたとされる。」だから火刑を描いた絵では常に火をかきたてている状態が描かれているという。（……）火刑は中世においては宗教上の犯罪者に科された。このばあい聖書の『畑は世界なり。良き種は天国の子どもなり。毒麦は悪しき者の子どもなり。之を播きし仇は悪魔なり。収穫は世の終りなり。刈る者は御使たちなり。されば毒麦の集められて火に焚かるる如く、世の終りにも斯くあるべし』（マタイ一三・三八―四〇）といった言葉が影響していたと考えられている。」（『刑吏の社会史――中世ヨーロッパの庶民生活』阿部謹也氏著、中央公論社刊、八三、八四、八六頁より）

（10）この部分は聖書中「コリント人への第一の手紙」（一二・二六）の引用である。ミシュレは聖書中の同個所を少々変更してここに用いている。聖書にはこうある。

「[二六]もし一つの肢苦しまば、もろもろの肢ともに苦しみ、一つの肢尊ばれなば、もろもろの肢ともに喜ぶなり。[二七]乃ち汝らはキリストの体にして各自《おのおの》その肢なり。」

（11）ここにおいて教会はジャンヌの保護を一切放棄したことになり、彼女は、その一切が俗権にゆだねられたことになる。もともと異端再犯者は教会の保護を受けることができなかった。後に続くコーション朗読による「判決文」にこのことが示される。なお、ミディの言葉の《行きなさい》は二人称複数形の命令法、《お前》は二人称単数が使われている。ミシュレがこの二語をわざわざイタリックにしているのは、ミディの内面の混乱をあらわすためであろうか。

（12）「青ざめ」は底本では pâtir となっているが、〔CL〕の pâlir に従った。

（13）イタリックの部分は、聖書中「ヨブ記」二・一〇の転用。少し前から引用するとこうなる（訳文は『聖書』フェデリコ・バルバロ訳、講談社版による）。

「神の子らが主のみ前に出たとき、敵もその中に混じって主のみ前に出た。主は敵に仰せられた、『おまえはどこからきたのか』。敵は主に答えた、『地をめぐり歩いてきました』。主は敵に仰せられた、『私のしもべヨブに目をとめたか。彼のように申し分なく正しく神を恐れ、悪を避けるものは地上に二人とない。故なく彼を滅ぼそうとしておまえは私をそそのかしたが、彼はなお申し分のない男のままでいる』。しかし敵は主に答えて言った、

『皮には皮。

人は持ち物のすべてを、

自分の生命《いのち》と取り替える。

あなたの御手《おんて》をのべ、彼の骨と肉にふれ試してごらんください。彼はきっと主のみ顔の前で、主をのろうでしょう』。そこで主は敵に仰せられた、『では、彼をおまえの手にまかせる。ただ彼の命をとるな』。敵は主のみ前を去り、ヨブの足の裏から頭の先まで、悪性の腫物で苦しめた。ヨブは陶器のかけらを取って身をかき、灰の中に座った。ヨブの妻が言った、『あなたはなお申し分のない人のままでいるのですか。神をのろって死になさい』。しかしヨブは答えた、『おまえも愚かな女のいうようなことをいうのか。私たちは神からよい物をもらい受ける。それなら、悪い物をも受けるべきではないか』。こうしてヨブは自分のくちびるで罪を犯さなかった。」（傍点は引用者）

（14） エマニュエル・ブラサンはその書の中で、記録を踏まえてこう脚色してそのときのジャンヌを叙している（二八四頁）。
「死刑執行人は薪たばに火を放った。薪たばはじりじりと燃え、その炎は高く、鮮やかに吹き上った。勇敢なラヴニュは、その犯罪人の傍を離れようとはせず、己が生命を危険にさらしていた。ジャンヌには、その彼に向ってこう叫ぶだけの勇気があった。〝マルタン様、降りて下さい、……炎がやってきます！　私が見えるよう、どうか十字架を捧げていて下さい！〟ラヴニュとイザンバール・ドゥ・ラ・ピエールは、受刑者がめらめらと昇り、のみつくさんばかりの炎を目にしている間に、ゆっくりと下に降りた。（……）」

（15） ジャンヌの処刑が行われたヴィユー・マルシェ Vieux-Marché はルーアンの旧市場にあたり、その跡地および旧聖ソヴゥール Saint-Sauveur 聖堂の跡地の中間にジャンヌを偲ぶ記念館（仮）が設けられたのが一九二九年、その前にジャンヌ・ダルク像（レアル・デル・サルト Real Del Sarte 作）が設置された。一九五六年聖ソヴゥール聖堂跡地に、ジャンヌ・ダルク復権五百年祭を記念して記念碑の礎石が置かれ、一九七九年、聖ソヴゥール聖堂の跡地に接して大変近代的な聖堂、サント（聖女）・ジャンヌ・ダルク聖堂 Eglise Sainte-Jeanne-d'Arc が建立された。

略年譜

西暦	ジャンヌ・ダルク関連事項	一般事項
一三八〇		シャルル六世即位。
一三九二		八月五日、シャルル六世発狂。
一三九六		ニコポリス十字軍。十月三十日、リチャード二世（英王）シャルル六世の娘イザベルと結婚、英王ならびにフランス王を兼ねる。
一四〇〇		リチャード二世、ランカスター家のヘンリ四世によって廃位され、ロンドン塔で死去。
一四〇三		シャルル七世（王太子シャルル）誕生。
一四〇四		ブルゴーニュ公フィリップ（豪胆公）死去、ジャン・サン・プール（無畏公）公家相続。
一四〇七		十一月二十三日、ブルゴーニュ公ジャン無畏公がオルレアン公ルイを暗殺。オルレアン公シャルル公家相続。
一四〇九		十一月十一日、ムラン条約がイザボー・ド

一四一一		ゥ・バヴィエールとジャン無畏公の間に結ばれる。 七月十八日、オルレアン公シャルル、ジャン無畏公に挑戦状を送付する。ここにオルレアン派（アルマニャック派）とブルゴーニュ派（ブルギニョン派）の武力衝突がおきる。
一四一二	一月六日、ジャンヌ、ドンレミに生誕（一四一一年生誕説もある）。	
一四一三		カボシャン（カボッシュ党）の反乱。
一四一五		十月二十五日、アザンクールにてフランス軍敗退（アザンクールの戦い）。宗教家ヤン・フスが火刑に処される（前年コンスタンツ公会議が始まり、ヤン・フスは異端と断定された）。
一四一六		イギリスとブルゴーニュ派の同盟成立。
一四一七		王太子ルイ死去、シャルル、王太子となる。 コンスタンツ公会議がマルチヌス五世を選出、教会大分裂の終結。
一四一八		五月二十九日、ジャン無畏公、パリ奪取。 七月十四日、イザボー・ドゥ・バヴィエー

	ルとジャン無畏公、パリに入る。ルーアンの包囲開始。
	フス戦争（ボヘミア戦争、―一四三六）。
一四一九	九月十日、モントローでの会見においてジャン無畏公暗殺される（王太子派の手によって）。フィリップ・ル・ボン（善良公）、公家相続。
一四二〇	五月二十一日、トロワ和約成立。 六月二日、ヘンリ五世（英王）、カトリーヌ・ドゥ・ヴァロワ（シャルル六世の娘）と結婚、フランス王位継承権を得、王太子シャルルの権利否認される。
一四二一	十二月六日、ヘンリ六世誕生。
一四二二	八月三日、ヘンリ五世（英王）死去。 十月二十一日、シャルル六世（フランス王）死去。（幼王）ヘンリ六世がイギリスおよびフランス王を兼ね、その叔父ベドフォードが後見人となる。 十月三十日、シャルル七世、フランス王と称す。
一四二三	四月十七日、ベドフォード公とフィリップ

		善良公（ブルゴーニュ公）とのあいだにアミアン条約締結。
一四二四		ヴェルヌイユの戦いで王太子軍敗退、ノルマンディ（地方）を失う。王太子シャルル、フィリップ善良公と休戦。
一四二五	ジャンヌ《声》を聞く。	モン・サン・ミシェルで王太子軍、英軍を撃退。ネーデルラント継承戦争始まる。
一四二八	五月、ジャンヌ、ボードリクールのもとへ一回目の出発。	七月、ヴォクルール包囲される。ドンレミの住民、ヌフシャトーに避難。 十月十二日、オルレアン包囲開始。 十月二十一日、オルレアン、イギリス軍包囲陣指揮官ソールズベリー戦死。 ネーデルラント継承戦争終結。
一四二九	一月、ジャンヌ、ロレーヌ老公シャルルを訪問。 二月十三日、ジャンヌの出発。 二月二十三日、ジャンヌ、シノンに到着。 二月二十五日、ジャンヌと王太子シャルル	二月十二日、「鰊の戦い」。

の初会見。
三月二十二日、ジャンヌ、イギリス軍への降伏勧告書翰口述。
四月二十九日、ジャンヌ、オルレアンに入る。
五月四日、サン・ルー砦奪取。
五月五日、イギリス軍へ三度目の降伏勧告書翰送付。
五月六日、オーギュスタン砦奪取。
五月七日、トゥーレル（トゥルネル）砦奪取。ジャンヌ負傷。
五月八日、オルレアン解放。
五月九日、ジャンヌ、デュノワの二名、ロシュに出発、その地でシャルル七世に会う。
六月十二日、ジャルジョー占領。
六月十五日、マン占領。
六月十七日、ボージャンシー占領。
六月十八日、パテーの勝利。
六月二十九日、ランスへの出発。

四月二十八日、王太子軍オルレアンに向けてブロワを発つ。

一四二九	六月三十日、オーセールに到着。 七月四日、トロワ着。 七月十日、トロワに入る。 七月十四日、シャロンに入る。 七月十六日、ランスに入る。 七月十七日、ランスにてシャルル七世の祝聖式挙行。 七月二十日、シャルル七世、ランス出発。祝聖遠征開始。 七月末から八月にかけて、アラスで休戦交渉。 九月八日、パリ攻撃。 九月二十一日、祝聖遠征の軍団ジアンにて解散。 十一月二十四日、ラ・シャリテ・スュール・ロワール包囲。 十二月二十四日、シャルル七世より、ジャンヌおよびその家族に貴族の称号が与えられる。
一四三〇	一月八日、フィリップ善良公とイザベル・ドゥ・ポルチュガル結婚。

五月初旬にかけて、ジャンヌ、スュリーの城を発ってムラン、ラニー、サンリスに向う。

五月十四日、ジャンヌ、コンピエーニュ着。

五月十八日、ジャンヌ、ソワソン着。

五月二十二日、ブルゴーニュ派軍団コンピエーニュ包囲。

五月二十三日、ジャンヌ、コンピエーニュにて捕わる。

五月二十五日、パリ大学、ジャンヌが異端者として裁かれることを要求。

七月十四日、ジャンヌをイギリス軍に引き渡すため、ピエール・コーション、ブルゴーニュ派と折衝。

十月二十五日（二十八日）、コンピエーニュ解放。

十二月二十三日（？）、ジャンヌ、イギリス軍の護衛のもとルーアン着。


四月四日、フィリップ善良公、ペロンヌに入る。

四月二十三日、イギリス軍カレーに上陸。

一四三一	一月九日、ジャンヌの裁判開始。 二月二十一日、ジャンヌの公開審理開始。 三月十日、同非公開審理（牢内の審問）開始。 三月十七日、予審の終結。 三月二十七日、論告（求刑）。 四月五日、十二箇条の告発文公表。パリ大学に意見を求める。 四月十八日、《慈悲深い説諭》。 五月九日、ジャンヌ、拷問のおどしを受ける。 五月十九日、パリ大学の意見書着。 五月二十三日、《最後の説諭》。 五月二十四日、サン・トゥアン墓地での《悔い改め》宣誓。 五月二十七日、ジャンヌ、再び男装する。 五月二十八日、《異端再犯》の審理。 五月三十日、ジャンヌ、ヴィユー・マルシェ広場で処刑（火刑）される。十九歳。 六月七日、死後発表の訊問報告書提出される。	この年、バーゼル公会議開始（―一四四九）。

	六月八日、ジャンヌの処刑が全キリスト教君主たちに通達される。	十二月十六日、(幼王)ヘンリ六世(英王)パリで祝聖式挙行。
一四三五		九月十四日、ベドフォード死去。 九月二十一日、フランスとブルゴーニュのあいだにアラス和約締結される。
一四三六		四月十三日、パリ市民の反乱。
一四三七		十一月、シャルル七世および王軍パリに入る。
一四四九		十月二十九日、ルーアン市民の反乱、解放。
一四五〇	二月十五日、シャルル七世、ジャンヌの裁判に関する調査を命ずる。 三月四—五日、ギヨーム・ブイエ Guillaume Bouillé による調査。	四月十五日、フォルミニーの戦いで王軍勝利。
一四五二	五月二—九日、ジャンヌの行為についてのギヨーム・デストゥトゥヴィル Guillaume d'Estouteville とジャン・ブレアル Jean Bréhal らの調査。	

一四五三		七月十七日、カスチョンの戦いで王軍勝利。
一四五五	六月十一日、教皇カリストゥス三世、ジャンヌの母イザベル・ロメに、その娘の復権訴訟の要求を認める。 十一月七日、イザベル・ロメはパリ、ノートル・ダムで教皇庁委員に再審法廷開始を請願。	
一四五六	七月七日、ルーアン大司教館にてジャンヌの名誉回復が宣言される。	
一四五八	十一月二十八日、イザベル・ロメ死去。	
↓ 一九二〇	五月六日、ジャンヌ・ダルク、教皇ベネディクトゥス十五世により列聖されて《聖女》となる。	

訳者あとがき

百年戦争とジャンヌ・ダルク

英仏間のいわゆる百年戦争は一三三七年に始まった。開戦の直接の理由はフランスの王位継承問題である。子供に恵まれず弟もなかったシャルル四世王の没後、王位は先王の叔父ヴァロワ伯シャルルの子フィリップに承け継がれてフィリップ六世となるが、これに対して、英王エドワド二世にとついだシャルル四世の姉イザベルの子エドワド三世が王位継承権を主張し、軍をひきいてフランスに上陸した。但し戦争の原因はもっと根深いものだった。フランスはひとりの国王を戴いてはいたが、当時フランスには我々が考えるような国家、ひとりの国王によって統治される一つの国家ができていたわけではなかった。王の支配は王領にしか及ばず、王の封臣である諸侯が各地に割拠しており、イギリスの王室もフランス王の封臣としてギュイエンヌやガスコーニュに広大な領地を有していたのである。それに対してイギリスでは、大陸から輸入した封建制度がフランスのようには根付かず、国王を中心とした国家統一の動きはフランスより早く始まっており、狭い国土に人口が殖えつづけているこの貧しい島国は、大陸に足がかりをもたずに生きて行くことは不可能であった。イギリスにとって特に関心が深かったのは、古代ローマの頃から毛織物の生産で有名なフランドル地方の領有であり、イギリスはかねてから大陸進出の口実を求めていたのである。

このいくさは当然フランスが勝つものと思われていた。フランスでは十二世紀に封建制度が整い、封建社会の華である騎士たちが武勇を競い権勢を誇っていたのである。しかしいくさが始まってみると、結果は全く予想を裏切った。英軍はすでに騎士中心の戦いではなく、速射性にとむ長弓を使う歩兵の密集部隊を大いに活用していたのに対し、フランスは依然として封建貴族中心の戦法に固執していた。じつは時代はすでに大きく変りつつあったのである。一三四六年のクレスィーでの敗戦。翌年は南仏にペストが大流行し、一三四七年から一三五〇年のあいだにフランスの人口は半減したとさえいわれる。そして一三五六年のポワチエでの惨敗。国王は捕われの身となる。騎士の不甲斐なさにたまりかねた国民は三部会の召集を要求し、パリ市民はエチエンヌ・マルセルを頭に乱をおこし、北仏では農民も自然発生的に蜂起して一揆はイール・ドゥ・フランス全域にまで拡がっている。マルセルはやがて暗殺されて早すぎた〈市民革命〉は挫折し農民一揆も粉砕されたが、フランスの情勢は少しも好転しなかった。病弱ながら有能だった賢明王シャルル五世のあとを襲ったシャルル六世は王妃イザボー・ドゥ・バヴィエールの不身持ちに心をいためて発狂し、宮廷はむき出しの権力争いの場と化する。そして王弟オルレアン公ルイはブルゴーニュ公一派に暗殺され、アルマニャック公の娘を娶ってアルマニャック派と呼ばれるようになったオルレアン家の一党とブルゴーニュ派とが国内を二分して抗争を続けた。一四一五年、イギリス国王ヘンリ五世はアザンクールの戦いに圧勝してアルマニャック派に痛撃を加え、オルレアン公を捕虜にし、この敗戦を機にブルゴーニュ派は決定的にイギリス側につくことになる。そして低ノルマンディ地方はヘンリ王の手に帰し、パリはブルゴーニュ派に押えられ、ルーアンも英軍の囲むところとなった。フランスを救う道はアルマニャック、ブルゴーニュ両派の和解以外にはありえないように思えたとき、ブルゴーニュ公ジャンが王太子一派に暗殺され、ブルゴーニュ派は一層イギリスに近づいてこれとの協定を公けにした。王妃イザボーは狂王に迫って王太子シャルルからフランス王位継承権をとりあげ、王太子の姉カトリーヌを英王ヘンリ五世に嫁せしめてイギリス王にフランス王位を継がしめることにした。一四二〇年のトロワ条約である。このようにして英仏合併王国ができれば英仏戦争も当然止むであろう。それはたしかに一つの和平策であった。しかし、事は果してそれで解決されるのだろうか。なるほど、国境をこえて互いに縁戚関係を結び合っている王族貴族にとってこの条約は美しい和平策ではありえても、生涯移ることのできない土地にしがみつきそれを生活の基盤として生きている農民、その土地を戦禍によって荒され海を越えて侵入してきたイギリス軍に恐れと憎しみとを抱いているフランスの農民にとって、それは抽象的な平和論ではあっても問題の解決にはならないのだ。しかも一四二二年、狂ったシャルル六世の後を襲ってフランス王となることが予想されていたヘンリ五世がシャルルに先立って世を去り、ついでシャルル六世も没して、仏王位はトロワ条約に基づきヘンリ五世の遺児なる生後十カ月のヘンリ六世に譲られ、フランスは摂政である幼王の叔父ベドフォード公の手でイギリスの立場から治められることになる。そしてなお平和は来らないのだ。英軍は一四二七年ロワールの要衝オルレアンを囲んでおり、これが陥れば、パリを手中に収めているブルゴーニュ派と結んで、イギリスは決定的にフランスをその支配下に置くことになるであろう。

フランスにとって絶望的ともいうべきこのときに、ジャンヌ・ダルクは登場する。早くから私生児の疑いをかけられ、自分が先王の子であるという自信さえ失っている王太子シャルル、意気沮喪《そそう》して頼りにならないアルマニャック派のフランス貴族たち。この勝ちみのないいくさの形勢が、ジャンヌの出現の頃から逆転し、オルレアンの囲みはとかれ、ジャンヌは王太子をランスに伴いヘンリ六世に先んじてフランス王としての祝聖式を行う。ジャンヌはやがて捕われてルーアンで火刑に処せられるけれど、これまで優勢を誇っていたイギリス軍は次第に仏本土から追い払われ、フランス王は国内諸侯をつぎつぎと従え王権を拡張して統一国家形成の道を確実に進むことになる。

いったいジャンヌ・ダルクとは何だったのか。

ジャンヌ・ダルクとミシュレ

ミシュレは一八四一年八月二十三日に売り出されたその『フランス史』第五巻のなかの二章を〈ジャンヌ・ダルク〉のためにさき、第十書の第三章を〈オルレアンの乙女、一四二九年〉、第四章を〈ウィンチェスター枢機卿、乙女の訴訟と死、一四二九—一四三一年〉としている。彼はその厖大な『フランス史』を一八三三年十二月から世に出し始め、第三巻が一八三七年に上梓されたあと、百年戦争の時代にあたる第四、第五巻の準備に着手していた。百年戦争のころ、フランスの国土は踏み躙《にじ》られ、引き裂かれ、荒廃と窮乏のなかで人々はなんの希望もなくただ苦しみに耐えるばかりだった。それはおそらくフランス史のなかでも最も暗い受難と死との時代の一つであった。その時代の『フランス史』を執筆すると同時に、コレージュ・ドゥ・フランスで十四、十五世紀史を講じていた一八三八年から一八三九年にかけて、ミシュレ自身も私生活において厳しい試練をうけていた。一八三九年七月二十四日、研究活動に専念する夫に省みられずアルコールに淋しさをまぎらせていた無学な妻ポーリーヌ・ルソーが、胸をわずらって世を去ったのである。民衆の味方を自称するミシュレがまさに民衆のひとりであるポーリーヌ、彼以外に頼るもののない妻を孤独のうちに死なしめたことに対する悔恨と苦悶とはほとんど異常に近い。ミシュレはその悔恨のなかで〈死〉の問題を問い続けた。少年期から青年期にかけての、最愛の母の死と、無二の親友ポワンソの死。そしていまポーリーヌの死。ミシュレは、十五世紀フランス史におけるジャンヌ・ダルクの悲劇を凝視しながら、死の意味について思い悩む。そのすえに、死による人間の自己浄化と、死を通しての他者の救い、ということを確信するに至ったようである（例えば『日記』一八四一年四月二十九日、六月十八日、一八四二年三月二十六日参照）。

百年戦争の戦禍のなかで絶望の淵に沈んでいるフランスを救うものはジャンヌ・ダルクの受難と死以外ではありえなかった。こうしてミシュレは、ジャンヌ伝が聖者伝説化することを厳しくいましめながら、彼が中世史のなかに辿ってきた、己れを虚しくして生きた聖者たちの系譜のなかにジャンヌを位置づける。そして聖者たちの源にあるイエスの生涯になぞらえて、使命の自覚――私生活の放棄――活動・民衆の崇拝――挫折・裏切り――受難――刑死、という形でジャンヌの生涯を描く。それはミシュレ自身「英雄的生涯の定式そのもの」と呼んでいるところである。ジャンヌの受難と死とはジャンヌのためにもフランスのためにも避けて通ることのできない定めだったのであり、彼女とともに古きフランスが葬られ、彼女とともに新しいフランスが誕生するのである。

しかし、そのような定式化にも拘らず、ミシュレのジャンヌは今も活き活きとして個性的である。それはなぜか。ミシュレは人間の解放を求めて革命をおこしたフランスの運命を己れ自身の運命と感じてその歴史のあとを辿り始めていた。そしてその歴史の危機に身を置きそれからの救いを真剣に求めていた。と同時に、すでに触れたようにミシュレは私生活の危機において、苦悶しながら死の意味を問うていた。彼はそのような問題をかかえてジャンヌを見詰めたのである。ミシュレにとってジャンヌは従って自分の外側にある単なる研究の対象にすぎないものではなかった。彼はジャンヌの生を自らともに生きその死を通してフランスのそして自己の救いを見たのである。彼は主として二つの『裁判記録』のなかにジャンヌを求めるが、『記録』にみられるジャンヌ自身のことばやジャンヌに関する多くの証言は、その純真さ、聡明さ、雄々しさと優しさとでおよそすべての人を感動させる。しかしミシュレは安易には感動にふけらない。歴史を救う英雄や聖者はその時代の民衆の心を生きる者だったのであり、ミシュレは史料に沈潜して十五世紀の現実にはいって行き、その時代の風習やそこに生きる人間の心性に迫る。そのうえで、ジャンヌに対する深い共感と内面生活への鋭い直感とをもって、ジャンヌの存在そのもの、彼女の生命を大胆に把えるのである。

ミシュレ以後、すぐれたジャンヌ伝がいくつも書かれてきたし今後も書かれ続けるにちがいない。しかし巨人ジュール・ミシュレが自己のすべてをかけて描いた『ジャンヌ・ダルク』はいつまでもその特異の魅力を失うことはないであろう。ジャンヌ・ダルクは『フランス史』のなかにミシュレが描いた数限りない人物の中でもおそらくこの歴史家が最も深く愛したもののひとりであり、ミシュレの筆によって甦らされたジャンヌはいまも読者の想像力をかきたて、読者をしてジャンヌの運命をともに生かしめることになる。

その後『フランス史』第五巻のなかからジャンヌの生涯を描いた部分だけが抜き出されて、単行本『ジャンヌ・ダルク』として一八五三年にアシェット社から出版された。ミシュレ自身も含めて多くの学者や芸術家が期待をいだきまた自ら関わった一八四八年二月の革命はたちまち挫折してしまった。ルイ・ナポレオンの帝政に対する忠誠の誓いを拒否したミシュレは一八五二年にコレージュ・ドゥ・フランスの教授職を免ぜられ、古文書館での地位をも失ってパリをあとにし、流浪の生活にはいる。失意のなかで、革命の理想から遠ざかってゆく祖国をみつめながら、ミシュレは『ジャンヌ・ダルク』がいま多くの同胞に読まれることを願う。彼は『フランス史』第十書第四章の最後にくる〈乙女は中世を終らせまた現代を始める〉の部分の十一のパラグラフを削除したほかは原文に殆《ほとん》ど手を加えることなく、本文を新たに六章に分け、感慨をこめてこれに序文を付し、愛する『ジャンヌ・ダルク』を独立した作品として世に送り出すのである。単行本の『ジャンヌ・ダルク』はアシェット社の企画である「鉄道双書」の一冊として出されており、『フランス史』の一部が削除されたのも、汽車の旅のあいだに読み了えられる短くて中味のつまったものを、という「鉄道双書」の趣旨に従っての工夫ではないかと思われる。

翻訳について

本訳書は、J. Michelet, *Jeanne d'Arc*, édition critique publiée par G. Rudler, Paris, Librairie Hachette, 1925. を底本とし、クラスィック・ラルース版、一九四一年（〔CL〕と略記）およびガリマールのコレクシオン・フォリオ版、一九七四年を参考にした。またミシュレの『フランス史』Jules Michelet, *Œuvres complètes*, VI, éditées par Paul Viallaneix, Flammarion, 1978. を適宜参照した。リュドゥレールは一八五三年の「鉄道双書」で削除された部分を復活させて、『フランス史』のジャンヌに関する二章全部を収録しており、本訳書もそれに従った。また地図、系図、挿絵等の図版はすべて訳者が加えたものであり、原本にはない。そのほか、主として訳註のために

Régine Pernoud, *Jeanne d'Arc par elle-même et par ses témoins*, éd. du Seuil, 1962.（〔A〕と略記）
dito, *Jeanne d'Arc*, coll. Le temps qui court, éd. du Seuil, 1959.（〔B〕と略記）
Lucien Fabre, *Jeanne d'Arc*, éd. Tallandier, 1947.
Emmanuel Bourassin, *Jeanne d'Arc*, éd. Librairie Académique Perrin, 1977.

を参考にした。

また高山一彦氏編訳『ジャンヌ・ダルク処刑裁判』（現代思潮社、一九七一年）からは貴

重な訳文をたくさん引用させていただいた。心から感謝申し上げる。同書は〔PC〕と略させていただく。訳註は殆どすべて田代葆君の手になるものであり、歴史的事件やその背景の理解を助けてくれるにちがいない。

原書のイタリックの部分は、脚注の書名を除き、すべて《 》であらわした。また〔 〕は訳者の補ったものである。

翻訳は「序」を除き、まず田代君が訳出し、その後私が逐一原文にあたってこれに手を加えた。田代君の精力的な訳業がなければ『ジャンヌ・ダルク』はいつ陽の目をみることができたか分らない。田代君の御苦労には感謝にたえない。また古典語の訳に関しては明治学院大学の同僚千葉茂美氏から多くの貴重な御示唆をいただいた。併せて深く感謝申し上げます。

新約聖書の引用は〈共同訳〉によってみた。従って新約中の固有名詞も〈イエスス〉のように共同訳にならった。

最後に本書の刊行を奨めて下さった中央公論社の高梨茂氏と、私ども訳者を励まして終始誠実にまた熱心にお世話下さった笠松巌氏とに心から感謝申し上げる。

一九八三年五月

森井　真

解説

佐藤賢一

ジャンヌ・ダルクといわれて、名前も聞いたことがないと答える向きは、日本人でもむしろ少数派なのではないか。戦う女の代名詞、フランスの救世主、窮地の祖国に突如現れ、仇敵イギリスを打ちやぶったオルレアンの乙女——くらいの知識まであったとしても、別段珍しいわけではないだろう。

本書をお読みになった方なら、それは十五世紀の歴史、いわゆる「百年戦争」の一場面であり、ジャンヌ・ダルクはイギリスの侵略による国家存亡の危機のなか、「フランスを救え」との神の声を聞いて立ち上がった、天下分け目のオルレアンの戦いを勝利に導き、フランス王シャルル七世をランスで戴冠させた、最後はイギリス軍に捕らえられ、教会の裁判で「魔女」とされ、つまりは異端と断罪されて、火刑に処されたという悲劇も含めて、人口に膾炙《かいしゃ》しているイメージの基となった史実も、きちんと踏まえられたことと思う。

いや、それは本当に史実なのかと、今さら疑いたくなってくるほど、ジャンヌ・ダルクというのは普通ではちょっと考えられない歴史である。常軌を逸している。まさに奇蹟に類する。こんな大それたドラマは小説家でも、おいそれとは書けやしない。嘆息させられること、なお際限ないにもかかわらず、やはり紛うかたなき史実なのだ。かくも並外れたジャンヌ・ダルクであれば、フランスでは十五世紀このかた、まさしく歴史のヒロインとされてきた――かといえば、あにはからんやで、これが違う。

救われたオルレアンでは、ジャンヌ・ダルクは確かにヒロイン中のヒロインである。イギリス軍の包囲から解放された五月八日には、今日にいたるまで「ジャンヌ・ダルク祭り」が開催されている。死後四年の一四三五年には、早くも『オルレアン包囲の神秘』という戯曲が、上演されていたりもする。が、それはオルレアンだけの話なのだ。余所では同時代の詩人フランソワ・ヴィヨンが、かろうじて「ジャンヌ、善良なるロレーヌ娘」に触れているくらいで、ほとんど反響らしい反響がなかったのだ。

十六世紀に入ると、一五八〇年にロレーヌ地方のポン・タ・ムッソンで、イエズス会系の学校の教師が、『オルレアンの乙女の悲劇の歴史』という戯曲を書いている。が、これも上演したのは学校の生徒である。ジャンヌ・ダルクの生まれ故郷の近くであれば、やはり地域限定の知る人ぞ知る昔話の域を出ない。中央では十七世紀にシャプランが叙事詩『乙女、あるいは解放されたフランス』を、十八世紀にヴォルテールが叙事詩『オルレアンの乙女』を茶化し加減で書いたくらいだ。歴史書にしても、数えた研究者によれば十六世紀に二冊、十七世紀に二冊、十八世紀に一冊と、まったく淋しいばかりなのだ。

要するにジャンヌ・ダルクは、フランスでは長いこと歴史の闇に埋もれた存在だった。十六世紀のシェークスピアは（魔女としてだが）『ヘンリー六世』に登場させ、一七九六年には同じイギリスの詩人ロバート・サウジーが『ジョーン・オブ・アーク』を書き、一八〇一年には今度はドイツのシラーが戯曲『オルレアンの少女』を発表しているが、それら外国での取り上げられ方と、あまり変わらない様子といえる。それが今日につながる知名度を獲得したのは、一体いつのことなのか。そう問われれば、はっきりと答えられる。仕掛け人がいるからで、その名をナポレオン・ボナパルトという。

一八〇三年の話になるが、かねて地域限定のヒロインとしてきたオルレアンで、ジャンヌ記念像の再建運動が起きた。前にあったものは、フランス革命のときに武器鋳造の原料に使うということで、解体されてしまっていた。それを取り戻したいとオルレアン市が企画すると、推薦の辞を与えたのが当時第一執政の位にあったナポレオン・ボナパルトだった。いわく「フランスの独立が脅かされると、秀でた英雄が登場して、必ずや奇蹟をもたらすということを、かの名高きジャンヌ・ダルクは証明している」と。

さらにナポレオンは『モニトゥール』という御用新聞を動員して、大々的な特集まで組んでみせた。翌年にフランス皇帝に即位することを狙っていたからで、要するにジャンヌ・ダルクと重ね合わせながら、自分もフランスの救世主なのだ、君主の座について然るべきなのだと、人々の支持獲得につなげたかったのだ。

かかる思惑の是非はさておき、これでジャンヌ・ダルク人気に火がついた。知る人ぞ知る歴史の秘話でも、地域限定の昔話でもなくなって、もう一挙にフランス人なら知らなければ恥ずかしいというくらいになった。それはナポレオンが皇帝を退位しても、セント・ヘレナ島に流されても、少しも衰えない熱狂だ。今度こそ歴史のヒロインに祭り上げると、その高みからフランス人はもう二度と下ろさなくなったのだ。

それはジャンヌ・ダルク研究の幕開けでもあった。フランスで国立古文書学校が設立されたのが一八二一年で、折りしも近代歴史学が幕を開ける時代でもあった。歴史家たちはジャンヌ・ダルクについても史料の発掘、その整理、また読解と進めることで真正の歴史として成立させんと、いよいよ動き出したのだ。

そこで本書、ジュール・ミシュレの『ジャンヌ・ダルク』である。発表されたのが一八四一年、最初は『フランス史』の第五巻の一部としてだった。一八五三年に独立の単行本『ジャンヌ・ダルク』として出版されなおし、これが以後版を重ね、あるいは翻訳され続けているわけだが、内容は一八四一年の初出とほとんど変わっていない。ゆえに一八四一年で考えると、ナポレオンが大々的に取り上げてから三十八年、もう十分に長いようだが、研究史のスパンからいえば直後、ようやく史料の発掘と整理が済んだか済まないかという段階にすぎない。ジャンヌ・ダルクについて書かれた本は、それでもすでに五百冊を超えていたというが、史料も満足に整わない段階で、どれだけ史実に基づけたのかは疑わしい。

ミシュレの『ジャンヌ・ダルク』こそは正統な歴史として書かれた、最初のジャンヌ・ダルクなのだ。著者は信頼に足る歴史家、十九世紀フランスを代表する大歴史家なのだ。

ミシュレは一七九八年、印刷工の息子としてパリに生まれた。裕福な生い立ちではなかったが、苦学の末に一八二一年には大学教授資格試験に合格、シャルルマーニュ高校、サント・バルブ中学、ロラン中学などで教鞭を執ることになった。ほぼ同時に始めたのが、歴史書の著述だった。

一八二七年からは、高等師範学校で教えることになる。フランスでは一八三〇年に七月革命が起き、ブルボン家の復古王政から「七月王政」と呼ばれるオルレアン家の立憲王政に変わるが、この政変もミシュレのキャリアに敵しなかった。クレマンティーヌ王女の家庭教師に抜擢され、さらに国立古文書館の歴史部長に就任するからだ。一八三四年には政治家に転身したギゾーに代わって、ソルボンヌ大学でも講義することになる。

一八三八年にはコレージュ・ドゥ・フランスの教授に抜擢され、フランス学士院会員にも選出された。学究として、こうまで地位に恵まれたミシュレだったが、それに甘んじることなく研究に没頭した。かくて取り組んだのが、一八三三年に第一巻が刊行され、最終的には十七巻を数えた大著、『フランス史』の試みだったのである。

一八四七年には、同じく大著というべき『フランス革命史』の刊行も開始した。翌一八四八年、フランスに今度は二月革命が起きる。行き詰まりをみせていた七月王政は倒れ、第二共和政の樹立をみることになったのだ。自由主義の立場からミシュレも歓迎するところだったが、その風向きが俄《にわか》におかしくなる。大統領に就任したのがルイ・ナポレオンという男で、かつての皇帝ナポレオン一世の甥だったのだ。

その強権的な政治にミシュレは反発した。体制批判をたくましくしていると、一八五一年にはコレージュ・ドゥ・フランスでの講義を停止された。一八五二年、ルイ・ナポレオンは伯父に倣い、いよいよ皇帝ナポレオン三世に即位したが、これに忠誠を誓うことを拒否すると、ミシュレは国立古文書館のポストまで奪われた。地位に恵まれた歴史家は、あれよという間に無職に転落したのである。

生活の心配までしなければならなくなったが、なおミシュレには歴史著述の仕事があった。『フランス史』、『フランス革命史』、ともに未完成であり、その刊行を続けることができたのだ。『フランス革命史』は一八五三年で全七巻が完結、『フランス史』にいたっては一八六七年までかかった。が、それらに留まらず、ミシュレは「専業作家」として、以前に増して精力的に活動した。禍転じて何とやらか、嬉々として著作を連ね、一八五六年に『鳥』、五七年に『虫』、五八年に『愛』、五九年に『女』、六一年に『海』、そして六二年に後にミシュレの代表作とされる『魔女』を発表していくのである。

このため、ミシュレは歴史家というより、ロマン主義の作家とみなされることがある。その筆致からして歴史学の枠を超えていると評されるが、タイトルからも容易に想像がつくように、それら文学とも取れるものは主として後期の作品である。歴史家として失職し、「専業作家」となって以後の作品にこそ、顕著にみられる傾向なのである。

それ以前の作品においては、ロマン主義的な叙述は、むしろ抑えられている。初出が一八四一年の『ジャンヌ・ダルク』も、ミシュレ前期の作品に属する。そのことは本書を一読された方なら、すぐさま納得されるものと思う。史実に則して淡々と歴史を語る、禁欲的でさえあるスタイルだからで、ともすると物足りなさまで覚えさせるほどである。事実上初の歴史書にしてこの素気なさは、ジャンヌ・ダルクにとっては不幸だったか。

ジャンヌ・ダルクはといえば、一過性のブームで終わらないどころではなかった。ミシュレ以後も研究は続いた。興隆を極めたほどで、政治史的な脈絡からの理解、精神史的なアプローチから位置づける試み、果ては伝奇的な興味からの追究といおうか、ジャンヌ王女説、ジャンヌ生存説にいたるまで提出されて、まさに飽きられるということがない。改めて歴史というには、あまりにドラマチックだということなのか、文学作品になったり、映画化されたりということも、まさに一切ならずである。

ナポレオンに再発見された因縁からか、ジャンヌ・ダルクは政治的な存在にも成長した。ナポレオン三世のフランスは、一八七〇年の普仏戦争に敗北して、アルザス地方、ロレーヌ地方をプロイセン、というより直後に統一を果たしたドイツに奪われた。この屈辱が、フランスの愛国心を高揚させる。アルザス地方、ロレーヌ地方の奪還が、国民の悲願となる。それを象徴するシンボルとなったのが、「ロレーヌの乙女」こと、ジャンヌ・ダルクだったのだ。救国のヒロインは、その敵をイギリスからドイツに変えることになったのだ。

フランス人の声に押されて、かつて異端として処罰されたジャンヌ・ダルクは一九〇九年、カトリック教会の「福者」に認定された。さらに列聖、つまりは「聖人」に認定されて、いわゆる「聖ジャンヌ・ダルク」となったのが一九二〇年、第一次世界大戦が終結した翌々年のことである。

この戦いに勝利して、フランスはアルザス地方、ロレーヌ地方の奪還に成功した。ジャンヌ・ダルクは、いっそうフランスの象徴になった。が、一九三九年に始まる第二次世界大戦では、ナチス・ドイツの電撃作戦にやられて、二地方を再び割譲させられてしまう。のみならずフランスの国土の半分以上を占領され、残りの半分を治めたのも、ヴィシー政府と呼ばれた対独協力政権だった。救われるどころか、フランスは大敗を喫してしまった。

いや、それを負けと認めなかったのが、シャルル・ドゥ・ゴールだった。ロンドンに自由フランスという亡命政権を樹立、なお抗戦を継続した。このとき自由フランスの象徴として三色旗の中央に掲げられたのが、横棒が短いものと長いものと上下に二本並んだ変形十字、いうところの「ロレーヌ十字」だった。おまえもジャンヌ・ダルクのつもりかと揶揄されたが、そのドゥ・ゴールが捲土重来を果たして、フランスからドイツ軍を放逐したのだ。第二次世界大戦の戦勝国として、フランスを再び屹立させたのだ。

ジャンヌ・ダルクは愛国心の象徴、もはや絶対のシンボルである。昨今は急進的な右派ナショナリストたちのシンボルともされているが、いずれにせよ、すでにして神話だ。そもそもが一種の奇蹟だったジャンヌ・ダルクは、いよいよ国民の伝説になったのだ。が、それは歴史とは呼べない。そこから飛躍して久しい、もはや別人の偶像である。とすると、本当のジャンヌ・ダルクはどこに……。

歴史が歴史として、元の姿に正しく戻らなければならないならば、そのとき帰る場所があるということは救いである。それこそは出発点の『ジャンヌ・ダルク』、ミシュレの『ジャンヌ・ダルク』なのだといえる。作家ならざる歴史家の手堅い仕事であったことは、この意味でジャンヌ・ダルクに幸いしている。

（さとう・けんいち　作家）

『ジャンヌ・ダルク』
単行本　中央公論社、一九八三年六月刊
文　庫　中公文庫、一九八七年三月刊

編集付記

一、本書は中公文庫『ジャンヌ・ダルク』(一九八七年三月刊)の改版である。

一、改版にあたり、同文庫版(十四刷　二〇一二年十一月刊)を底本とし、巻末に新たに解説を付した。

一、本文中、今日の人権意識に照らして不適切な語句や表現が見られるが、初版刊行当時の時代背景と作品の価値に鑑みて、そのままの表現とした。

中公文庫

ジャンヌ・ダルク

1987年3月10日　初版発行
2019年9月25日　改版発行

著　者　ジュール・ミシュレ

訳　者　森《もり》井《い》　真《まこと》
　　　　田《た》代《しろ》　葆《しげる》

発行者　松田陽三

発行所　中央公論新社
〒100-8152　東京都千代田区大手町1-7-1
電話　販売 03-5299-1730　編集 03-5299-1890
URL http://www.chuko.co.jp/

ＤＴＰ　嵐下英治
印　刷　三晃印刷
製　本　小泉製本

Published by CHUOKORON-SHINSHA, INC.
Printed in Japan　ISBN978-4-12-206785-1 C1123

各書目の下段の数字はISBNコードです。978－4－12が省略してあります。

中公文庫既刊より

ミ-1-3
フランス革命史（上）
J・ミシュレ
桑原武夫／多田道太郎／樋口謹一 訳
近代なるものの源泉となった歴史的一大変革と流血を生き抜いた「人民」を主人公とするフランス革命史の決定版。上巻は一七九二年、ヴァルミの勝利まで。
204788-4

ミ-1-4
フランス革命史（下）
J・ミシュレ
桑原武夫／多田道太郎／樋口謹一 訳
下巻は一七九二年、国民公会の招集、王政廃止、共和国宣言から一七九四年のロベスピエール派の全員死刑までの激動の経緯を描く。〈解説〉小倉孝誠
204789-1

ホ-1-5
中世の秋（上）
ホイジンガ
堀越孝一 訳
二十世紀最高の歴史家が、フランスとネーデルラントにおける実証的調査から、中世人の意識と中世文化の生活と思考の全像を精細に描いた不朽の名著。
206666-3

ホ-1-6
中世の秋（下）
ホイジンガ
堀越孝一 訳
歴史家ホイジンガが十四、五世紀をルネサンスの告知とはみず、すでに過ぎ去ったものが死滅する時季と捉え取り組んだ、ヨーロッパ中世に関する画期的研究書。
206667-0

S-22-10
世界の歴史10 西ヨーロッパ世界の形成
佐藤彰一
池上俊一
ヨーロッパ社会が形成された中世は暗黒時代ではなかった。民族大移動、権威をたかめるキリスト教、そして十字軍遠征、百年戦争と、千年の歴史を活写。
205098-3

ハ-12-1
改訂版 ヨーロッパ史における戦争
マイケル・ハワード
奥村房夫
奥村大作 訳
中世から現代にいたるまでのヨーロッパの戦争を、社会・経済・技術の発展との相関関係においても概観した名著の増補改訂版。〈解説〉石津朋之
205318-2

マ-10-3
世界史（上）
W・H・マクニール
増田義郎
佐々木昭夫 訳
世界の各地域を平等な目で眺め、相関関係を分析しながら歴史の歩みを独自の史観で描き出した、定評ある世界史。ユーラシアの文明誕生から紀元一五〇〇年までを彩る四大文明と周縁部。
204966-6

マ-10-4
世界史（下）
W・H・マクニール
増田義郎
佐々木昭夫 訳
俯瞰的な視座から世界の文明の流れをコンパクトにまとめ、歴史のダイナミズムを描き出した名著。西欧文明の興隆と変貌から、地球規模でのコスモポリタニズムまで。
204967-3

マ-10-5
戦争の世界史（上）技術と軍隊と社会
W・H・マクニール
高橋均 訳
軍事技術は人間社会にどのような影響を及ぼしてきたのか。大家が長年あたためてきた野心作。上巻は古代文明から仏革命と英産業革命が及ぼした影響まで。
205897-2

マ-10-6
戦争の世界史（下）技術と軍隊と社会
W・H・マクニール
高橋均 訳
軍事技術の発展はやがて制御しきれない破壊力を生み、人類は怯えながら軍備を競う。下巻は戦争の産業化から冷戦時代、現代の難局と未来を予測する結論まで。
205898-9

マ-10-1
疫病と世界史（上）
W・H・マクニール
佐々木昭夫 訳
疫病は世界の文明の興亡にどのような影響を与えてきたのか。紀元前五〇〇年から紀元一二〇〇年まで、人類の歴史を大きく動かした感染症の流行を見る。
204954-3

マ-10-2
疫病と世界史（下）
W・H・マクニール
佐々木昭夫 訳
これまで歴史家が着目してこなかった「疫病」に焦点をあて、独自の史観で古代から現代までの歴史を見直す好著。紀元一二〇〇年以降の疫病と世界史。
204955-0

コ-7-1
若い読者のための世界史（上）原始から現代まで
E・H・ゴンブリッチ
中山典夫 訳
歴史は「昔、むかし」あった物語である。さあ、いまからその昔話をはじめよう――若き美術史家ゴンブリッチが、やさしく語りかける、物語としての世界史。
205635-0

コ-7-2
若い読者のための世界史（下）原始から現代まで
E・H・ゴンブリッチ
中山典夫 訳
私たちが知るのはただ、歴史の川の流れが未知の海へ向かって流れていることである――美術史家が若い世代に手渡す、いきいきと躍動する物語としての世界史。
205636-7

フ-14-1
歴史入門
F・ブローデル
金塚貞文 訳
二十世紀を代表する歴史学の大家が、その歴史観を簡潔・明瞭に語り、歴史としての資本主義を独創的に意味付ける、アナール派歴史学の比類なき入門書。
205231-4

各書目の下段の数字はISBNコードです。978－4－12が省略してあります。

タ-7-1
愚行の世界史（上）トロイアからベトナムまで
B・W・タックマン
大社淑子 訳
国王や政治家たちは、なぜ国民の利益と反する政策を推し進めてしまうのか。世界史上に名高い四つの事件を詳述し、失政の原因とメカニズムを探る。
205245-1

タ-7-2
愚行の世界史（下）トロイアからベトナムまで
B・W・タックマン
大社淑子 訳
歴史家タックマンが俎上にのせたのは、ルネサンス期教皇庁の堕落、アメリカ合衆国独立を招いた英国議会の奢り。そして最後にベトナム戦争をとりあげる。
205246-8

か-80-1
兵器と戦術の世界史
金子　常規
古今東西の陸上戦の勝敗を決めた「兵器と戦術」の役割と発展を、豊富な図解・注解と詳細なデータにより検証する名著を初文庫化。〈解説〉惠谷　治
205857-6

キ-6-1
戦略の歴史（上）
ジョン・キーガン
遠藤利國 訳
先史時代から現代まで、人類の戦争における武器と戦術の変遷と、戦闘集団が所属する文化との相関関係を分析。異色の軍事史家による戦争の世界史。
206082-1

キ-6-2
戦略の歴史（下）
ジョン・キーガン
遠藤利國 訳
石・肉・鉄・火という文明の主要な構成要件別に「兵器と戦術」の変遷を詳述。戦争の制約・要塞・軍団・兵站などについても分析した画期的な文明と戦争論。
206083-8

ク-6-1
戦争論（上）
クラウゼヴィッツ
清水多吉 訳
プロイセンの名参謀としてナポレオンを撃破した比類なき戦略家クラウゼヴィッツ。その思想の精華たる本書は、戦略・組織論の永遠のバイブルである。
203939-1

ク-6-2
戦争論（下）
クラウゼヴィッツ
清水多吉 訳
フリードリッヒ大王とナポレオンという二人の名将の戦史研究から戦争の本質を解明し体系的な理論化をなしとげた近代戦略思想の聖典。〈解説〉是本信義
203954-4

ク-7-1
補給戦　何が勝敗を決定するのか
M・v・クレフェルト
佐藤佐三郎 訳
ナポレオン戦争からノルマンディ上陸作戦までの戦争を「補給」の観点から分析。戦争の勝敗は補給によって決まることを明快に論じた名著。〈解説〉石津朋之
204690-0

各書目の下段の数字はISBNコードです。978-4-12が省略してあります。

ホ-1-7
ホモ・ルーデンス
ホイジンガ
高橋英夫 訳
人間は遊ぶ存在である——人間のもろもろのはたらき、生活行為の本質は、人間存在の根源的な様態は何か、との問いに対するホイジンガの結論が本書にある。
206685-4

フ-4-2
精神分析学入門
フロイト
懸田克躬 訳
近代の人間観に一大変革をもたらした精神分析学の全体系とその真髄を、フロイトみずからがわかりやすく詳述した代表的著作。〈巻末エッセイ〉柄谷行人
206720-2

ケ-1-4
ファウスト 悲劇第一部
ゲーテ
手塚富雄 訳
あらゆる知的探究も内心の欲求を満たさないと絶望したファウストは、悪魔メフィストフェレスと魂をかけた契約を結ぶ。〈巻末エッセイ〉河盛好蔵・福田宏年
206741-7

ケ-1-5
ファウスト 悲劇第二部
ゲーテ
手塚富雄 訳
巨匠ゲーテが言葉の深長な象徴力を駆使しつつ自然と人生の深奥に迫った大作を、翻訳史上画期的な名訳で贈る。読売文学賞受賞作。〈巻末エッセイ〉中村光夫
206742-4

マ-5-2
人口論
マルサス
永井義雄 訳
「人口の力=国力」なのか。人口増こそ富める国の証しとされた一八世紀ヨーロッパで、その負の側面に切り込んだ先駆的論考。〈解説〉藤原辰史
206762-2

や-54-1
キリスト教入門
矢内原忠雄
内村鑑三の唱えた「無教会主義」の信仰に生き、東大総長を務めた著者が、理性の信頼回復を懇願し教養を解き明かした名著を復刻。〈解説〉竹下節子
205623-7

ア-8-1
告白 Ⅰ
アウグスティヌス
山田晶 訳
幼年期の影響、青年期の放埒、習慣の強固さ……、不安におののく魂が光を見出すまで。初期キリスト教最大の教父による心揺さぶる自伝。〈解説〉松崎一平
205928-3

ア-8-2
告白 Ⅱ
アウグスティヌス
山田晶 訳
衝動、肉欲、厳然たる原罪。今にのみ生きる人間の悲惨と悲哀。「とれ、よめ」の声をきっかけとして、劇的な回心を遂げる。西洋世界はこの書の上に築かれた。
205929-0

ア-8-3
告白 III
アウグスティヌス 山田晶訳
アウグスティヌスは聖書をいかに読んだのか——西洋世界最大の愛読書を、最高の訳者が心血を注いだ名訳で送る。訳者解説および、人名・地名・事項索引収録。
205930-6

つ-3-25
背教者ユリアヌス（一）
辻邦生
血で血を洗う政争のさなかにありながら、ギリシア古典を学び、友を得て、生きることの喜びを見いだしていくユリアヌス——壮大な歴史ロマン、開幕！
206498-0

つ-3-26
背教者ユリアヌス（二）
辻邦生
学友たちとの平穏な日々を過ごすユリアヌスだったが、兄ガルスの謀反の疑いにより、宮廷に召喚される。皇后との出会いが彼の運命を大きく変えて……。
206523-9

つ-3-27
背教者ユリアヌス（三）
辻邦生
皇妹を妃とし、副帝としてガリア統治を任ぜられたユリアヌス。未熟ながら真摯な彼の姿は兵士たちの心を打ち、ゲルマン人の侵攻を退けるが……。
206541-3

つ-3-28
背教者ユリアヌス（四）
辻邦生
輝かしい戦績を上げ、ついに皇帝に即位したユリアヌス。政治改革を進め、ペルシア軍討伐のため自ら遠征に出るが……。歴史小説の金字塔、堂々完結！
206562-8

さ-49-1
カエサルを撃て
佐藤賢一
紀元前52年、混沌のガリアを纏め上げた若き王ウェルキンゲトリクス。この美しくも凶暴な男が、ローマの英雄カエサルに牙を剝く大活劇小説。〈解説〉樺山紘一
204360-2

さ-49-2
剣闘士スパルタクス
佐藤賢一
紀元前73年。自由を求めて花形剣闘士スパルタクスは起った。その行く手には世界最強ローマ軍が立ちはだかる!! 叛乱の英雄の活躍と苦悩を描く歴史大活劇。〈解説〉池上冬樹
204852-2

さ-49-3
ハンニバル戦争
佐藤賢一
時は紀元前三世紀。広大な版図を誇ったローマ帝国の歴史の中で、史上最大の敵とされた男がいた。古代地中海を舞台とした壮大な物語が、今、幕を開ける！
206678-6